## Elogios ao livro *Guiados pelo Encantamento*

"Mais uma vez Joseph Michelli nos permite um vislumbre das grandes marcas do mundo e das melhores experiências do cliente. Joseph nos ajuda a entender como a liderança da Mercedes-Benz dos EUA transformou e elevou as experiências de vendas e serviços. Além disso, ele leva os leitores a uma jornada para examinar suas próprias organizações e a determinar como aplicar esses princípios e lições em seus próprios negócios. Esta é uma leitura importante para os líderes que querem fazer com que suas empresas cresçam melhorando a vida dos clientes."

—Jeanne Bliss, presidente da CustomerBliss, e autora *bestseller Chief Customer Officer 2.0* e *Amo Você mais do que meu Cachorro*.

"A história da Mercedes-Benz dos EUA demonstra a liderança e empenho que são necessários para transformar a experiência do cliente dentro de uma grande organização. O livro faz um ótimo trabalho de captar como a empresa envolveu todos os seus funcionários e parceiros em uma jornada para entregar um produto com qualidade acima do prometido, o que exigiu muito mais do que apenas projetar grandes carros."

—Bruce Temkin, CCXP, transformador de experiência do cliente e sócio-diretor, Temkin Group.

"Muitos líderes empresariais diriam o quanto é importante agradar seus clientes — quem é que não quer agradar? Mas muitos não. Esta é a jornada de Steve Cannon para levar a Mercedes-Benz dos EUA de **bom para melhor** — o diagnóstico, o plano, a concepção do processo, a gestão e a medição, mas principalmente, a liderança que é fazer com que 31.600 pessoas, 99,5% das quais não subordinadas diretamente a ele, queriam entregar isso."

—Andrew Robertson, presidente e CEO, BBDO Worldwide, Inc.

"Uma análise profunda e inspiradora **por dentro** da Mercedes-Benz dos EUA que irá ajudá-lo a entender como grandes empresas fazem grandes mudanças em curtos intervalos de tempo."

—Guy Kawasaki, diretor de evangelização da Canva e autor do *The Art of Start 2.0*.

"Não me lembro de ter lido um exemplo mais convincente de como grandes marcas de luxo não são apenas feitas, mas sim cultivadas. *Guiados pelo Encantamento* oferece lições essenciais sobre a relação direta e inegável entre o quanto você valoriza e respeita seus clientes e o quanto eles o recompensam por essa consideração."

—Mike Jackson, presidente e CEO da AutoNation, Inc.

"O último livro de Joseph Michelli é um roteiro magistral para transformar o relacionamento entre líderes, funcionários e os clientes a quem eles prestam serviços."

—Tom Rath, autor dos livros *StrengthsFinder 2.0* e *Are You Fully Charged?*

"A revolução no atendimento ao cliente que a Mercedes-Benz realiza atualmente só é rivalizada pela revolução que a Mercedes-Benz começou com a invenção do automóvel. O livro do dr. Michelli possibilita um olhar mais abrangente de como a MBUSA executa com sucesso essa iniciativa transformadora."

—Alex Gellert, CEO da Merkley & Partners.

"Parabéns a Steve Cannon e a Joseph Michelli. Steve é aquele raro CEO brutalmente honesto – em termos do grande público – sobre as dores de crescimento de sua própria organização icônica. A capacidade de Joseph de apresentar um estudo de caso convincente é incomparável. Se Guiados pelo Encantamento não conseguir convencê-lo dos benefícios resultantes do equilíbrio entre atendimento ao cliente e tecnologia para você se diferenciar de seus concorrentes, seus dias estão contados."

—Doug Lipp, consultor internacional de negócios e autor do best-seller *Academia Disney*.

# Guiados pelo Encantamento

## Outros livros de Joseph A. Michelli

*Liderando ao Estilo Starbucks:*
cinco princípios que irão ajudá-lo a conectar-se com seus clientes, seus produtos e seus próprios funcionários.

*A Experiência Zappos:*
5 princípios de administração que transformaram uma ideia simples em um negócio milionário.

*Receita para a Excelência:*
Os princípios que fizeram da UCLA um dos maiores sistemas de saúde dos Estados Unidos da América e as lições que você pode tirar para o seu negócio!

*The New Gold Standard:*
5 leadership principles to creating a legendary customer experience courtesy of the Ritz Carlton Hotel Company

*A Estratégia Starbucks:*
5 princípios para transformar sua empresa em uma experiência extraordinária.

Coautor de *When Fish Fly: Lessons for Creating a Vital and Energized Workplace* com John Yokoyama, proprietário do World Famous Pike Place Fish Market em Seattle, Washington.

# Guiados pelo Encantamento

O método Mercedes-Benz
para entregar a melhor
**Experiência do Cliente**

## Joseph A. Michelli
*Autor best-seller nº 1 do The New York Times*

São Paulo, 2017
www.dvseditora.com.br

# Guiados pelo Encantamento
O método Mercedes-Benz para entregar a melhor Experiência do Cliente

DVS Editora 2017 - todos os direitos para a língua portuguesa reservados pela editora.

## Driven to Delight
Delivering World-Class Customer Experience the Mercedes-Benz Way

Original Edition Copyright © 2016 by Joseph A. Michelli. All rights reserved.
Portuguese Edition Copyright © 2017 by DVS Editora Ltda. All rights reserved.

Nenhuma parte deste livro poderá ser reproduzida, armazenada em sistema de recuperação, ou transmitida por qualquer meio, seja na forma eletrônica, mecânica, fotocopiada, gravada ou qualquer outra, sem a autorização por escrito do autor.

Tradução: Leonardo Abramowicz
Diagramação: Schäffer Editorial

(Câmara Brasileira do Livro, SP, Brasil)

```
Michelli, Joseph A.
   Guiados pelo encantamento : o método Mercedes-Benz
para entregar a melhor experiência do cliente /
Joseph A. Michelli ; [tradução Leonardo
Abramowicz]. -- São Paulo : DVS Editora, 2017.

   Título original: Driven to delight.
   Bibliografia.
   ISBN 978-85-8289-163-6

   1. DaimlerChrysler 2. Indústria automobilística -
Alemanha - Administração 3. Indústria
automobilística - Alemanha - Serviço ao cliente -
Administração 4. Mercedes (Automóvel) I. Título.

17-10610                                   CDD-658
```

Índices para catálogo sistemático:

1. Mercedes-Benz : Indústria automobilística :
   Serviço ao cliente : Administração   658

*Joseph "Andrew" e Leah,*
*que vocês possam desfrutar de uma vida de amor e alegrias.*

# Sumário

Prefácio de Steve Cannon, presidente e CEO
da Mercedes-Benz dos EUA   xi

Agradecimentos   xv

**1** Introdução   1

**2** Construção do Mapa   21

**3** Das Promessas para a Ação Prometida   45

**4** Exame e Aprimoramento de Cada Ponto de Contato   67

**5** Medição da Experiência do Cliente: A Voz do Cliente como uma Ferramenta para a Mudança   87

**6** Alinhamento, Responsabilização e Ferramentas para a Linha de Frente   109

**7** O Encantamento Tem a Ver com Pessoas   131

**8** Totalmente Comprometido com o Crescimento e o Desenvolvimento   155

## SUMÁRIO

**9** Condução de Mudança Tecnológica e de Processo — 175

**10** Integração de Processos em Soluções para Toda a Empresa — 201

**11** Sucesso Alcançado — 227

**12** Quão Bom Pode Ser o Bom? — 251

Conclusão: Trilhando o Seu Caminho para a Satisfação do Cliente — 273

Glossário — 285

Bibliografia — 297

Sobre o Autor — 308

# Prefácio

O livro que você tem em mãos conta uma história de transformação e determinação.

*Guiados pelo Encantamento* oferece uma visão profunda dos bastidores de uma jornada extraordinária realizada por uma das marcas mais icônicas do mundo, a Mercedes-Benz. O livro conta o trabalho árduo de um grupo talentoso de pessoas com um foco preciso em um único objetivo: transformar a experiência do cliente Mercedes-Benz na **melhor** do mundo!

Para algumas pessoas, pode parecer pura fantasia. Uma montadora de automóveis com a pretensão de criar **a melhor** experiência do cliente em todo o mundo? Mas a promessa da marca Mercedes-Benz é **"O Melhor ou Nada"** e nossas crenças se baseiam no orgulho dos 129 anos de história da empresa que literalmente inventou o automóvel e que, portanto, revolucionou o mundo. Assim, em nossas mentes, isto é a nossa realidade. É nossa obrigação intrínseca para com os nossos clientes honrar o compromisso e cumprir essa promessa. Nunca desistiremos de nosso compromisso de encantar todos os nossos clientes!

No entanto, reconhecemos que a experiência que oferecemos aos clientes pode nem sempre ter estado à altura dessas expectativas ou de outras grandes experiências em que nossos clientes estão imersos no dia a dia. Nossos veículos extraordinários sempre se destacaram por si só e representaram **o melhor**, mas o toque humano da experiência de compra, manutenção e posse, simplesmente não manteve o mesmo ritmo.

## PREFÁCIO

Nesse ponto é que começa a nossa jornada **guiados pelo encantamento**. Onde termina – bem, isso realmente nunca vai acabar, pois o nosso foco na experiência do cliente não tem destino final, e sim representa um esforço incansável para tornar a experiência de amanhã ainda melhor do que a de hoje. Assim, dê uma olhada, leia sobre a nossa história e descubra por si mesmo tudo o que fizemos até agora. Posso assegurar que estamos bem em nosso caminho e que todo dia criamos uma mudança real que você literalmente pode sentir. Esta sensação... bem, é muito especial!

Tenho a honra de ser o presidente e CEO da Mercedes-Benz dos Estados Unidos da América (EUA) e orgulho por ter testemunhado esta transformação acontecendo. O progresso que fizemos foi alimentado por um investimento dedicado e incansável em pessoas, inovação de processos e integração de tecnologias que nos conectam com nossos clientes e facilitam a vida deles. Estou impressionado com o compromisso de nossas concessionárias e com todos os membros da equipe que tornam essa experiência real a cada vez, todas as vezes, sem exceções! Ficamos "obcecados pelo cliente" e as pessoas estão percebendo.

Uma pessoa que percebeu logo no início foi Joseph Michelli, que me procurou propondo que registrássemos nossa busca por colocar os clientes em primeiro lugar em tudo o que fazemos. Nós o recrutamos para nos ajudar a ser referência como "melhor dos melhores" provedores de experiência do cliente, e ele ponderou que a compreensão sobre a nossa jornada poderia ajudar outros líderes empresariais que quisessem mover suas marcas centradas no produto na direção de experiências centradas no cliente. Joseph tem um forte histórico em ajudar marcas e líderes a descobrir como fornecer e dar sentido aos desafios que esses líderes enfrentam quando aspiram proporcionar excepcionais experiências do cliente. Espero que você encontre algo de valor em nossa jornada até hoje de buscar entregar as melhores experiências possíveis para aqueles a quem você presta serviços todos os dias.

Sou grato a Joseph, alguém que tem compartilhado conhecimentos sobre outras marcas que proporcionam experiência do cliente de classe mundial como The Ritz-Carlton Hotel Company, Starbucks e Zappos, por ter habilmente narrado nossa jornada. Mais importante ainda, sinto-me honrado por fazer parte desta grande e nobre aventura.

Em nome de todos na Mercedes-Benz dos EUA e de nossos parceiros revendedores, desejo-lhe uma boa leitura. Estou certo de que você descobrirá que há muito empenho por trás de nossa promessa de marca de ser melhor ou nada. Além disso, espero que você veja que todos na Mercedes-Benz, assim como eu, somos **guiados pelo encantamento**.

Steve Cannon, presidente e CEO
da Mercedes-Benz dos EUA

# Agradecimentos

O autor agraciado com o prêmio Pulitzer, Thornton Wilder, observou certa vez: "Somente se pode dizer que estamos vivos nos momentos em que nossos corações estão conscientes de nossos tesouros". Após concluir um livro, dedico alguns parágrafos para reconhecer o valor de meus tesouros.

Eu adoro a palavra **tesouro!** Ela reflete algo mais do que um alto valor tangível. O tesouro implica em uma avaliação emocional de que algo é especial e arrebatador. Assim, vamos começar com um de meus tesouros mais importantes: **você!**

A sua disposição em pegar, comentar e incentivar outras pessoas a ler os meus livros tem sido transformadora para mim. Sinto-me realizado quando leitores como você encontram formas de utilizar minhas ideias para melhorar seus negócios e sua vida.

Como você deve ter notado, costumo trabalhar com alguns líderes extraordinários. Eles são visionários e arquitetos das maiores empresas do mundo **"centradas nas pessoas"**. Nas páginas seguintes, você aprenderá com o presidente e CEO da Mercedes-Benz dos EUA, Steve Cannon. Steve está entre os líderes mais visionários, disciplinados e empoderadores que você poderia encontrar. Sou grato pela oportunidade de poder trabalhar com Steve e toda a sua equipe de liderança e por ter recebido a incumbência de apresentar sua história. Agradeço particularmente a Herry Hynekamp, gerente geral da equipe de experiência do cliente da Mercedes-Benz dos EUA. Em minha vida como consultor e escritor, **nunca** encontrei o grau de atenção e paixão pelo cliente que vi

## AGRADECIMENTOS

ao trabalhar com Harry. Ele e toda a sua equipe foram fortes defensores da experiência do cliente na Mercedes-Benz dos EUA e deste livro. Agradecimentos especiais vão para Kelly Tanis, Jenni Harmon e Maura Wilson da equipe de Harry, que foram determinantes para tornar este livro uma realidade.

Muitos de meus relacionamentos preciosos (aqueles que me inspiraram a escrever livros) são, na verdade, com líderes de empresas sobre as quais ainda preciso escrever. Para de alguma forma corrigir isso, ainda que em pequena medida, segue uma amostragem dos nomes e algumas das qualidades daqueles a quem eu mais valorizo.

**Scott Burger**: presidente da Pandora Americas; humildade, gentileza e transparência.

**Bob Yarmuth**: CEO da Sonny's BBQ; intelecto, compromisso com a comunidade e fé inabalável.

**John Gainor**: CEO da International Dairy Queen; acessibilidade, execução firme e discernimento.

**Ben Salzmann**: presidente e CEO da Acuity; autenticidade, energia e jovialidade.

**William Yarmuth**: CEO da Almost Family; compromisso com fazer a coisa certa, cordialidade e consideração.

As últimas três categorias de tesouro através do qual meu trabalho de vida enriquece são **colegas**, **amigos** e **família**. A única pessoa que se encaixa em todas as três categorias é Lynn Stenftenagel. Lynn e eu temos trabalhado juntos por mais de uma década. Ela é o grão, a célula e a organizadora de cada livro que escrevemos. Ela tem feito nossos negócios crescerem a níveis que eu jamais teria imaginado. Lynn tem sido uma fonte de apoio com a morte de minha esposa e tem acreditado em mim de uma forma que nunca vou entender. Só posso desejar que todos pudessem ter uma Lynn escondida entre seus tesouros mais preciosos.

Embora Donya Dickerson seja editora-executiva da McGraw-Hill, eu sempre a verei como "minha editora". Ela acompanhou Lynn e eu nos seis livros que publicamos com a McGraw-Hill. Ao longo dessa década de colaboração, nunca ouvi Donya dizer uma palavra negativa para ou sobre alguém. Donya me inspira por sua capacidade e entusiasmo permanente. Ela é o tipo de pessoa que você sempre quer ter ao seu lado e que eu sempre quero em minha equipe. Obrigado a todos os outros membros de minha equipe, que fazem contribuições únicas e críticas, com destaque para Kelly Merkel e Lloyd Rich.

Como a maioria das pessoas, tenho um grande grupo de conhecidos, aos quais sou grato, mas existem algumas pessoas que me amaram, me incentivaram e me ajudaram a encontrar meu caminho depois de profunda perda pessoal. Nunca saberei como expressar plenamente o meu apreço a este grupo por me fazer retornar a uma vida feliz. Obrigado Patti, Rob, Judy, Bob, Paul, William e Susan.

Os dois últimos nomes que mencionarei antes de encerrar são inequivocamente meus tesouros mais sagrados. Sempre soube que meus filhos, Andrew e Fiona, são bênçãos especiais. Eu os adorava quando eram pequenos, mas agora saboreio o dom de conseguir vê-los crescer e se desenvolver como jovens adultos. Eu aprendo muito com a natureza bondosa e compassiva de Fiona e com o espírito amoroso e a fome de conhecimento de Andrew.

Embora eu apenas tenha arranhado a superfície do meu baú de tesouro, é hora de dizer-lhe mais uma vez obrigado por me convidar a entrar em seu Kindle, escrivaninha, mesa de cabeceira ou estante. Espero sinceramente que *Guiados pelo Encantamento* faça uma pequena contribuição aos seus esforços para ser um recurso ainda mais precioso para sua empresa, companheiros de equipe, clientes e todos aqueles que você considera um tesouro em sua vida.

"Um cliente é o visitante mais importante de nossas instalações. Ele não depende de nós. Nós é que dependemos dele. Não é uma interrupção no nosso trabalho. É a finalidade deste. Não é um estranho no nosso negócio. Faz parte dele. Não fazemos um favor ao servi-lo. Ele é que nos faz um favor ao nos dar uma oportunidade para o servirmos."

—Mahatma Gandhi

# Introdução

◇◇◇◇◇◇◇◇◇◇◇◇◇◇◇◇◇◇◇◇◇◇◇◇◇◇◇◇◇◇◇◇◇◇◇◇◇◇◇◇◇◇

Os clientes anseiam por experiências consistentemente marcantes e esperam que as empresas as entreguem. Quando as empresas proporcionam experiências excepcionais, os clientes tornam-se defensores leais de suas marcas.

Esta é a história de líderes em uma empresa lendária que perceberam que as interações de vendas e serviços que seus clientes vinham recebendo não estavam condizentes com a qualidade do projeto de engenharia incorporado em seus produtos. É uma história de motivação e do que é preciso para mover uma marca lendária na direção de verdadeiramente tornar o cliente uma obsessão.

É a história de uma visão audaciosa, de uma mudança sísmica da cultura, de crescimento sustentável das vendas e de melhorias mensuráveis/premiadas da experiência do cliente. Mais importante ainda, é o seu guia para ajudá-lo a gerar encantamento em toda a sua organização e para seus clientes.

Gottlieb Daimler e Karl Benz foram os fundadores da empresa que conhecemos hoje como Daimler AG. A Daimler é um dos maiores fabricantes de automóveis de luxo e é líder mundial na produção de veículos comerciais. Dentre suas divisões incluem-se Automóveis Mercedes-Benz, Caminhões Daimler, Vans Mercedes-Benz, Ônibus Daimler e Serviços Financeiros Daimler. Desde o início das atividades da empresa em 1886, o cofundador Gottlieb Daimler prometeu que os veículos da companhia seriam **"o melhor ou nada"**.

Por mais de um século, os produtos Daimler têm cumprido a promessa de Gottlieb de qualidade excepcional. Isto foi conseguido em grande parte pelo compromisso inflexível com a excelência de engenharia juntamente com uma paixão por segurança e inovação. Na verdade, Karl Benz inventou o próprio automóvel (Benz "Patent Motorwagen") e inventou o primeiro veículo comercial. Desde então, os veículos Daimler têm contribuído para avanços muito além do motor de combustão interna. Algumas das áreas em que Daimler introduziu ou aperfeiçoou inovações tecnológicas incluem o desenvolvimento do primeiro chassis móvel, construção do primeiro carro de passageiros movido a diesel, criação da injeção direta de combustível, introdução da primeira geração de sistema de frenagem antibloqueio, desenvolvimento de *airbags*, criação de um programa eletrônico de estabilidade, melhorias no Active Lane Keeping Assist (controle para manter o carro alinhado na pista) e, mais recentemente, condução autônoma (sem motorista). De fato, em 2015, a marca Mercedes-Benz da Daimler foi considerada a marca de luxo mais inovadora da última década depois de uma análise abrangente feita pelo Center of Automotive

Management e pela PricewaterhouseCoopers. Os elogios para os produtos Mercedes-Benz estendem-se também para a linha comercial da marca, com o Sprinter da Mercedes-Benz ganhando três prêmios consecutivos Vincentric Best Fleet Value ("Melhor Valor para Frota", em tradução livre) nos Estados Unidos da América (EUA) e o Sprinter 2015 da Mercedes-Benz recebendo o reconhecimento Best Residual Value ("Melhor Valor Residual", em tradução livre) da ALG.

Mas em 2011, apesar da engenharia inovadora da empresa, a organização vinha enfrentando um desafio nos Estados Unidos da América (EUA). Estudos sobre clientes conduzidos por empresas externas de pesquisa validavam o que os líderes dentro da companhia já percebiam: a experiência nas concessionárias dos clientes Mercedes-Benz estava muito aquém de ser "o melhor".

À medida que os problemas com o atendimento ficavam mais evidentes, a alta administração na Mercedes-Benz dos EUA (MBUSA) também foi mudando. Em 1º de janeiro de 2012, Stephen Cannon passou de vice-presidente de *marketing* da Mercedes-Benz dos EUA, para presidente e CEO (chief executive officer). Desde o início, Steve deu prioridade à experiência de vendas e serviços Mercedes-Benz. Conforme ele mesmo explicou: "Nos primeiros 60 dias sentei-me com as pessoas em cada departamento para identificar nossos pontos fortes, pontos fracos, oportunidades e ameaças. O que ficou cristalizado em mim a partir dessas conversas foi que tínhamos uma oportunidade extraordinária para melhorar a experiência que os clientes encontravam quando adquiriam ou recebiam serviços em seus veículos. Como equipe de liderança, acreditávamos que um investimento nesta área resultaria em um grande retorno."

Para gerar este nível de retorno sobre o investimento os líderes da Mercedes-Benz dos EUA tiveram de superar dois obstáculos bastante grandes: (1º) uma cultura centrada no produto existente e predominante e (2º) capacidade limitada para exercer o controle sobre as experiências entregues pelas mais de 370 concessionárias parceiras operadas de forma independente.

Costuma-se dizer que os maiores pontos fortes de uma empresa são muitas vezes a sua maior fraqueza. Do ponto de vista da Daimler, a excelência da engenharia, segurança e inovação formaram a base que levou a uma mentalidade muito centrada no produto. Muitos revendedores da Mercedes-Benz nos EUA (muitos dos quais há décadas no mercado) se baseavam fortemente na qualidade do produto para construir a fidelidade dos clientes e não tinham abordado a experiência geral dos clientes em suas concessionárias. Pelo fato de a Mercedes-Benz ter este foco muito forte no produto, novos concorrentes entrando no mercado agregavam valor aos seus produtos criando uma melhor experiência na concessionária.

Peter Collins, gerente de área aposentado da MBUSA e atual gerente geral da concessionária Mercedes-Benz em Alexandria, Virgínia, diz o seguinte: "Quando comecei com a marca em 1984, não havia Lexus. Não havia Infiniti. Não havia Acura. Ora, não havia sequer a Internet! Na verdade, qualquer Daimler que nos era entregue, nós vendíamos. Este era o mercado de luxo. Era claramente uma época em que você tinha o privilégio de possuir um Mercedes-Benz. No entanto, na medida em que a era do consumismo, da competição e da tecnologia avançava a uma velocidade de dobra espacial, ficamos vulneráveis, pois tudo o que oferecíamos era um grande produto."

O gerente de serviços da Mercedes-Benz de Virginia Beach, Par Evans, destacou a mudança de atitude do consumidor como um fator de risco encontrado pela marca Mercedes-Benz ao longo dos últimos anos: "Estou com a Mercedes-Benz há 30 anos. Na década de 1980 e início dos anos 1990 vendíamos 50.000 a 60.000 carros por ano e nossos clientes eram tão apaixonados pelo nosso produto que não importava o que acontecesse com ele. Conserte o carro e me entregue de volta. Agora vendemos 400.000. Existe uma clientela comprando nosso produto que simplesmente não quer ficar mais com o carro se houver o menor problema, e isto inclui um simples barulhinho ou rangido. A liderança da Mercedes-Benz se depara com o problema de posicionar a marca em um mercado consumidor em mudança. Os clientes mais recentes – especialmente aqueles que não tiveram carros da marca por 5 a 10 anos – não apenas querem os melhores carros do mundo, como também a melhor confiabilidade e a melhor experiência de consumidor do mundo."

Quando a Lexus entrou no mercado automobilístico de luxo nos EUA no final dos anos 1980, o *site* de notícias da Lexus dos EUA assinalou como esta marca iria se diferenciar com base na desejada experiência dos clientes: "Uma única reclamação do consumidor lança uma campanha especial de serviços, trazendo o reconhecimento para a marca como o novo padrão em serviço personalizado". O *site* acrescentava que em 1990: "Dos milhares de interessados em uma franquia da Lexus, apenas 121 concessionários de alta qualidade foram selecionados para o primeiro ano de atividade da Lexus". Esses revendedores deviam concordar, entre outras coisas, não apenas em cumprir diretrizes rígidas e detalhadas do *design* da concessionária, como também em se comportar de acordo com um "pacto" que inclui a afirmação: "A Lexus tratará cada cliente como se fosse um convidado em nossa casa."

Ao invés de conceber uma experiência ideal do cliente desde o início e selecionar parceiros de distribuição que fossem contratualmente obrigados a fornecer esta experiência (a base da marca Lexus), a Mercedes-Benz dos EUA, sob a nova liderança de Steve Cannon, enfrentou o desafio de transformar a mentalidade e o comportamento de revendedores de longa data para além de um ponto de vista centrado no produto entrincheirado em gerações de proprietários de concessionárias.

Exemplificando os tipos de experiências negativas ocorrendo em revendedores da Mercedes-Benz dos EUA, um cliente compartilhou: "Eu tinha a impressão de que deveria me sentir grato por me permitirem comprar um produto deles". Por outro lado, os melhores revendedores Mercedes-Benz produziam para o cliente experiências extraordinárias e marcantes, compatíveis com a qualidade dos veículos vendidos. Aí estava o problema. A experiência de varejo/concessionária Mercedes-Benz não tinha um padrão único e não tinha um objetivo bem definido em termos de responsabilidade do atendente. Um cliente poderia entrar em uma concessionária e ter uma experiência insatisfatória e, em seguida, dirigir por uma curta distância até outro revendedor e ser tratado de forma extremamente positiva e marcante. Fran O'Hagan, CEO da Pied Piper Management, também caracterizou a experiência geral na Mercedes-Benz como distante e sem calor: "Em 2007, visitar uma concessionária Mercedes-Benz era como visitar um museu. Os vendedores eram simpáticos e respondiam às perguntas, mas não davam o próximo passo para realmente vender o carro. Eles paravam logo depois de dizer 'Eu sei que você quer comprar um carro, e quero trabalhar com você para descobrir como transformar isso em realidade.'"

Resultados contraditórios de pesquisas independentes de satisfação do consumidor também destacavam a falta de comprometimento e a variabilidade da experiência na concessionária Mercedes-Benz. Por exemplo, o grupo de pesquisa Pied Piper (que utiliza uma estratégia de "falsos" compradores) colocou a Mercedes-Benz no topo da categoria de automóveis de luxo para as experiências que proporcionava em 2010 e 2011, enquanto a J.D. Power (que mede a satisfação dos clientes com as funções de vendas e serviços nas concessionárias) colocava a Mercedes-Benz no segmento médio a inferior dos fabricantes de automóveis de luxo.

Contra este pano de fundo de expectativas crescentes dos clientes, atendimento variável do consumidor e concorrentes que proporcionavam interações de vendas e serviços de alta qualidade com o cliente, os líderes da Mercedes-Benz dos EUA deci-

INTRODUÇÃO

diram promover novas competências no âmbito do sistema para analisar o negócio inteiro do ponto de vista do cliente. Seu objetivo tornou-se mapear a jornada do cliente, solicitar *feedback* do cliente, resolver rapidamente os problemas dos clientes e proporcionar experiências emocionalmente envolventes ("Guiados pelo Encantamento").

Tornando seu desafio ainda mais complexo, os líderes da Mercedes-Benz dos EUA sabiam que além de mudar as atitudes e comportamentos de seus próprios funcionários, também precisariam provocar alterações semelhantes em mais de 370 concessionárias autorizadas Mercedes-Benz em todo o país. Além disso, para garantir um atendimento perfeito e integrado durante a fase de financiamento e pagamento do *leasing* ou compra de um veículo, a MBUSA também precisaria trabalhar em colaboração com sua empresa-irmã, a Mercedes-Benz Financial Services (MBFS). Enquanto aproximadamente 1.700 funcionários corporativos recebem seus salários diretamente da Mercedes-Benz dos EUA, os empregados das concessionárias (pequenas, médias e grandes empresas independentes) e a equipe da Mercedes-Benz Financial Services totalizavam mais de 29.000 (1.100 na MBFS e mais de 28.000 nas concessionárias). Em essência, se a intenção era transformar a experiência do cliente na Mercedes-Benz de forma perceptível, os líderes da Mercedes-Benz dos EUA teriam que trabalhar em colaboração tanto com a Mercedes-Benz Financial Services quanto **influenciar** a forma como proprietários e gerentes das concessionárias utilizavam, em última análise, pessoas, processos e tecnologia para satisfazer plenamente e envolver clientes prospectivos, compradores e proprietários de veículos Mercedes-Benz.

Como se já não fosse uma objetivo suficientemente amplo mudar de uma estratégia com predominância do produto para uma obcecada pelo cliente (dependente em grande parte de funcionários que não se reportavam a você), o presidente e CEO Steve Cannon e sua equipe na Mercedes-Benz dos EUA decidiram aumentar ainda mais o desafio. Em vez de definir "o melhor" como querendo dizer se tornar o principal fornecedor de experiência do cliente na categoria de automóveis de luxo, ou até mesmo se tornar o melhor fornecedor de experiência do cliente dentre todos os fabricantes de carros (de luxo ou do mercado de massa), Steve ressaltou: "Nossa prioridade era a de se tornar o líder mundial dentre todas as marcas em atendimento aos clientes e na experiência do cliente". Em essência, Steve e sua equipe de liderança estabeleceram concorrer com outras empresas sobre as quais tive a sorte de escrever – empresas como The Ritz-Carlton Hotel Company, Zappos e Starbucks. Em contraste com a Mercedes-Benz, The Ritz-Carlton Hotel Company sempre foi conhecida por sua excelência de produto (fantásticos hotéis, *spas*, *resorts* e instalações de vida residencial) como também pelas experiências do cliente consistentemente elevadas que oferecia.

*Guiados pelo Encantamento* foi escrito para abordar como os líderes da Mercedes-Benz buscaram tornar a empresa uma provedora de experiências que fossem equiparáveis - se não melhores – com as de outras marcas icônicas de serviços. Com este intuito, o livro tem dois objetivos principais. O primeiro é dar-lhe uma visão exclusiva da abordagem estratégica, planejamento tático, vitórias e reveses ao longo de um caminho de vários anos da Mercedes-Benz dos EUA. Além disso, este livro oferece um roteiro que você pode utilizar para orientar sua equipe e seu negócio no sentido de implementar uma cultura obcecada pelo cliente e de ser um provedor de experiências inovadoras para os clientes.

Antes de analisarmos como os líderes da Mercedes-Benz dos EUA abordaram o foco principal do objetivo visionário de experiência do cliente de Steve Cannon e antes de oferecer ferramentas para você usar a fim de elevar a experiência de seu cliente, vamos primeiro analisar a base de excelência que serviu de apoio à jornada de experiência do cliente da Mercedes-Benz dos EUA.

INTRODUÇÃO

## Um Produto de Classe Mundial e um Lendário Marketing de Marca

Produtos de classe mundial geram multidões de fãs delirantes! Ao longo de minha jornada com a Mercedes-Benz, encontrei muitos fanáticos que falam sobre a imagem da marca, segurança e qualidade do produto. Aqui estão apenas alguns exemplos:

O dono de um veículo Mercedes-Benz, Lawrence Jacobi, observou: "Apaixonei-me pelo carro. Foi uma compra emocional. Cometi o erro de fazer um *test drive*. Eu precisava fazê-lo. Eles me disseram que durante o teste, eu não tirava o sorriso do meu rosto".

Mike Figliuolo, diretor administrativo da thought-LEADERS, LLC, contou: "Tenho o carro desde 2005. Estou sentado aqui olhando para ele do lado de fora de minha janela. Repintei (o carro) no ano passado e ainda o amo, mesmo já tendo rodado 275.000 quilômetros nele."

O proprietário de um Mercedes-Benz, Steve H., afirmou: "Tenho um C300 de 2009. É meu primeiro carro de luxo de verdade. Quando penso em Mercedes, penso em conforto de luxo. Só o fato de dirigir um Mercedes já é uma realização e faz com que eu me sinta muito confiante. Quando comprei o carro foi um dos momentos mais emocionantes de minha vida."

Susan Jennings observou: "Eu queria um veículo que fosse seguro para a minha família. Meu Mercedes-Benz me dá paz de espírito, espaço interno e extremo conforto. Levei muito tempo pesquisando o carro que melhor atendesse às nossas necessidades, e o nosso ML350 superou todas as expectativas."

O dono de um Mercedes-Benz, John R. Modric, pianista profissional, declarou: "Dirigir um Mercedes é como tocar Mozart com a sofisticação de Bach."

Não apenas pelos relatos de proprietários, mas praticamente por todos os indicadores globais ou norte-americanos, a Mercedes-Benz é reconhecida como uma das empresas mais poderosas do mundo, quando se trata de consciência de marca, *marketing* e qualidade do produto. Por exemplo, em 2014, a Interbrand (maior grupo de consultoria de marcas do mundo) colocou a Mercedes-Benz em décimo lugar entre as 100 "marcas mais valiosas do mundo", com base na duradoura excelência da empresa em desempenho, estilo e engenharia. A Interbrand também assinalou que a Mercedes-Benz alcançou a primeira posição como fabricante de carros de luxo nos EUA e na Alemanha, além de cultivar forte popularidade na Rússia e na China através de um equilíbrio entre estilo tradicional e futurista. A Interbrand sugere que a força da marca Mercedes-Benz no futuro dependerá de "sua iniciativa de crescimento para 2020 com foco na construção da melhor experiência do cliente", juntamente com uma nova linha de produtos voltados para as futuras gerações de compradores da Mercedes-Benz. Da mesma forma, a pesquisa EquiTrend Automotive Scorecard 2014 da Harris sobre o sentimento do consumidor colocou a Mercedes-Benz como marca líder em automóveis de luxo. Refletindo sobre o EquiTrend Scorecard, o consultor de soluções automotivas da Nielsen, Mike Chadsey, ressaltou que na competição "brutal" do setor: "Na medida em que a categoria de luxo alcança paridade em recursos, desempenho e estilo, as marcas que não conseguirem criar conexões e afinidade com os clientes-alvo ficarão para trás."

# INTRODUÇÃO

O apelo da Mercedes-Benz transcende os mercados europeus e norte-americanos, representando um fenômeno verdadeiramente global. Em 2013, os editores da revista *Forbes* classificaram a Mercedes-Benz como a 16ª Marca Mais Poderosa do Mundo. Em um estudo de 2013 conduzido pelas empresas de pesquisa Brand Equity e Nielsen, a Mercedes-Benz foi considerada a nona "marca mais empolgante" da Índia dentre todos os setores de atividade e a marca número um de automóveis na Índia. Em novembro de 2013, o Classe S da Mercedes-Benz foi eleito o carro do ano na China. Além disso, o primeiro-ministro russo, Dmitry Medvedev, deu veículos Mercedes-Benz para cada um dos medalhistas olímpicos de seu país durante os Jogos de Inverno de 2014.

Ao mesmo tempo em que a marca Mercedes-Benz é poderosa em todo o mundo, seus líderes em cada região do planeta enfrentam desafios diferentes. Em 2015, por exemplo, o CEO da Daimler, Dieter Zetsche, disse ao *The Wall Street Journal* que na China, o crescimento das vendas era o foco principal: "Quanto mais avançarmos na China, mais rapidamente seremos a Nº 1 (mundialmente)". Para este fim, Zetsche observou que na China: "Aumentamos nosso grupo de revendedores. Acrescentamos 100 revendedor(es...) no ano passado."

Para a finalidade deste livro, os desafios enfrentados pela Mercedes-Benz serão limitados à experiência do cliente e às decisões relativas à cultura tomadas pelos líderes nos EUA. Todavia, embora o conteúdo deste livro tenha o foco nas ações destinadas a afetar os clientes nos EUA, este processo de transformação claramente tem impacto e relevância em âmbito mundial. Como você verá mais adiante no livro, o progresso feito relativamente ao foco no cliente no mercado dos EUA contribui para melhorias centradas no cliente na Mercedes-Benz em todo o mundo. Por outro lado, os avanços na experiência do cliente em outras localidades da Mercedes-Benz têm benefícios recíprocos no mercado dos EUA.

Antes da ascensão de Steve Cannon a presidente e CEO da Mercedes-Benz dos EUA, os elogios para a marca e os reconhecimentos por escrito centravam-se em *marketing*, engenharia e inovação. *Guiados pelo Encantamento* é o primeiro livro a sugerir que todas as equipes regionais de liderança da Mercedes-Benz devem ser consideradas dignas de imitação na área de concepção e execução da experiência do cliente.

## Mercedes-Benz dos EUA – Aproveitar uma Janela de Oportunidade para a Excelência na Experiência do Cliente

A força da marca global Mercedes-Benz, juntamente com os vários fatores econômicos e conjunturais, tem permitido que Steve Cannon e sua equipe de liderança prossigam ativamente em seus desejados objetivos de transformação da experiência do cliente. Conforme diz Steve: "Nossa equipe de liderança beneficiou-se enormemente de algumas estratégias de qualidade, projeto ambiental e de envolvimento dos funcionários implantadas antes de minha indicação como CEO."

Em 1998, a controladora da Mercedes-Benz, Daimler-Benz AG, passou por uma fusão com a Chrysler Corporation. Em um artigo para a *CNN Money* em torno da época da fusão, Jürgen Schrempp, então presidente da Daimler-Benz, observou: "Hoje estamos criando a empresa automotiva líder do mundo para o século XXI. Estamos somando as duas montadoras de automóveis mais inovadoras do mundo." Apesar dessas aspirações, a fusão da Daimler com a Chrysler dissolveu-se nove anos mais tarde. Em um artigo de 2008 no *Automotive News*, Dieter Zetsche, o CEO da Daimler-Benz que substituiu Jürgen Schrempp, observou: "Nós não conseguiríamos realmente alcançar uma integração global porque isto estava em desacordo com a imagem de nossas marcas, as preferências de nossos clientes e muitos outros fatores de sucesso – todos eles bem mais diversificados e fragmentados."

Após a fusão fracassada, os líderes da Mercedes-Benz em todo o mundo receberam em 2005-2006 a tarefa de enfrentar uma série de questões de qualidade de produto. Saindo desses desafios quanto à qualidade, os líderes da Mercedes-Benz dos EUA identificaram o moral no ambiente de trabalho como uma necessidade importante da empresa e passaram a elevar o grau de envolvimento dos funcionários no escritório central. Conforme descreveu Hendrik "Harry" Hynekamp, gerente geral de experiência do cliente na Mercedes-Benz dos EUA: "Após 2005, os líderes passaram a defender a importância de todos os gerentes da Mercedes-Benz promoverem o envolvimento dos funcionários em seus departamentos. Foi através desses esforços que a Mercedes-Benz dos EUA foi a primeira e única montadora de automóveis a fazer parte da lista de *100 Melhores Empresas para se Trabalhar* da revista *Fortune* em 2010 na posição de nº 49. Esta ênfase no envolvimento do funcionário continua na Mercedes-Benz dos EUA e a marca vem regularmente fazendo parte da lista da *Fortune* desde 2010, chegando a ocupar a posição de nº 12. Além disso, somos consistentemente o único fabricante de equipamento original (OEM, na sigla em inglês) a fazer parte da lista." Essas realizações sugerem uma ênfase contínua na importância de proporcionar uma experiência dinâmica e propositiva para os funcionários da MBUSA. A mesma liderança firme que resultou nesses reconhecimentos invejáveis centrados nos funcionários serviu de base para a consecução dos nobres objetivos de experiência do cliente descritos neste livro. Os líderes da Mercedes-Benz dos EUA assumiram o compromisso de proporcionar um ambiente de trabalho para seu pessoal que lhes permitisse atender a comunidade de revendedores, para que essas concessionárias pudessem, por sua vez, atender os clientes atuais e futuros da Mercedes-Benz.

Além de uma força de trabalho altamente engajada na MBUSA, Steve e sua equipe de liderança herdaram uma rede de mais de 370 revendedores, que recentemente havia investido em uma modernização substancial da aparência de suas concessionárias. Em 2010, os líderes da Mercedes-Benz dos EUA iniciaram a construção de uma concessionária-modelo de 30.000 metros quadrados na Eleventh Avenue em Manhattan. O *design* dessa instalação, chamado de "Autohaus" tornou-se o estilo padrão para todas as outras concessionárias da Mercedes-Benz nos EUA. Escrevendo em 2011 para o *Los Angeles Daily Journal*, Jonathan Michaels, advogado especializado na indústria automobilística, explicou os fundamentos e o investimento substancial envolvidos na transformação das concessionárias Mercedes-Benz nos EUA para o novo padrão Autohaus: "O ponto central de tudo isso é criar uma aparência uniforme para a grande base de revendedores e dar ao produto uma identidade de marca. Em anos anteriores, os fabricantes somente exigiam que os revendedores usassem marcas comerciais e sinalização adequada, mas esses dias ficaram no passado. As montadoras agora têm planos de projeto completo e determinam os arquitetos e fornecedores que devem ser contratados e qual tipo de mobiliário pode ser comprado." Segundo Jonathan: "O custo de construção fica a cargo quase que inteiramente dos revendedores e os custos são impressionantes... Para sermos justos, os fabricantes contribuem para o custo de construção fornecendo incentivos aos revendedores que participam nos programas. A Mercedes repassa aos seus concessionários Autohaus o valor de US$400 por carro vendido ao longo de um período de três anos." Para afetar essa consistência reforçada na apresentação da marca em todo o ambiente físico de concessionárias Mercedes-Benz, a Mercedes-Benz dos EUA investiu aproximadamente US$230 milhões em parceria com o investimento de US$1,4 bilhão dos seus revendedores.

A transformação Autohaus das concessionárias nos EUA já estava em andamento no momento em que Steve Cannon assumiu as rédeas da Mercedes-Benz dos EUA. O *design* consistente das instalações permitiu que Steve e sua equipe de liderança se concentrassem nas experiências de serviços dentro dessas concessionárias. O foco dessas experiências necessitava estar à altura dos automóveis Mercedes-Benz e dos ambientes em que eles eram vendidos e revisados, ou consertados.

Um componente básico adicional que permitiu que Steve e outros líderes da MBUSA estabelecessem uma agenda ousada de experiência do cliente foi a forte venda geral de carros novos. Quando Steve assumiu a responsabilidade pela empresa, a venda de fim de ano de carros novos da Mercedes-Benz dos EUA subiu 13% em relação ao ano anterior, com vendas de 245.231 unidades. Como as concessionárias estavam vendendo, os líderes da MBUSA puderam desafiar a rede de concessionárias a criar em conjunto uma experiência de marca diferenciada e exemplar nas vendas e serviços que definiriam o padrão dentro do setor automotivo e além.

Finalmente, Steve e sua equipe puderam tirar proveito de um novo programa de treinamento de atendimento ao cliente que foi lançado na comunidade de revendedores no mês de setembro anterior à transição de Steve da vice-presidência de *marketing* para presidente e CEO. Este programa, intitulado *Driven to LEAD* ("Motivados a LIDERAR", em tradução livre, com LEAD sendo um acrônimo para *Listen, Empathize, Add value and Delight* – "Ouvir, ter Empatia, Agregar valor e Encantar"), foi obra de três gerentes gerais da MBUSA - Frank Diertl, Harry Hynekamp e Niles Barlow, coloquialmente chamados de os "três amigos". Frank tinha assistido a uma palestra de Lior Arussy, presidente da Strativity, em uma conferência sobre o tema da criação de culturas centradas no cliente. Na sequência, Frank, Harry e Niles se encontraram com Lior para analisar a possibilidade de desenvolver um programa de treinamento em experiência do cliente na Mercedes-Benz dos EUA. Lior lembrou: "Frank basicamente levantou o problema de que os veículos Mercedes-Benz eram excelentes, mas o mesmo não ocorria com a experiência do cliente. Nas palavras de Frank, 'Nós não somos tão grandes como pensamos que somos'. Frank falou-me de alguns de seus esforços no passado para melhorar a satisfação do cliente. A partir desta discussão ficou claro que a Mercedes-Benz dos EUA precisava de uma abordagem diferente para desenvolver uma consciência sobre o problema da experiência do cliente e criar uma solução sustentável através da cultura. Frank, Harry e Niles conseguiram definir um orçamento para o treinamento, e literalmente esquematizamos o primeiro dia completo do programa *Driven to LEAD* escrevendo em um guardanapo de papel." O *Driven to LEAD* (que será discutido em mais detalhes no Capítulo 2) foi lançado em setembro de 2011, sendo a primeira incursão intensa da Mercedes-Benz dos EUA para aumentar a consciência sobre a necessidade de mudança na prestação de serviços ao cliente e identificar oportunidades de correção rápida para melhorar a experiência nas concessionárias.

Os capítulos a seguir acompanham a evolução das abordagens estratégicas e táticas da Mercedes-Benz dos EUA em termos de excelência na experiência do cliente. Eles examinam a criação de uma declaração de missão afirmando que a Mercedes-Benz dos EUA aspira ser a **"primeira marca de atendimento ao cliente no mundo"**. O título deste livro se baseia na declaração de visão interna, através da qual os funcionários corporativos e o pessoal das concessionárias são incentivados a levar todos aqueles a quem prestam serviços a ser "Guiados pelo Encantamento" (*Driven to Delight*) – fornecedores, membros da equipe e clientes.

Logo você encontrará o processo inicial de visualização desta ambiciosa mudança de cultura "Guiados pelo Encantamento" e saberá como a Mercedes-Benz dos EUA usou como referência as marcas que no mundo proporcionavam a melhor experiência do cliente. Você entenderá os principais alvos estratégicos identificados pela equipe de liderança e como a equipe mediu a opinião

INTRODUÇÃO

dos clientes, tanto internamente quanto através de fontes externas. Você lerá sobre um amplo conjunto de iniciativas operacionais e culturais que foram empreendidas e disseminadas dentro da rede de concessionárias. Você também verá os sucessos mensuráveis e os desafios que ocorreram, como a transformação a ser alcançada influenciando o pessoal na MBUSA, Mercedes-Benz Financial Services, fornecedores e a liderança e os funcionários da linha de frente nas concessionárias.

Antes de você se lançar em sua jornada com a Mercedes-Benz dos EUA e aprender lições para o seu processo de melhoria da experiência de seus clientes, vamos ouvir como o compromisso de obsessão com os clientes afeta os proprietários atuais e futuros de veículos Mercedes-Benz. Para além do *slogan*, visão e estratégias que serão apresentados a seguir, *Guiados pelo Encantamento* se torna real nas vidas e histórias de clientes como os seguintes:

> Cheryl Birnbaum: "Sou assistente social por profissão e o que faço em meu trabalho é cuidar de pessoas. É realmente muito importante encontrar alguém que efetivamente cuida bem de você para enfrentar conjuntamente um problema. Tom é o vendedor da White Plans Mercedes onde fiz o *leasing* de meu automóvel, e menos de seis semanas depois – eu não tinha completado 1.500 quilômetros – peguei o telefone no carro e disse, 'Você não vai acreditar nisso, acabei de sofrer um acidente horrível e não sei o que fazer.' Tom respondeu, 'Vou cuidar de tudo junto com você, não se preocupe.' Ele me orientou a telefonar para a companhia seguradora, e me acompanhou em cada passo do que eu precisava fazer, realmente fazendo-me sentir bem cuidada. Foi excepcional."

> John L. Alper: "Era novembro de 2011. Fui diagnosticado com linfoma (linfoma de célula B não Hodgkin).

Fomos para a concessionária e as pessoas começaram a se aproximar. Eles me deram este cartão assinado por todos na concessionária: 'Estamos com você.' 'Conte conosco.' 'Deus o abençoe.' Nós não sabíamos o que pensar. Foi inacreditável. Essas pessoas são de verdade. Não se trata apenas de consertar o carro. Eles se interessam por você."

Um cliente cuja limusine Mercedes-Benz sofreu danos substanciais pelo furacão Sandy em 2012: "Por dois meses tivemos dias muito difíceis. Durante dois meses não sorrio, pois precisava trabalhar. Eu precisava do meu carro para trabalhar. A Mercedes permitiu que nos recuperássemos quando realmente passávamos por dificuldades. Agradeço a Deus por minha concessionária Mercedes-Benz! Vocês me ajudaram. Vocês me trouxeram de volta à minha vida. Vocês me ajudaram a retomar o trabalho para sustentar minha família."

Para ver esses clientes compartilhando suas histórias, visite www.driventodelight.com//customerstories.

A maioria de nós não se contenta com nossos clientes estando apenas satisfeitos. Nós queremos ouvir nossos clientes compartilhando histórias como as que acabamos de ver. Sabemos que essas histórias constituem a base da fidelidade e das referências dadas pelos clientes. Dada a importância de se ter clientes "encantados" e emocionalmente envolvidos, vamos rapidamente passar para a análise do que a Mercedes-Benz dos EUA tem feito para consistentemente transformar a maneira como todas as pessoas que representam a marca são **guiados pelo encantamento**.

sos veículos, devendo também representar as pessoas
s deles guiados pelo **encantamento** não é apenas uma f
m caminho, uma promessa, uma crença. É um **compron**
criar **relacionamentos** positivos. De fazer as pessoas sor
e deixá-las com um sentimento de total **confiança**. guiados
antamento significa tratamento pessoal **excepcional**.
brete de que a jornada nunca está completa. Que há sempre

*"Se você quer construir um navio, não peça às pessoas que juntem madeira e nem lhes atribua tarefas e trabalhos; em vez disso, ensine-as a desejar a imensidão sem fim do oceano."*

—Antoine de Saint-Exupery

deles guiados pelo **encantamento** não é apenas uma f
caminho, uma promessa, uma crença. É um **compron**
criar **relacionamentos** positivos. De fazer as pessoas sor

# 2

# Construção do Mapa

◇◇◇◇◇◇◇◇◇◇◇◇◇◇◇◇◇◇◇◇◇◇◇◇◇◇◇◇◇◇◇◇◇◇◇◇◇◇◇◇◇◇◇◇◇◇◇

Como você quer que os clientes se sintam quando são atendidos em sua empresa? Qual é a sua aspiração para a experiência do cliente oferecida por sua empresa? Você quer ser o melhor provedor em seu bairro, região ou setor de atividade? Pelo fato de os líderes na Mercedes-Benz dos EUA dedicarem um tempo para responder a esses tipos de perguntas, a visão desejada para a jornada MBUSA ficou clara e desafiadora. Steve Cannon incentivou sua equipe de liderança a ajudar a elevar a marca para ser **"indiscutivelmente a melhor provedora de experiência geral do cliente"**. Ele sabia que os clientes Mercedes-Benz estavam recebendo extraordinárias experiências de serviços de uma ampla parcela de fornecedores de luxo e ele pretendia que os relacionamentos de vendas e serviços da Mercedes-Benz superassem de forma consistente o que os clientes encontravam em outros lugares.

Em seus primeiros 60 dias como CEO, Steve procurou alinhar os membros da equipe com a sua visão e inspirá-los a começar a planejar o roteiro que os ajudaria a encantar seus clientes em uma base consistente de "classe mundial". Para este fim, Steve fez uma reunião fora da sede da empresa em fevereiro de 2012 e além do pessoal de sua organização convidou também os líderes da Mercedes-Benz Financial Services. Como forte indicação de que a Mercedes-Benz precisaria aprender com outros provedores de experiências lendárias, um ex-executivo da Disney foi trazido para ajudar os participantes a tratar da importância de promover uma cultura centrada no cliente. Durante a fase inicial da reunião fora da empresa, o apresentador compartilhou as provações e atribulações que os líderes da Disney enfrentaram ao tentar criar sem falhas a "mágica" na vida dos seus hóspedes. Uma parte interessante da apresentação da Disney foi a ligação feita entre a cultura de excelência na experiência do hóspede e o desempenho geral dos negócios da empresa. Em essência, os hóspedes Disney que ficavam encantados com sua experiência produziam lucros significativos, o que, por sua vez, encantava os acionistas.

Com mensagens fortes sobre seleção, treinamento e capacitação dos funcionários da Disney (chamados de membros do elenco) e uma ênfase na importância de elaborar uma proposta de valor clara sobre a experiência do cliente, os líderes da Mercedes-Benz dos EUA tiravam proveito de um recurso externo, tomando como referência um fornecedor de classe mundial de experiência do cliente e articulando os benefícios e desafios de executar o tipo de abordagem "Guiados pelo Encantamento" obcecada pelo cliente que vinha sendo considerada na MBUSA. Os participantes da reunião ouviram exemplos reais colhidos fora da indústria automobilística. Essas histórias incluíam situações nos parques temáticos Disney em que os membros do elenco Disney eram empoderados para encantar os hóspedes. Em um desses exemplos, um membro do elenco notou uma criança chorando por ter deixado cair seu saquinho de pipoca e não apenas substituiu-o como fê-lo dizendo, "o Mickey viu o que aconteceu e me pediu para entregar isso". Armados com esses tipos de exemplos, os líderes da Mercedes-Benz dos EUA puderam avaliar a natureza elevada das experiências que as pessoas têm com marcas focadas no cliente.

Harald Henn, vice-presidente de finanças e controladoria da MBUSA, compartilha os benefícios de se olhar para marcas globais fora do próprio setor de atividade: "Nós teríamos nos limitado se olhássemos somente para as melhores práticas de outras montadoras. Isto é o que fazíamos no passado. Mas para conseguir uma verdadeira transformação, precisávamos olhar para além das montadoras e até mesmo para além das empresas com foco no produto. Ao analisarmos empresas que criam experiências e serviços, estabelecemos uma meta ainda mais elevada. Tendo trabalhado no Japão durante três anos, vi abordagens muito avançadas para a prestação de serviços. Queríamos aprender com os campeões do mundo, não apenas com os melhores fornecedores nos EUA". Armados com exemplos de provedores de experiência "campeões do mundo" como a Disney, os líderes estavam prontos para avaliar o estado atual das experiências dos clientes da Mercedes-Benz dos EUA e da Mercedes-Benz Financial Services e estabelecer metas claras sobre o que aspirar na jornada adiante.

Várias lições básicas de liderança surgiram mesmo nesta etapa mais rudimentar da jornada transformadora da Mercedes-Benz dos EUA. Além da escuta ativa e de uma análise FOFA (Forças, Oportunidades, Fraquezas e Ameaças), Steve Cannon começou o seu mandato:

1. Buscando o alinhamento da alta administração para iniciativas de mudanças ambiciosas e inspiradoras no âmbito de toda a empresa.

2. Proporcionando aos líderes uma oportunidade de se afastar das demandas do trabalho do dia a dia e imaginar a experiência ideal do cliente que eles pretendiam fornecer.

3. Oferecendo exemplos de excelência na experiência do cliente e fazendo com que esses exemplos fossem apresentados por líderes reconhecidos de empresas que estivessem fora do grupo tradicional de seus concorrentes.

## Sistema de Sinalização Visual

Então, onde você deve começar sua jornada para uma melhor experiência do cliente? A resposta óbvia e precisa é que a jornada deve começar no lugar em que você está. Criadores de mapas, desenvolvedores de *sites* e *designers* de experiência do cliente como eu, não teriam dúvida em lhe apontar que a sinalização é a primeira etapa para encontrar o caminho. Em outras palavras, antes de partir para qualquer jornada, é importante saber a sua localização exata. Pense nas placas "você está aqui" que geralmente são encontradas nos postos de informações de *shoppings centers* para ajudar na localização de lojas. Com base em seu gosto renovado pela excelência do serviço e inspirados por histórias de empresas usadas como referência, como a Disney, os líderes da Mercedes-Benz dos EUA partiram em sua jornada da experiência do cliente fazendo perguntas que são relevantes para qualquer líder de mudança, a saber: onde estamos agora no que diz respeito à nossa experiência do cliente? O que seria o sucesso ao nos aproximarmos de nosso destino? Como sair do lugar em que estamos para chegar onde queremos estar?

CONSTRUÇÃO DO MAPA

Conforme a equipe de liderança da Mercedes-Benz dos EUA ia discutindo essas questões, os frutos desta discussão eram captados em palavras e imagens desenhadas à mão. Enquanto muitos líderes retornam de suas reuniões de planejamento fora da empresa com longos documentos digitados no Word e fotos dos rabiscos feitos em cartazes de cartolina, os líderes da Mercedes-Benz haviam compreendido a sabedoria por trás da frase "uma imagem vale por mil palavras". Assim, um detalhado mapa visual foi criado. A representação completa será mostrada no final deste capítulo (veja a Figura 2.4 com os dizeres em inglês) e também pode ser encontrada em www.driventodelight.com/map, mas por ora

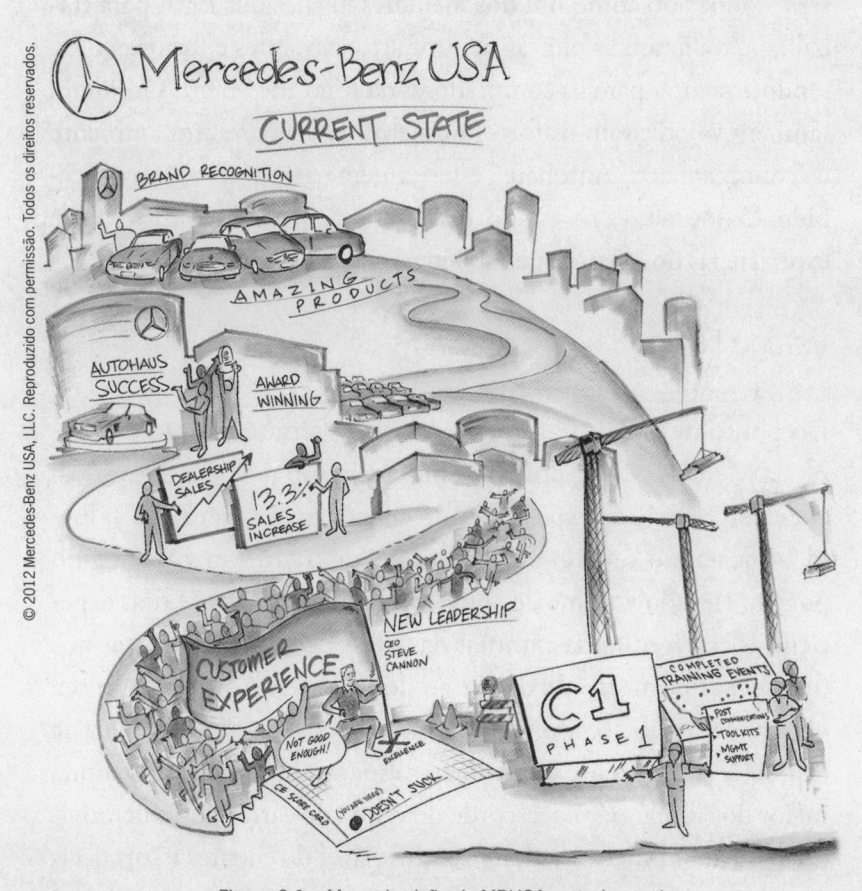

Figura 2.1 – Mapa da visão da MBUSA: estado atual

vamos analisar este mapa visual em termos de suas três partes componentes: **estado atual**, **estado futuro** e **plano de ação**.

## Estado Atual

A representação do artista do estado inicial (ou atual) da experiência do cliente da Mercedes-Benz dos EUA (veja a Figura 2.1) reflete muitas das observações que apresentei no Capítulo 1. Especificamente, a nova equipe de liderança via a marca como sendo forte e relevante na mente do consumidor. Eles observaram que a empresa tinha produtos premiados e os esforços e pontos fortes associados a ser reconhecido como um dos melhores lugares dos EUA para trabalhar. Avaliaram as ofertas de produtos existentes e futuras como sendo atraentes para os compradores da Mercedes-Benz. Os líderes também valorizaram os fortes números de vendas e um ambiente de concessionária "Autohaus" esteticamente agradável e bem concebido. O que faltava no estado atual era um conjunto consistente de experiências do cliente que diferenciasse a marca no futuro.

## Estado Futuro

Do ponto de vista da aspiração, o artista retratou como os líderes da Mercedes-Benz dos EUA buscaram um novo padrão global para a excelência da experiência do cliente (veja a Figura 2.2). Eles identificaram o sucesso de sua jornada de transformação medido por um elevado volume de conversas dos clientes sobre suas experiências extraordinárias, muitas das quais compartilhadas nas mídias sociais e em *sites* de discussão dos clientes. Ao alcançar o seu objetivo de estabelecer um novo padrão global para a excelência da experiência do cliente, esses líderes esperavam um orgulho ainda maior dos funcionários, recorde de venda de carros com lucratividade no atendimento, fidelização invejável de clientes e fortalecimento da marca. Eles afirmaram que ao se tornar o novo padrão

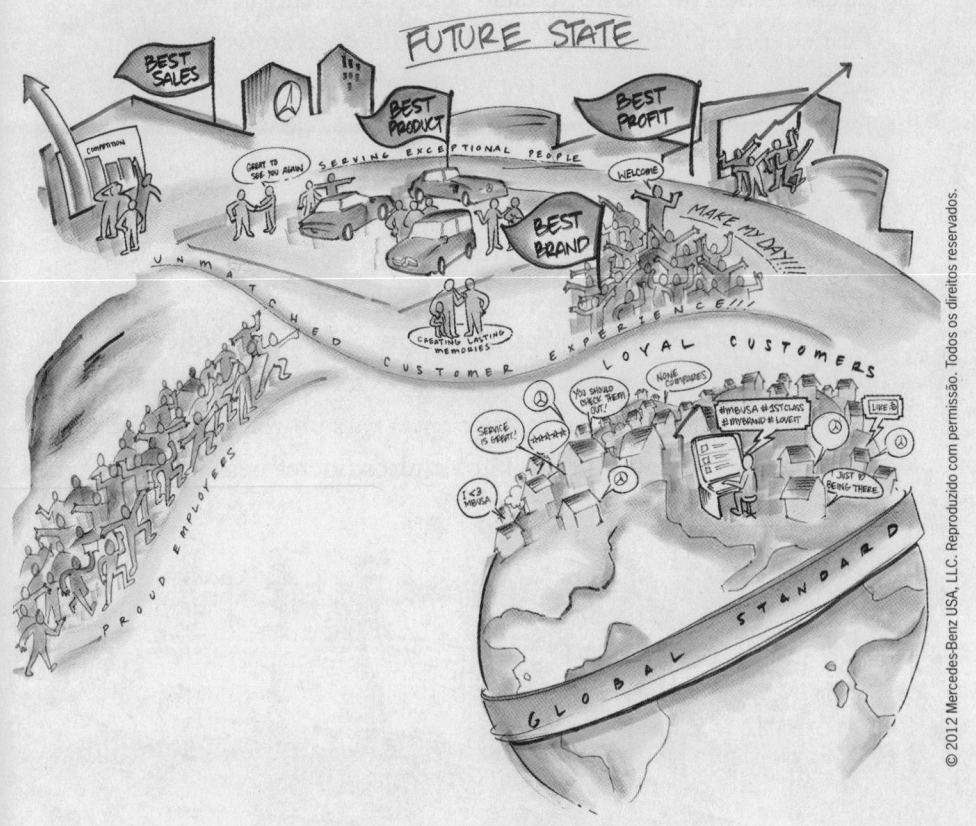

Figura 2.2 – Mapa da visão da MBUSA: estado futuro

global no fornecimento de experiência do cliente, a MBUSA desfrutaria de uma cascata de benefícios que alimentariam todos os principais aspectos do negócio. Mas como a Mercedes-Benz dos EUA (ou a sua empresa) passaria de seu estado atual na experiência do cliente para o estado de líder em experiência do cliente?

## Plano de Ação

Desde o início de suas discussões sobre a transformação da experiência do cliente os líderes seniores da Mercedes-Benz dos EUA perceberam que havia um fosso considerável entre o estado atual da experiência do cliente e o estado que pretendiam alcançar. Conforme representado no desenho do **plano de ação** (veja a Figura 2.3), eles sabiam que precisavam construir uma ponte sobre este fosso com uma abordagem de múltiplas fases e de vários anos. Esses executivos compreenderam a necessidade de alocar recursos para um processo de mudança de longo prazo. Uma melhoria de curto prazo na experiência do cliente não produziria os benefícios sustentáveis de longo prazo que eles imaginavam.

No atual mundo empresarial em que vivemos do "queremos tudo para já", "gratificação instantânea" e "foco nos lucros trimestrais", muitos líderes não têm a paciência para provocar mudanças metódicas e sustentáveis. De fato, muitos líderes bem intencio-

Figura 2.3 – Mapa da visão da MBUSA: plano de ação

nados me pedem para fornecer soluções de consultoria de curto prazo que sirvam de apoio a uma "iniciativa" de serviço ao cliente ou para reforçar o "ano do cliente". Nesses casos, muitas vezes me pergunto: "Se este é o 'ano do cliente', o que foi o ano passado e o que será o próximo ano?"

No caso de Steve e de sua equipe de liderança na Mercedes-Benz dos EUA, "Guiados pelo Encantamento" **não** era uma iniciativa. Era uma jornada estratégica de longo prazo – que exigiria muitos anos de investimento, supervisão e gestão. Para enfatizar este ponto, a equipe de liderança elaborou um mantra, que criativamente foi colocado por toda a MBUSA (para ver exemplos da apresentação visual do mantra, acesse www.driventodelight.com/mantra). O mantra é o seguinte:

### Guiados pelo Encantamento
driven to de(;ght

Guiados pelo encantamento não é apenas uma frase. É um caminho, uma promessa, uma crença. É um compromisso de criar relacionamentos positivos. De fazer as pessoas sorrirem e de deixá-las com um sentimento de total confiança. Guiados pelo encantamento significa tratamento pessoal excepcional. É um lembrete de que a jornada nunca está completa. Que há sempre uma maneira mais ponderada. E ao longo de cada interação devemos lembrar que **o melhor ou nada** não pode ser apenas uma descrição de nossos veículos, devendo também representar as pessoas por trás deles.

Steve declarou pública e repetidamente o significado e a importância de viver o mantra e de buscar um caminho centrado no cliente. Por exemplo, em uma entrevista com Diane Kurylko para o *Automotive News*, ele sugeriu que no futuro os fabricantes de luxo irão disputar pelo fornecimento da melhor experiência do cliente. Steve acrescentou ainda: "Este será o meu legado. Estou assumindo o que parece ser o nosso maior desafio e encontrando uma maneira de colaborar com nossos revendedores e de aproveitar os nossos recursos para levar esta marca para o lugar que lhe pertence – criar uma experiência do cliente em conformidade com nosso lema **'o melhor ou nada'**".

No mesmo artigo, Steve enfatizou que a MBUSA precisaria de tempo para mudar a cultura da Mercedes-Benz de forma a colocar a marca entre os melhores provedores de experiência. Em conversas posteriores comigo, Steve acrescentou que tinha que ocorrer uma mudança prudente sem um influxo de dólares nos orçamentos departamentais da Mercedes-Benz dos EUA. A transformação da experiência do cliente deveria ser alcançada através de ganhos de eficiência e uma disposição para refazer a prioridade dos recursos.

Conforme ilustrado pelos guindastes de construção no desenho do artista, os líderes da Mercedes-Benz dos EUA sabiam que uma série de projetos de construção da experiência do cliente precisaria ocorrer simultaneamente durante o período previsto de transformação de 2012 a 2017. Embora analisando os detalhes do mapa de forma mais aprofundada quando mergulharmos nas táticas que os líderes da MBUSA utilizaram desde a sua reunião de criação da visão, os projetos que já estavam em andamento na época do desenvolvimento do mapa (como o lançamento do treinamento *Driven to LEAD*) estão representados no terreno sólido à esquerda do fosso (próximo da parte de "estado atual" do mapa).

John Kotter, um líder do pensamento e autor de livros sobre mudança organizacional, caracteriza as primeiras fases de uma iniciativa de mudança bem-sucedida como estágios do tipo estabelecimento de um senso de urgência, criação de coalizão administrativa, desenvolvimento de uma visão de mudança e comunicação da visão para haver a adesão. Em essência, esta primeira reunião da liderança criou um senso de urgência para a mudança obcecada pelo cliente na MBUSA. Isto resultou em uma visão clara e alinhou a alta administração na busca de um ambicioso objetivo de experiência do cliente. De fato, os líderes dentro da Mercedes-Benz dos EUA e da Mercedes-Benz Financial Services objetivamente compararam sua empresa com os concorrentes e com o setor mais amplo de fornecimento de experiência do cliente na área de luxo. Eles analisaram "o que poderia acontecer" se não agissem para elevar as experiências do cliente em toda a rede de concessionárias Mercedes-Benz. Analisaram ainda os possíveis benefícios nos negócios quando inflamassem o espírito de obsessão pelo cliente em todas as interações com os consumidores. Esta análise gerou um senso de urgência e um desejo de criar uma experiência diferenciada que superasse as expectativas da nova base de clientes da marca. Os líderes também perceberam que o sucesso nesta jornada de mudança cultural exigiria esforços apaixonados e responsáveis de cada líder e não poderia ser alcançado através de esforços isolados de um único departamento ou categoria profissional. Portanto, os líderes que estavam presentes nesta reunião fora da empresa sabiam que precisariam criar as bases para esta visão do futuro e compartilhá-la com entusiasmo por toda a organização de forma a inspirar os outros e explicar por que era necessária uma ação imediata.

Mais importante ainda, os líderes não poderiam confundir a sua comunicação da visão com a adesão. Compartilhar uma ideia e fazer com que os outros se juntem a você na busca por transformar esta ideia em realidade são coisas bem diferentes. Para verdadeiramente ter sucesso, este grupo de líderes precisaria explicar a importância da excelência da experiência do cliente; deveriam **ouvir** suas equipes para saber se esta visão obteria eco entre aqueles que teriam o desafio de executar a transformação. Esses líderes também necessitariam ouvir os grupos de *stakeholders* (principais revendedores, outros líderes da MBUSA e da MBFS, membros do pessoal da linha de frente e funcionários de toda a comunidade de concessionárias do país) para entender como esta agenda de mudança provavelmente os afetaria. Por exemplo, quanto aos revendedores, os líderes da MBUSA precisariam envolver um grupo muito diversificado e esclarecido de donos de concessionárias na jornada de transformação. Os diretores de concessionárias (aqueles indivíduos que são donos de revendedoras Mercedes-Benz) podem possuir uma única loja ou liderar um grupo distribuidor de capital aberto como a AutoNation (a AutoNation é o maior varejista de automóveis nos EUA, com aproximadamente 300 concessionárias). Se o objetivo era que as experiências do cliente nas concessionárias Mercedes-Benz fossem uma prioridade, a Mercedes-Benz dos EUA teria que investir considerável energia para assegurar a adesão e o foco de todos os diretores de revendedoras.

Os esforços para envolver os *stakeholders* começaram com uma rodada de reuniões com todos os funcionários nos primeiros meses de Steve Cannon como CEO. Pouco tempo depois, em abril de 2012, Steve dirigiu-se à rede de concessionárias no Encontro Nacional de Revendedores em Chicago. Após comentários iniciais sobre as vitórias alcançadas pela marca no ano anterior e sobre os sinais positivos de uma recuperação depois da recessão, Steve preparou o terreno para o foco de sua atuação na Mercedes-Benz dos EUA: "Portanto, quanto aos 90 dias anteriores à minha gestão, é isso o que sei. Temos excelentes produtos que estão no topo da indústria. Temos uma grande equipe e uma grande parceria. E agora temos as melhores instalações no setor de automóveis. Nosso próximo grande desafio é entregar aos nossos clientes a experiência do cliente **'o melhor ou nada'** todas as vezes. Eu penso, mal comparando, que este desafio que envolve pessoas, processos, cultura e paixão será muito mais difícil que construir uma instalação Autohaus."

Steve elogiou os revendedores por sua participação no programa de treinamento *Driven to LEAD* recentemente criado, observando que era um importante ponto de partida para a jornada da marca adiante. Antes deste encontro de revendedores, um grande número de funcionários das concessionárias havia participado do treinamento de um dia inteiro *Driven to LEAD*, e os revendedores fizeram um investimento financeiro considerável neste treinamento (embora a maior parte dos custos fosse bancada pela MBUSA). Além da participação do pessoal das concessionárias, houve amplo comparecimento no evento *Driven to LEAD* de membros da equipe corporativa da MBUSA e de funcionários da Mercedes-Benz Financial Services.

Ao desenvolver os tópicos do treinamento *Driven to LEAD*, Lior Arussy e sua equipe na Strativity entrevistaram 10% dos diretores de concessionárias Mercedes-Benz nos EUA e enviaram questionários para 3.000 de seus funcionários para reunir suas ideias e percepções sobre a qualidade das experiências do cliente fornecidas pelos revendedores. O *feedback* da pesquisa junto aos funcionários foi a base para a grade de tópicos do treinamento. Além das entrevistas e das pesquisas, muitos indivíduos da Mercedes-Benz e do grupo da Strativity trabalharam em conjunto para conceber e executar o treinamento. Esta equipe desenvolveu o conteúdo, conduziu uma fase-piloto, treinou instrutores e realizou o *Driven to LEAD* em mais de 83 datas de treinamento em uma turnê por 23 cidades. No total, 15 pessoas estiveram envolvidas no desenvolvimento do *Driven to LEAD*, e 20 instrutores adicionais participaram das sessões com grupos menores.

Além de ficar muito animados pelo grau de participação e envolvimento no *Driven to LEAD*, Steve Cannon e outros líderes da Mercedes-Benz se sentiram encorajados pelos relatos de como os participantes passavam por uma mudança em seus pontos de vista e comportamento após participar das sessões. Por exemplo, era comum ouvir histórias como a seguinte compartilhada por um funcionário da Fletcher Jones Motorcars, uma concessionária Mercedes-Benz em Newport Beach, Califórnia:

"Um vendedor telefonou de Nova Jersey porque um de seus clientes estava vindo de férias para a Califórnia. Ele havia despachado o carro para poder usar no passeio. Eu concordei em receber o carro e pegar o cliente no aeroporto quando ele chegasse. Depois levaria o cliente de volta ao aeroporto ao término das férias e providenciaria o envio do carro. Todas essas ações se devem ao que aprendi em nosso treinamento *Driven to LEAD/CustomerOne*. É minha função superar as expectativas do proprietário de um Mercedes-Benz!"

Do ponto de vista de conteúdo, o treinamento *Driven to LEAD* amplificou os desafios e oportunidades que a Mercedes-Benz enfrentava em termos de experiência do cliente na área de luxo e se baseava em três pilares:

1. **Conscientização.** Temos de perceber que aquilo que o profissional de serviços considera bom o suficiente pode não ser uma experiência inesquecível para o cliente.

2. **Perspectiva.** Todos os dias, 365 dias por ano, os clientes estão tendo ótimas experiências com uma marca ou outra. A experiência que está sendo proporcionada aos clientes nas concessionárias Mereceds-Benz se compara à melhor das melhores?

3. **Compromisso do pessoal, da equipe e dos líderes.** A base para proporcionar as melhores experiências do cliente pode ser encontrada no acrônimo LEAD, que significa *Listen, Empathize, Add value and Delight* (Ouvir, ter Empatia, Agregar valor e Encantar).

Como exemplo dos componentes de consciência e construção de perspectiva, Lior Arussy, que conduziu a maioria das reuniões *Driven to LEAD* em todos os EUA, pedia aos participantes para

## CONSTRUÇÃO DO MAPA

imaginar um cliente chegando a uma loja de produtos de luxo da Nordstrom afirmando possuir US$75.000 para gastar. Lior perguntava então: "O que você acha que a equipe e a liderança da Nordstrom fariam nesta situação?" Lior continuava: "Seus clientes chegam desta mesma maneira. Seu atendimento se equipara ao esforço e execução que você veria na Nordstrom?" Embora este exemplo tivesse sido apresentado aos funcionários das concessionárias no contexto da experiência de compra de carro, ele igualmente se aplica a todos os setores de atividade. Como uma empresa "melhor das melhores" centrada no cliente enriqueceria a experiência oferecida a um cliente que estivesse ansioso por comprar seu produto? Eu suspeito que se uma compra significativa semelhante estivesse em jogo, um funcionário da Nordstrom estaria disposto a fazer uma visita à casa do cliente, olhar seu guarda-roupa e oferecer uma consultoria de estilo do tipo *personal shopper*. Até onde o seu pessoal está disposto a ir para festejar a presença de um cliente interessado em fazer uma compra semelhante?

O treinamento *Driven to LEAD* oferecido pela Mercedes-Benz dos EUA desafiava os participantes a olhar para além da indústria automobilística em busca de referência, e estruturava equipes multifuncionais das concessionárias para identificar ganhos rápidos dos clientes e ao mesmo tempo procurar honestamente por fatores que limitavam a execução centrada no cliente. Além do treinamento de dia inteiro fora da empresa, o impacto de eventos educativos foi ampliado através de um *site Driven to LEAD* dirigido aos revendedores, vídeos de apoio e um concurso de histórias de satisfação do cliente no âmbito das concessionárias. Um exemplo de história vencedora de satisfação do cliente envolveu uma família que apareceu no setor de serviços de uma concessionária Mercedes-Benz com um pneu furado bem cedo em uma manhã de domingo. O departamento de serviços estava fechado, mas dois funcionários da concessionária estavam por acaso no local; um desses indivíduos contou:

O (cliente) olhou para mim quando me aproximei e disse, "Você trabalha aqui? Pode me ajudar?". Eu disse, "Claro" e estava prestes a fazer um telefonema em nome do cliente para o Roadside Assistance (Assistência na Estrada - serviço de emergência na estrada, oferecido pela Mercedes-Benz) quando meu colega se aproximou e perguntou se eles tinham um compromisso urgente em algum lugar... e se caso tivessem outro carro em casa, ele poderia oferecer-lhes uma carona e pegar um lanche no caminho. Eles aceitaram agradecidos a oferta. (Meu colega) solicitou os serviços de nosso técnico do Roadside para dali a 10 minutos e levou os clientes para casa.

Neste exemplo, além de ouvir o problema apresentado (a necessidade de consertar um pneu furado em um dia em que a revendedora estava fechada), o funcionário da concessionária também ouviu de maneira proativa as necessidades que estavam ocultas (a fome e a necessidade de transporte para algum lugar). O funcionário demonstrou empatia com a difícil situação de uma família que se aventurou a ir para uma concessionária com o pneu furado e encontrou o departamento de serviços fechado. Este funcionário também agregou valor e encantou o cliente e sua família não só por chamar a assistência na estrada para resolver o problema do pneu furado, como também por comprar um lanche e levá-los para casa.

Como parte do treinamento *Driven to LEAD*, os participantes foram convidados a assinar um cartão de compromisso por escrito dispondo-se a Ouvir, ter Empatia, Agregar valor e Encantar aqueles a quem prestam serviços. Esta etapa de formalizar o compromisso de treinamento não deve ser menosprezada. Há muitos estudos desde a década de 1950 analisando o poder dos "contratos de compromisso". Embora os resultados variem de estudo para estudo, o ato de formalizar um compromisso por escrito tem demonstrado de forma consistente uma grande probabilidade (ou seja, 30%) de aumento do cumprimento da promessa. Como as pessoas procuram ter coerência interna, o ato de formalizar e tornar público um compromisso aumenta a probabilidade de que elas venham a fazer o que disseram publicamente que fariam. Se os nossos compromissos públicos forem renovados regularmente, o cumprimento tende a aumentar ainda mais.

Então o que essas constatações sobre contratos de compromisso têm a ver conosco, como líderes? Em poucas palavras, devemos oferecer às nossas equipes uma visão clara para elevar a experiência do cliente e publicamente assumir o compromisso (oralmente e por escrito) de liderar nossa organização na busca pela realização deste objetivo. Devemos oferecer treinamento aos nossos funcionários para aumentar sua conscientização em relação à nossa visão. Além disso, devemos ouvir suas reações aos desafios propostos à frente, oferecer-lhes ferramentas para alcançar a transformação e, em seguida, buscar um compromisso por escrito da parte deles. Uma vez que os líderes e os trabalhadores da linha de frente tenham assumido esses compromissos orais e por escrito, os líderes devem rotineiramente refazer esses compromissos, tanto oralmente quanto por escrito. Da mesma forma, devemos procurar refazer os compromissos de nosso pessoal, para que todos tenham uma maior probabilidade de agir em conformidade com as promessas feitas.

Além de assinar os cartões de compromisso por escrito, os participantes do programa *Driven to LEAD* também preenchiam um formulário "O que o está impedindo (WHYB, na sigla em inglês)", que permitia questionar de forma proativa os entraves pessoais e da organização para agradar consistentemente o cliente. Os participantes eram solicitados a pensar nas conversas que ocorriam dentro de suas próprias cabeças, principalmente aquelas que os impediam de progredir na transformação cultural e na satisfação do cliente. Essas conversas muitas vezes diziam: "Já tentamos isso antes", "Isso nunca vai funcionar", ou "Isso vai ser um transtorno para mim". Os participantes também eram solicitados a identificar outros fatores na Mercedes-Benz que poderiam inviabilizar a mudança centrada no cliente. Esses problemas seriam coisas do tipo: "muita mudança ocorrendo muito rapidamente", "liderança ineficaz para fazer a mudança", "sistemas ruins de comunicação" ou "o moral baixo da equipe".

As informações reunidas no formulário WHYB foram utilizadas para elaborar planos de ação e milhares de pontos foram levantados no *feedback* de funcionários das revendedoras. Um gerente de projeto da Mercedes-Benz dos EUA classificou e monitorou cada plano de ação que foi gerado. Esses planos de ação foram compartilhados com o pessoal da rede de concessionárias para que eles pudessem medir o seu progresso. Quando os participantes sugeriam que as ações da Mercedes-Benz estavam limitando sua capacidade de atender os clientes, este *feedback* era encaminhado para a alta administração da MBUSA/MBFS e os resultados eram compartilhados com os revendedores. Os participantes saíam das sessões *Driven to LEAD* com ideias/planos de ação da concessionária, cartões de compromisso e seus próprios formulários "O que o está impedindo" para que pudessem realizar ações futuras com suas equipes.

*Kits* para início imediato e ferramentas adicionais em vídeo eram fornecidos para uso na concessionária e para oferecer àqueles que não participaram da conferência uma orientação sobre os conceitos e expectativas quanto à prestação de serviço nas concessionárias da Mercedes-Benz. Além disso, foi disponibilizado um curso online *Driven to LEAD*. Estabeleceu-se que o pessoal da MBUSA, MBFS e das concessionárias deveriam participar do treinamento ou concluir o curso *on-line* até o final de 2012. Os novos contratados na MBUSA e nas concessionárias Mercedes-Benz passavam pelo curso *on-line Driven to LEAD* durante a orientação e integração. Tudo isso serviu para criar uma compreensão em toda a empresa a respeito do "por quê, o quê e como" envolvidos na entrega de encantamento.

No Encontro Nacional de Revendedores em abril de 2012, Steve Cannon descreveu o *Driven to LEAD* como um passo inicial para "uma mudança cultural que diz para os nossos clientes – satisfeito não é suficiente. Nós precisamos surpreender, encantar... para transformar o comum em extraordinário!". Aproveitando a energia vinda do *Driven to LEAD*, Steve reforçou a importância de encantar tanto os funcionários (como ficou evidenciado pela Mercedes-Benz dos EUA ser reconhecida como o "Melhor Lugar para Trabalhar") quanto os clientes. Além disso, ele compartilhou seu sentimento de urgência com relação à capacidade dos revendedores Mercedes-Benz reivindicarem ser o melhor em experiência do cliente ao relatar que, "Segundo o Índice de Satisfação do Cliente J.D. Power, que serve como padrão da indústria, nós não estamos nem perto disso. Fizemos alguns grandes progressos, passando de um humilhante 22º lugar para o meio do bloco... (Mas) este não é um lugar aceitável para a nossa marca. Podemos ter melhorado, assim como todo mundo... Em 2020, venderemos mais carros e ganharemos mais dinheiro que todos os nossos concorrentes na área de bens de luxo. Quero ser bem claro. A experiência do cliente será a prioridade número um para esta empresa enquanto eu for presidente e CEO. Este é o meu Autohaus, gente, e estou convencido que com a força de nosso produto e marca, se verdadeiramente liderarmos em experiência do cliente, seremos imbatíveis!". Para uma marca afirmando ser a "melhor ou nada", a classificação de 22º ou até mesmo a de ficar no "meio do bloco" no índice de satisfação do cliente eram claramente um urgente "chamado às armas" que incitava os revendedores a agir. Como você verá no Capítulo 11, essas ações (que servem como base para este livro) resultaram em uma realização comemorada pela Mercedes-Benz dos EUA – o primeiro lugar em um importante indicador J.D. Power and Associates, o Índice de Satisfação de Vendas (SSI, na sigla em inglês), assim como um notável progresso no Índice de Atendimento ao Cliente (CSI, na sigla em inglês).

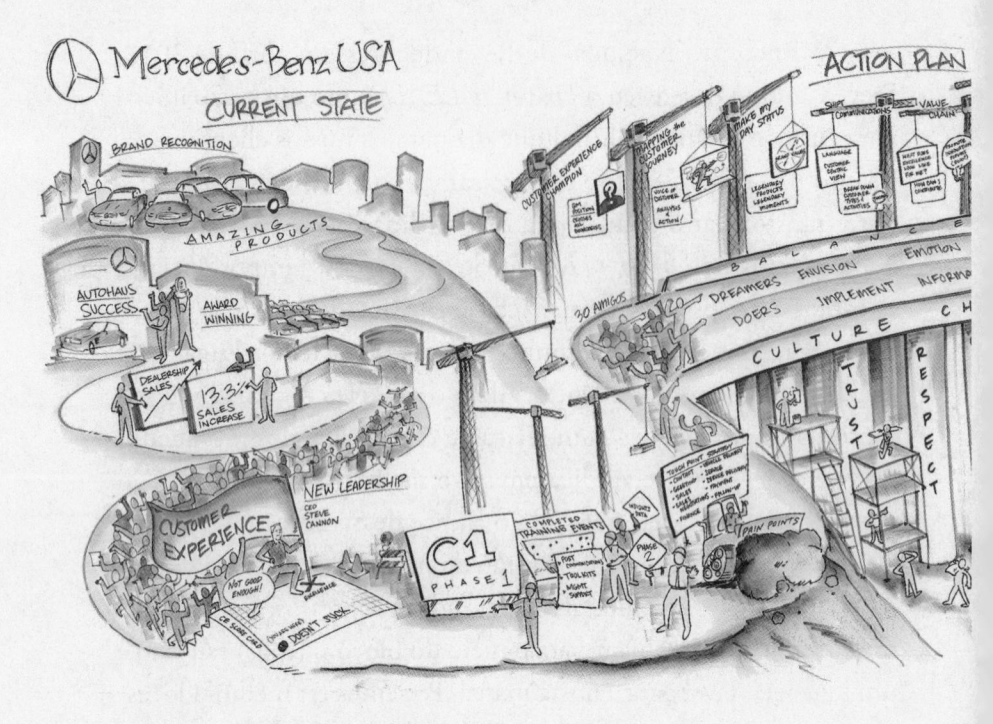

Figura 2.4 – Mapa da Visão da MBUSA.

Usando uma das competências centrais da Mercedes-Benz dos EUA, a capacidade de produzir mensagens de *marketing* convincentes, e baseando-se em seu próprio histórico recente como vice-presidente de *marketing*, Steve Cannon traçou uma linha de atuação para a sua agenda de liderança no contexto de um vídeo de *marketing* interno intitulado *The Standard* (*O Padrão*), que foi apresentado no final de sua fala aos diretores de concessionárias em seu primeiro encontro de revendedores. Este vídeo pode ser visto no endereço www.driventodelight.com/standard. A linguagem de *O Padrão* ganhou corpo na primeira reunião fora da empresa de Steve com sua equipe e líderes da Mercedes-Benz Financial Services. O vídeo apresentava, em suma, uma mistura de imagens de automóveis incríveis, rostos de membros da equipe Mercedes-Benz dos EUA e a seguinte narração:

## CONSTRUÇÃO DO MAPA

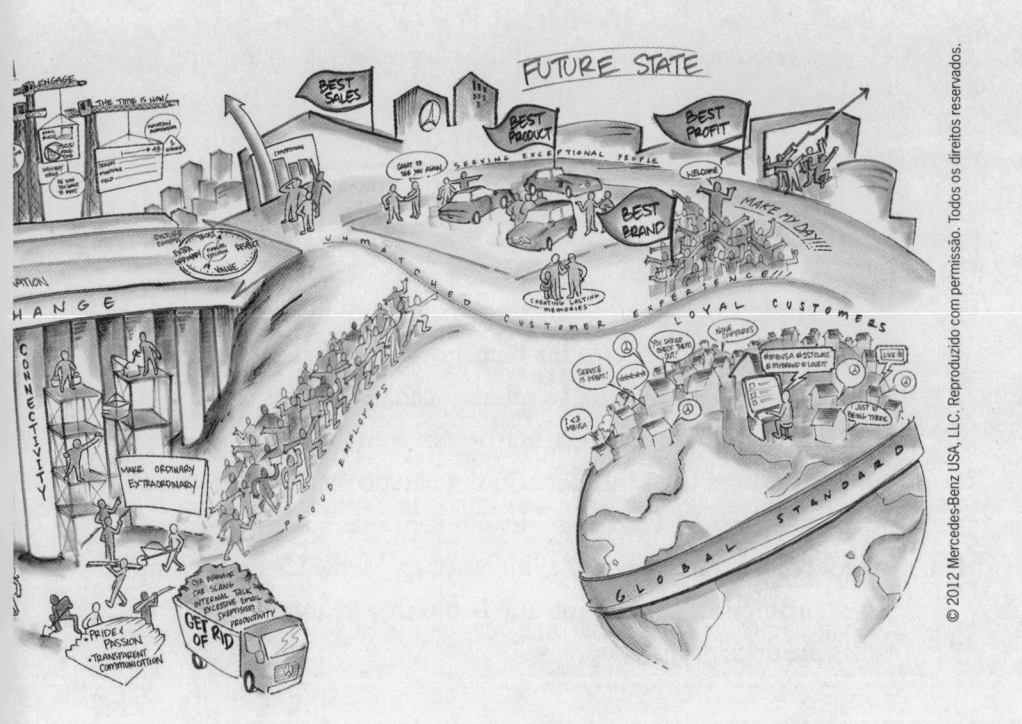

O automóvel Mercedes-Benz traz consigo a expectativa de que cada encontro com a marca será tão extraordinário como a própria máquina – tão bem projetado, inovador e de tirar o fôlego quanto inspirador e digno de confiança. Quando os clientes entram em nossas concessionárias, seus padrões estão predeterminados. Eles legitimamente antecipam e merecem o **melhor ou nada**. Eles não se decepcionarão. 2012 verá o lançamento do compromisso mais abrangente na história da Mercedes-Benz de uma extraordinária experiência do cliente. Cada departamento será mobilizado. Cada ponto de contato com a marca será examinado e aprimorado. Cada funcionário em cada concessionária será treinado e equipado. Começaremos imediatamente e não descansaremos enquanto não formos considerados a referência global – até que as expectativas sejam superadas com tal frequência que o nome Mercedes-Benz será tão famoso pela nossa experiência total do cliente quanto pela nossa lendária engenharia. Mercedes-Benz. **O melhor ou nada!!!**

Saindo do primeiro Encontro Nacional de Revendedores de Steve, os líderes da Mercedes-Benz honraram as promessas expressas em *O Padrão* no que se refere a cada departamento ser mobilizado, cada ponto de contato com a marca ser examinado e aprimorado, e cada funcionário em cada concessionária ser treinado e equipado. Prepare-se! Estamos prestes a mergulhar no Capítulo 3, que analisa como a liderança da Mercedes-Benz cumpriu suas promessas. Esperamos que isso o inspire a fazer e a cumprir suas próprias promessas.

## ELEMENTOS BÁSICOS PARA PROPORCIONAR O ENCANTAMENTO

➤ Assuma uma posição forte de intencionalmente gerar uma visão da experiência do cliente.

➤ Avalie honestamente seu estado atual com relação a esta visão.

➤ Explore uma imagem detalhada e granular de seu futuro destino desejado e construa um plano de ação de múltiplas fases e vários anos.

➤ Registre sua avaliação do estado atual, da visão para o futuro e das etapas que orientarão a ação futura.

➤ Crie uma coalizão administrativa de agentes de mudança que assumam o compromisso de liderar na direção de sua visão.

➤ Prepare os argumentos para a ação urgente. Qual é a razão comercial para a mudança? O que acontecerá se a mudança não for realizada? Por que alguém deveria segui-lo imediatamente em seu curso desejado de ação?

➤ Prometa (oralmente e por escrito) liderar sua organização na busca de sua mudança desejada na experiência do cliente. Procure formalizar o compromisso com os membros de sua equipe e rotineiramente renove esse compromisso, tanto oralmente quanto por escrito. Do mesmo modo, procure renovar individualmente o compromisso com o pessoal.

➤ Reserve um tempo para analisar os fatores pessoais e da organização que possam vir a atrapalhar o caminho da mudança. Estabeleça processos em equipe para planejar formas de superar os obstáculos à mudança.

➤ Venda internamente a sua mensagem transformadora através de reuniões pessoais com os *stakeholders*, e aproveite recursos como vídeos para inspirar e engajar as pessoas na mudança.

➤ Comprometa-se com um claro curso de ação através de uma ferramenta do tipo **O Padrão** e honre seus compromissos.

"Os perdedores fazem promessas que costumam não cumprir. Os vencedores assumem compromissos que sempre cumprem."

—Denis Waitley

# Das Promessas para a Ação Prometida

A confiança é a base de cada empreendimento bem-sucedido, seja ele o de um relacionamento pessoal ou um objetivo empresarial em grande escala, como a jornada de transformação da experiência do cliente realizada na Mercedes-Benz dos EUA. Para ganhar a confiança nos negócios, os líderes precisam comunicar as suas intenções, demonstrar que essas intenções servem aos interesses de todos os *stakeholders* e assumir compromissos para traduzir essas intenções em ação.

No caso da MBUSA, Steve Cannon e sua equipe de liderança promoveram a confiança enunciando um objetivo inspirador de criar uma experiência de atendimento ao cliente de classe mundial que fosse consistente com as necessidades dos funcionários, revendedores e clientes Mercedes-Benz a quem prestam serviços. Ao mesmo tempo, Steve e outros executivos declararam três compromissos fundamentais para com seus acionistas. Em essência, *O Padrão* prometia que:

- Cada departamento seria mobilizado.

- Cada ponto de contato com a marca seria examinado e aprimorado.

- Cada funcionário de cada concessionária seria treinado e equipado.

Este capítulo analisa as medidas adotadas pelos líderes para cumprir a primeira dessas três promessas, e nos próximos capítulos examinam-se o processo de mapeamento do percurso do cliente e o alinhamento estratégico implantado na Mercedes-Benz dos EUA, assim como os indicadores, ferramentas e incentivos criados para as concessionárias.

## Mobilização – Mire Antes de Atirar

Um dos maiores desafios para qualquer iniciativa de experiência do cliente – ou mesmo qualquer mudança cultural que seja sistêmica no âmbito de aplicação – é determinar a forma de mobilizar as diversas partes de uma organização. Como a maioria dos líderes departamentais tem incentivos destinados a impulsionar o desempenho em sua área específica, muitas vezes é difícil conseguir que vice-presidentes ou gerentes pensem sobre (muito menos em melhorar) o percurso do cliente por outras áreas da empresa.

Em um esforço para enfrentar esse desafio de articulação organizacional na Mercedes-Benz dos EUA, os executivos estudaram como outras empresas estabeleceram departamentos ou equipes dedicadas a melhorar o foco no cliente na organização como um todo. Steve Cannon procurou os três executivos, Frank Diertl, Niles Barlow e Harry Hynekamp (os "três amigos" que demonstraram uma forte dedicação à causa de melhorar a experiência do cliente) para pedir recomendações sobre a estrutura de um departamento de experiência do cliente na Mercedes-Benz dos EUA. Este grupo cuidadosamente escolhido de executivos procurou primeiramente a Forrest Research, uma empresa de consultoria global na orientação da liderança em áreas como estratégia, *marketing* e tecnologia de negócios, para identificar o melhor posicionamento para uma equipe de experiência do cliente que logo seria criada.

Três modelos foram analisados. O primeiro era o de um departamento, com a experiência do cliente sendo uma divisão sob o comando do vice-presidente de *marketing*. Os líderes de *marketing* são geralmente os "guardiões da marca" e são hábeis na comunicação dos pilares e da promessa da marca. Com este posicionamento, o departamento de experiência do cliente também poderia aproveitar as informações de consumidores e ativar os recursos de comunicação que geralmente existem dentro da área de *marketing*. Um departamento de experiência do cliente sediado no *marketing* também teria as competências essenciais para pintar um quadro da experiência desejada com a marca para os funcionários em toda a Mercedes-Benz.

A segunda opção era uma divisão independente sob o comando de um cargo executivo recém-criado, uma posição a que muitas empresas geralmente se referem como diretor de cliente (*chief customer officer* – CCO). Começando por volta de 2005, as estruturas organizacionais do tipo CCO ganharam crescente popularidade em todos os setores de atividade. Com a criação de uma diretoria, muitas marcas têm colocado no cargo um indivíduo que analisa a estratégia e operações da empresa sob a perspectiva do cliente. Este tipo de cargo executivo recebe a função de criar, executar e melhorar a experiência do cliente para cada cliente em todos os pontos de contato com a marca. Curtis Bingham, fundador e diretor executivo da Chief Customer Officer Council, define o papel do CCO como "um executivo que fornece a visão abrangente e abalizada do cliente e que cria estratégia empresa/cliente nos mais altos níveis da companhia para maximizar a aquisição, retenção e rentabilidade dos clientes".

Embora os dois modelos anteriores tivessem suas vantagens, a Mercedes-Benz dos EUA buscava por uma estrutura de departamento de experiência do cliente que fosse consistente com o tamanho da empresa, os talentos e envolvimento dos executivos e o estágio de desenvolvimento em que a MBUSA se encontrava em sua jornada de melhoria da experiência do cliente. Tendo em conta esses fatores, a recomendação que finalmente obteve a aprovação envolveu a criação de uma área relativamente pequena (aproximadamente 14 indivíduos da MBUSA e 5 indivíduos adicionais da Mercedes-Benz Financial Services) que não se misturariam com nenhum outro grupo da MBUSA. Esta nova área também teria forte ligação com a alta administração. No modelo final da Mercedes-Benz dos EUA, o gerente geral que supervisionaria o grupo, chamado simplesmente de equipe de Experiência do Cliente, ficaria subordinado diretamente ao homem que apostara o seu legado na melhoria da experiência do cliente na MBUSA: o presidente e CEO Steve Cannon.

Se você for dono de uma pequena empresa, uma equipe de 14 pessoas pode parecer grande, mas no contexto de uma empresa do porte da Mercedes-Benz dos EUA, é um departamento extremamente enxuto. Quando você pensa em como montar o quadro de pessoal e onde colocar sua equipe central de experiência do cliente, uma série de lições surge do processo e dos resultados na Mercedes-Benz. Essas lições incluem a necessidade de:

1. Avaliar as estruturas de outras empresas centradas no cliente que tiveram sucesso.

2. Decidir sobre uma abordagem de liderança organizacional que melhor se adapte às suas necessidades de desenvolvimento e talentos.

3. Ter o cuidado de não tornar o departamento tão grande a ponto de ser visto como "responsável pela" em vez de "catalisador para a" melhoria da experiência do cliente. Mantenha a estrutura enxuta, mas procure montar uma equipe adequada.

4. Ver o fornecimento da experiência do cliente como algo que compete à empresa como um todo e que precisa ser monitorado pela liderança para assegurar que a criação da experiência do cliente não seja de responsabilidade de um único departamento.

## Definição da Equipe Central e Sua Finalidade

Harry Hynekamp, um dos três amigos, foi escolhido em abril de 2012 para liderar a equipe Experiência do Cliente. Além de um MBA (*Master of Business Administration*) e de um histórico de liderança demonstrada em atendimento ao cliente, Harry possuía uma compreensão profunda e diversificada dos aspectos operacionais da Mercedes-Benz dos EUA. Ele foi contratado pela MBUSA 12 anos antes e trabalhou na área de auditoria, contabilidade, desenvolvimento de negócios e no escritório de projetos da empresa. Imediatamente antes de sua nomeação como gerente geral da equipe de Experiência do Cliente, Harry atuou como gerente geral de aprendizagem e desempenho (treinamento) da MBUSA. O mais importante a ser ressaltado é que Harry somava o conhecimento da empresa Mercedes-Benz dos EUA como um todo com uma paixão demonstrada pela prestação de serviços, argumentando a favor do programa Driven to LEAD discutido no Capítulo 2 e constantemente defendendo formas de fornecer uma melhor experiência do cliente.

Harry descreveu o pensamento original por trás do desenvolvimento da equipe de Experiência do Cliente na MBUSA observando: "Não precisávamos de uma equipe enorme, mas precisávamos de uma equipe grande o suficiente para cumprir nossa missão, que era a de contribuir com o resto da organização na elaboração de estratégias, na conexão com a jornada do cliente e no planejamento de como utilizar os seus recursos agora e daqui para frente. Também tínhamos que conseguir moldar nossa estratégia geral de negócio trazendo a opinião do cliente para esta discussão e para a jornada com cada área de negócio, envolvendo não apenas a Mercedes-Benz dos EUA mas também o braço financeiro – a Mercedes-Benz Financial Services." A fim de cumprir essa missão – aproveitar a opinião do cliente de forma estratégica e conectar toda a organização e as concessionárias à jornada do cliente – a equipe foi dividida em um grupo de Estratégia e Planejamento e um grupo de Indicadores e Informações/Voz do Cliente.

O grupo de Indicadores e Informações/Voz do Cliente foi desde o início concebido para ouvir qualitativa e quantitativamente a opinião do cliente. Harry observou: "Nós queríamos um lugar onde pudéssemos ir para descobrir como seria a jornada da experiência do cliente e como é o nosso desempenho do ponto de vista de nosso cliente. Também precisávamos que esse grupo tivesse acesso rápido a números concretos e oferecesse uma visão qualitativa criteriosa sobre cada faceta da jornada do cliente."

O gerente do grupo de Estratégia e Planejamento foi encarregado por pegar as estatísticas e análises reunidas pelo grupo de

Indicadores e Informações/Voz do Cliente e desenvolver uma compreensão aprofundada desta jornada do cliente. Este grupo ficou então responsável por trabalhar com cada vice-presidente, gerente geral e gerente de departamento para ajudá-los na compreensão da jornada do cliente da Mercedes-Benz dos EUA e identificar como cada um desses líderes poderia atender às necessidades em áreas afetadas por seu departamento.

## Indicadores e Insights

O componente Indicadores e *Insights* da equipe de Experiência do Cliente tem sido consistentemente composto por um punhado de funcionários com funções muito específicas. Por exemplo, um indivíduo é um especialista no assunto em todas as pesquisas em que a Mercedes-Benz é comparada com concorrentes como a BMW e a Lexus (Toyota) em indicadores como satisfação do cliente e fidelidade. Este especialista em dados também acompanha pesquisas de alto nível como a de satisfação da J.D. Power and Associates, estudos Strategic Vision, medições Polk, análises da Forrester sobre experiência do cliente e o Índice Norte-Americano de Satisfação do Cliente. Além disso, este membro da equipe monitora o pulso de todas as outras pesquisas que possam fornecer informações úteis relativas a desejos, necessidades, satisfação ou envolvimento emocional dos clientes Mercedes-Benz dos EUA.

Em contrapartida, outro indivíduo no grupo de Indicadores e *Insights* é responsável pela manutenção das comunidades de clientes *on-line* da Mercedes-Benz dos EUA. Além de supervisionar os milhares de clientes inscritos nessas comunidades, essa pessoa também procurou aumentar a quantidade de inscritos. Na prática, essas comunidades muitas vezes servem como grupos focais *on-line* e como tal, também são envolvidas em conversas sobre produtos, feiras de automóveis e eventos. Esses grupos são constituídos por clientes atuais e futuros proprietários Mercedes-Benz. O membro da equipe de Indicadores e *Insights* se envolve em conversas com os membros da comunidade sobre uma variedade de assuntos, variando desde produtos existentes e serviços a serem lançados em breve, até o preço de acessórios e o que esses proprietários atuais e futuros mais valorizam. As conversas também exploram comparações com marcas de outros setores, como: "O que você acha da marca Mercedes-Benz em comparação com as marcas Louis Vuitton, Ritz-Carlton ou Tiffany?".

Mas essas comunidades Mercedes-Benz vão muito além de grupos de discussão *on-line* de produtos. De fato, os membros das comunidades são frequentemente convidados a participar de oportunidades únicas e exclusivas, tais como visitar a sede da Mercedes-Benz para dar uma espiada no novo Classe S Coupé antes de seu lançamento. David Thorne compartilhou sua conexão com a comunidade *on-line* Mercedes-Benz: "Farei desde logo uma confissão. Eu tenho uma doença. É algum tipo de vício à marca e não consigo realmente explicar. Já dirigi muitos carros diferentes. Já experimentei muitas marcas diferentes. Sou formado em *marketing* e entendo de marcas. Eu sei o que é a percepção do consumidor em relação a uma marca e não consigo racionalizar meu vício a esta marca através de nada disso. O fato de Karl Benz ter recebido a primeira patente de um automóvel me emociona. Eu aprecio a atenção aos detalhes. Meu primeiro Mercedes foi um 190E 1988. Era como o bebê Benz. Eu ficava maravilhado com o fato de prestarem tanta atenção aos seu veículo mais barato quanto aos demais em toda a linha. Também tenho este forte desejo de ajudá-los, mesmo com eles não precisando de minha ajuda. É por isso que agarrei a chance de fazer parte da Comunidade de Consultores MB e de colaborar."

As comunidades Mercedes-Benz permitem que os líderes em toda a Mercedes-Benz dos EUA ouçam e falem com as pessoas a quem estão encarregados de servir. Harry Hynekamp observou:

"Temos a felicidade de possuir membros ativos e apaixonados da comunidade que abertamente compartilham seus pensamentos, opiniões e ideias de forma a ajudar todos os nossos líderes na MBUSA a melhorar a experiência dos clientes. Antes de a equipe Experiência do Cliente ser criada, essas comunidades eram geralmente sondadas apenas pela equipe de *marketing*. Hoje todos os departamentos da organização parecem estar recebendo informações deles." O engajamento de clientes Mercedes-Benz e fãs da marca através de comunidades *on-line* faz com que nos lembremos das valiosas informações que podemos receber quando simplesmente pedimos *insights* e *feedback*.

Outros membros da equipe Indicadores e *Insights* eram responsáveis por lançar, e agora por gerenciar, uma ferramenta muito específica e poderosa – o Programa de Experiência do Cliente, ou PEC – que a Mercedes-Benz dos EUA desenvolveu para receber informações em "tempo real" sobre a experiência dos clientes em vendas e serviços. Como analiso o uso eficaz de *feedback* dos clientes nos Capítulos 5 e 6, guardarei uma visão mais detalhada sobre as funções dos membros da equipe Indicadores e *Insights* para quando chegarmos neles.

## Estratégia e Planejamento

Do mesmo modo que no caso do grupo de Indicadores e *Insights*, a equipe de Estratégia e Planejamento consiste de seis indivíduos. Esses funcionários da Mercedes-Benz dos EUA eram responsáveis por mapear a jornada do cliente (ver Capítulo 4) e, posteriormente, ajudar cada líder na Mercedes-Benz dos EUA a entender como maximizar o impacto positivo que sua equipe provoca sobre a parte da jornada do cliente influenciada por ela. Ainda mais importante, o grupo Estratégia e Planejamento destaca as diferentes transferências de responsabilidade que estão acontecendo entre o que esses líderes veem como "suas áreas". Este entendimento completo da movimentação do cliente desde a intenção de compra até a conclusão das interações de serviços ajuda a amenizar os pontos de transição ao longo da jornada do cliente pela marca. O grupo de Estratégia e Planejamento também trabalha com os líderes em áreas de negócio específicas para analisar as alocações atuais de recursos e como essas alocações se alinham com o que os clientes realmente querem e necessitam.

Em essência, o grupo de Estratégia e Planejamento é um recurso de orientação que ajuda todos os líderes da Mercedes-Benz dos EUA a alinhar suas ações em torno da missão da empresa e do objetivo da liderança de ser "Guiados pelo Encantamento". Como tal, este grupo inicia seu processo fazendo com que os líderes em toda a organização se concentrem em cinco indicadores-chave de desempenho (KPIs) que marcam o sucesso estratégico geral da MBUSA. Os cinco objetivos, que refletem as aspirações mensuráveis dos executivos da MBUSA, são:

1. Ser a marca de automóvel mais admirada.

2. Maximizar a fidelidade do cliente.

3. Ser a principal marca de luxo em vendas de veículos novos.

4. Ser a unidade de negócios mais lucrativa entre as unidades de negócios Daimler.

5. Como um dos maiores empregadores nos EUA, aumentar o envolvimento do funcionário a cada ano.

A equipe de Estratégia e Planejamento da Mercedes-Benz orienta os líderes de toda a MBUSA em reuniões de vários dias analisando componentes específicos da jornada do cliente (por exemplo, a experiência de chegada de um cliente que traz seu Mercedes-Benz para uma revisão).

Segundo Lourence du Preez, então gerente de departamento do grupo de Estratégia e Planejamento: "Este era um território novo para a nossa marca. Metodicamente nos colocávamos no lugar de nossos clientes atuais e futuros e analisávamos a jornada do cliente inteiramente a partir de seu quadro de referência. Iniciamos esta análise a partir do que nós sabíamos e do que havíamos aprendido sobre o que os nossos clientes queriam e precisavam." Tendo adquirido uma compreensão completa das exigências, necessidades e desejos dos clientes durante esta fase da jornada, os líderes identificavam os recursos que estavam atualmente utilizando para atender os clientes durante as interações. Os líderes também eram orientados a analisar todos e quaisquer projetos, iniciativas especiais e gastos envolvidos no atendimento das necessidades dos clientes durante este ponto de contato do cliente.

Depois de definir a jornada do cliente e de analisar os recursos departamentais no contexto daquele segmento da jornada, o grupo de Estratégia e Planejamento apresentava as informações vindas da equipe de Indicadores e *Insights* para ajudar os líderes a ouvir o que os clientes estavam compartilhando sobre seus maiores pontos problemáticos durante esta parte da jornada na Mercedes-Benz dos EUA. Harry Hynekamp, gerente geral da equipe de Experiência do Cliente descreveu este processo, como ajudar os líderes, destacando: "A olhar para os pontos problemáticos da perspectiva do cliente, não da MBUSA. Ao passarem por esta etapa do processo, os líderes rapidamente constatavam desalinhamentos de recursos ou esforços bem intencionados que não atingiam o objetivo ou não eram valorizados pelo cliente. Os líderes também recebiam *insights* sobre como um membro da equipe poderia estar lidando com uma iniciativa que seria mais bem gerenciada se estivesse a cargo de um indivíduo em outra área. Ao acompanharmos os líderes neste processo, ouvimos de tudo, desde 'Uau, eu não sabia que estávamos fazendo isso' até 'Esta é a primeira vez que decisões estratégicas e de recursos são tomadas do ponto de vista da experiência dos clientes e do que eles dizem que precisam ao longo desta jornada.'" Imagine um processo desses em sua empresa, em que os líderes conduzissem suas reuniões de planejamento departamental com base em informações advindas dos clientes e com um olho na implantação de recursos para atender as necessidades deles. Como mudariam alguns de seus planos departamentais?

Gareth Joyce, vice-presidente de serviços ao cliente da MBUSA, foi um dos primeiros executivos a fazer reuniões em seu departamento sobre estratégia e planejamento de liderança centrada no cliente. Gareth era relativamente novo na equipe de executivos da MBUSA, tendo sido nomeado em fevereiro de 2012 (aproximadamente um mês antes de Steve Cannon assumir a função de CEO). Embora fosse novo na Mercedes-Benz dos EUA, Gareth trouxe uma rica experiência internacional, incluindo funções como vice-presidente de pós-venda da Mercedes-Benz da Holanda e vice-presidente de pós-venda da Mercedes-Benz África do Sul. Mas, mais importante do que tudo isso, Gareth trouxe um entusiasmo pela entrega de experiência do cliente para um cargo em que ele tinha que desenvolver estratégia e supervisionar todos os serviços de engenharia e operações de atendimento ao cliente, assim como o *marketing* direto pós-venda, a Central de Atendimento ao Cliente Mercedes-Benz e a logística de peças.

Gareth via o planejamento estratégico centrado no cliente como um avanço para a liderança da Mercedes-Benz dos EUA: "A qualidade das respostas que você recebe depende sempre da qualidade das perguntas que você faz. Ao assumir este cargo, identifiquei um conjunto de projetos para meu departamento, todos bem concebidos e bem projetados. Mas eles eram muito numerosos, e não se conectavam em termos de finalidade com a alma daqueles que precisavam executá-los. O poder do nosso objetivo de experiência do cliente é que ele faz sentido para todos em minha equipe. Ao passar por um processo de analisar tudo o que fazemos a partir da perspectiva de um cliente, precisamos questionar muitos de nossos pressupostos e examinamos detalhadamente as alocações de recursos preexistentes."

Um exemplo claro de como líderes do tipo de Gareth utilizaram sessões de planejamento centrado no cliente para fazer movimentos ousados na alocação de recursos, pode ser visto na área do programa Mercedes-Benz Roadside Assistance. Historicamente, a Mercedes-Benz foi o único fabricante de automóveis a oferecer assistência na estrada para todos os clientes enquanto possuíssem os seus veículos, com pouquíssimas limitações. Este serviço de cortesia tinha uma longa história e aparentemente era uma prerrogativa intocável de possuir um Mercedes-Benz. Mas a MBUSA iniciou o processo de análise dos benefícios e obrigações gerais do programa em relação à retenção de clientes em 2011, quando fez o movimento ousado de vincular a assistência na estrada fornecida pela MBUSA com a fidelidade na manutenção.

Quando o foco na experiência do cliente cresceu dentro da organização, Gareth constatou que já tinha recursos suficientes à sua disposição. Ele percebeu que a melhoria da experiência do cliente não seria alcançada pela busca de mais recursos humanos ou financeiros, de modo que começou a analisar como poderia racionalizar os programas e recursos em sua área para maximizar os benefícios tanto para os clientes quanto para os negócios.

Para a nossa finalidade de analisar como administrar recursos de forma centrada no cliente, vou poupar você dos detalhes e dos pontos mais delicados do programa Roadside Assistance. Em essência, desde que seu veículo tivesse passado por uma manutenção em uma concessionária autorizada até 18 meses antes de seu pedido de assistência na estrada, você tinha direito ao atendimento emergencial de cortesia *Sign and Drive* oferecida pela MBUSA. Um técnico da Mercedes-Benz forneceria combustível caso seu veículo ficasse sem; o seu pneu seria substituído por um sobressalente se esvaziasse; caso a sua bateria pifasse, alguém faria a carga; e se o seu veículo precisasse de conserto, o técnico na estrada providenciaria um guincho de cortesia.

Como parte deste projeto da empresa, Gareth e sua equipe examinaram como estava sendo fornecido o programa Roadside Assistance. Eles concluíram que o programa necessitava ser modificado e que os benefícios financeiros desta modificação precisariam ser direcionados para outras necessidades de experiência do cliente de alto valor. Assim, reduziram o programa e estratificaram o grau de serviços de cortesia, oferecendo os benefícios "*Sign and Drive*" listados anteriormente somente para aqueles clientes que estivessem cobertos por uma garantia de fábrica e para os clientes com "direitos adquiridos" que haviam comprado seus veículos antes de 4 de janeiro de 2011.

Parte dos milhões de dólares economizados por esta modificação foi inicialmente reaproveitada em uma melhoria inovadora da experiência do cliente para apoiar o lançamento em 2013 do CLA e do novo Classe S da Mercedes-Benz através de um programa chamado MB SELECT (como muitas lições podem ser aprendidas com o MB SELECT, pelo qual a Mercedes-Benz dos EUA fornecia dinheiro "sem condições preestabelecidas" às concessionárias para "encantar" os clientes do CLA e do Classe S quando esse dinheiro era mais importante, este programa receberá uma explicação detalhada no Capítulo 10). Por ora, basta saber que o financiamento para um programa moderno de experiência do cliente como o MB SELECT só poderia ter sido obtido pela realocação de recursos baseados em ouvir e entender o que os clientes disseram que mais queriam e necessitavam.

Embora você pudesse pensar que uma mudança como essa – de um programa de assistência na estrada universal para um oferecido apenas aos clientes fiéis aos serviços de manutenção para um oferecido apenas aos clientes na garantia – aconteceria praticamente sem problemas, Gareth teve que trabalhar com revendedores que sabiam que cada cliente com quem restabeleciam o contato em função de um chamado de assistência na estrada era uma fonte potencial de receita com peças, serviços e vendas. Como as concessionárias também eram clientes de Gareth, ele sugeriu uma modificação adicional consistente com o *feedback* do revendedor, ou seja, que a Mercedes-Benz dos EUA reembolsasse as concessionárias por uma parcela dos encargos com técnico e guincho desde que o cliente concordasse em ser rebocado para uma concessionária autorizada Mercedes-Benz para solucionar sua necessidade imediata (o guincho era gratuito para o cliente). Além disso, o benefício do guincho na estrada foi ampliado para fornecer reboque gratuito a todos os proprietários (dentro e fora da garantia, durante toda a vida do veículo) "a qualquer hora, em qualquer lugar", desde que o veículo fosse rebocado para o departamento de serviços de uma concessionária autorizada Mercedes-Benz – algo que nenhuma outra montadora oferecia. Os clientes que desejassem ser rebocados para uma oficina mecânica fora da rede de concessionárias seriam cobrados pelo serviço de guincho.

Essas decisões administrativas bem pensadas e desafiadoras muitas vezes levam a resultados centrados nos clientes que não se tratam de fazer mais com menos, e sim de fazer o que é mais certo com menos. Olhando para a o seu negócio do ponto de vista do cliente, onde os seus recursos estariam mal alocados? Onde você poderia economizar dinheiro em áreas que não estão produzindo valor significativo para você e seus clientes e, em vez disso, reaplicar esses recursos para atender necessidades mais relevantes dos consumidores?

## Paladinos – Inflamando Todos na MBUSA para ser Guiados pelo Encantamento

É essencial que você envolva todos os níveis de liderança formal na melhoria da experiência do cliente por meio de estratégia e planejamento. Além disso, para atingir o ponto de inflexão necessário para uma iniciativa cultural tão grande como o "Guiados pelo Encantamento" da MBUSA, é preciso mais do que líderes e gerentes para promover a mudança. Um membro do grupo de Estratégia e Planejamento da Experiência do Cliente era, e continua sendo, responsável pelo alinhamento e transformação de uma cultura de excelência da experiência na Mercedes-Benz dos EUA, por meio de estímulo aos funcionários para fazer a mudança acontecer em toda a organização. Isto ocorre através do programa Mercedes-Benz Customer Experience Champions (Paladinos da Experiência do Cliente Mercedes-Benz, em tradução livre).

Na fase inicial da jornada centrada no cliente, os gerentes gerais da MBUSA e os revendedores foram convidados a indicar membros da equipe para o programa "paladinos" que fossem conhecidos catalisadores de mudança e que tivessem um forte foco no cliente. Para entrar na seleção dos Paladinos da Experiência do Cliente Mercedes-Benz, o indicado poderia ser qualquer pessoa na organização, desde que conseguisse desencadear mudanças e acompanhar um projeto até a conclusão. A participação como Paladino da Experiência do Cliente permitiria aos selecionados fazer parte de uma comunidade de alta prioridade, no âmbito de toda a empresa e voltada para a ação. Além disso, a sua participação foi concebida permitindo o trabalho em rede com outras pessoas na mesma situação e proporcionando a oportunidade de participar e se beneficiar de eventos de treinamento sobre a ciência e a arte da criação da experiência do cliente. No primeiro ano de lançamento do programa, por exemplo, os participantes puderam aprender sobre o processo de mapeamento da jornada e analisaram como esse processo se relacionava com a jornada daqueles a quem prestavam serviços. Mais especificamente, os Paladinos da Experiência do Cliente conectaram seus departamentos com os objetivos gerais de negócio da MBUSA e analisaram qual era o impacto de seus esforços nas vidas dos que dirigiam carros Mercedes-Benz, dos seus co-

DAS PROMESSAS PARA A AÇÃO PROMETIDA

legas no escritório ao lado ou de outro departamento da MBUSA, e dos fornecedores.

Com o apoio da equipe de Experiência do Cliente da MBUSA, os Paladinos da Experiência do Cliente se reuniram mensalmente; fizeram excursões para a única concessionária operada e possuída pela Mercedes-Benz dos EUA, localizada em Manhattan; visitaram o Instituto Disney; e ficaram conhecidos por líderes do setor de experiência do cliente como Chris Zane, fundador e presidente da Zane's Cycles, e Jill Nelson, CEO da Ruby Recepcionists. Além disso, ouviram palestras da Hertz, The Ritz-Carlton e 11 Madison, e realizaram uma reunião externa na Tiffany & Co., em Manhattan. Essas atividades todas serviram para aperfeiçoar seu conhecimento sobre o que as organizações de ponta fazem para inovar soluções para clientes e mover a empresa inteira no sentido de lidar com as necessidades do cliente.

Além de ganhar e compartilhar conhecimento sobre as melhores práticas na entrega de experiência do cliente, os Paladinos da Experiência do Cliente MBUSA receberam a tarefa de desenvolver iniciativas de experiência do cliente para seus respectivos departamentos. Esses líderes da mudança servem de caixa de ressonância uns aos outros e ajudam a planejar e executar projetos que melhoram o serviço entregue pelo pessoal da sede da MBUSA. Os paladinos exercem a função por um mandato de um ano e recebem treinamento da equipe de Experiência do Cliente da MBUSA. Desde o seu início, o programa tem evoluído, passando a incluir desafios de projetos de 45 e 90 dias, a criação de KPIs (indicadores-chave de desempenho) que medem a eficácia de cada paladino e o esboço de 12 normas fundamentais para a função de Paladino da Experiência do Cliente. Além disso, foi criado um livro de sucessos alcançados pelos participantes, não apenas como uma lembrança para os paladinos do passado, mas também como modelo para aqueles que foram recentemente selecionados. Este livro demonstra os comportamentos necessários exigidos para liderar mudança transformadora da experiência do cliente. A seguir estão algumas das várias realizações geradas por esses paladinos e líderes da mudança:

- Racionalização do processo de apresentação de demonstrações financeiras pelas concessionárias.

- Criação do programa de imagem do proprietário, que oferece imagens digitais do proprietário com o veículo recém-adquirido para ter uma lembrança duradoura.

- Introdução do "Operation Hang Tag", em que os revendedores recebem etiquetas para pendurar nos carros após a conclusão do serviço alertando os clientes de que seus veículos foram lavados e aspirados.

- Simplificação do depósito direto para novos contratados.

Uma dos Paladinos da Experiência do Cliente, Jennifer Perez, declarou: "Minha consciência mudou desde que me tornei paladino. Avalio como sou tratada como cliente em minha vida pessoal e profissional, e estou mais consciente de como trato os outros." O paladino Stephen Quinones acrescentou: "Minha percepção geral da cultura da nossa empresa é o que mudou mais. A capacidade de colaborar no âmbito de toda a empresa com outras pessoas que compartilham uma atitude positiva e um desejo de ter algum impacto em nossa cultura realmente abriu meus olhos aos progressos que estamos fazendo como organização". No livro de sucessos dos paladinos, o CEO Steve Cannon deixou registrada a sua visão sobre os Paladinos da Experiência do Cliente Mercedes-Benz: "Nossos paladinos são agentes de mudança. Constroem nossa cultura. Reconhecem o comportamento que proporciona o encantamento. Lembram-nos a quem prestamos serviços. Acolhem os novos funcionários. Lideram as equipes multifuncionais. Ajudam-nos a integrar a opinião do cliente. Iniciam mudanças e ações para melhor servir nossos clientes. Ouvindo. Liderando. Comunicando."

A equipe de liderança da Mercedes-Benz dos EUA assumiu o compromisso junto aos *stakeholders* de que mobilizaria todos os departamentos da empresa. Com a criação uma equipe pequena, mas empoderada, de Experiência do Cliente, a empresa aproveitou o conhecimento do cliente para mudar a forma como seus líderes elaboraram estratégias, planos e distribuíam recursos para atender as necessidades dos clientes. Além disso, esta mesma equipe prestava apoio a agentes de mudança em toda a organização compartilhando conhecimento sobre a experiência do cliente, concluindo projetos que melhorassem a prestação de serviços e dando um apoio melhor aos associados no âmbito das concessionárias. Na sua empresa existe algo semelhante? A sua organização está amplamente mobilizada para traduzir as informações dos clientes em decisões empresariais inteligentes? A sua compreensão sobre o seu cliente orienta as questões de planejamento estratégico e implementação? Como a sua visão de liderança executiva tem sido adotada através de táticas e implantação por parte dos agentes de mudança da média gerência e da linha de frente?

Acho que você concordaria que os líderes da Mercedes-Benz dos EUA fizeram um bom progresso no que diz respeito à promessa de Steve Cannon de que "cada departamento será mobilizado", formulada em seu primeiro Encontro Nacional de Revendedores ocorrido apenas alguns meses depois de assumir o cargo de CEO. Dito isso, a jornada para a verdadeira mudança cultural na Mercedes-Benz dos EUA continuou a evoluir. Para a transformação atingir o máximo de eficácia, as ações de cada indivíduo que representa a marca Mercedes-Benz tinham que ser guiadas por uma compreensão plena da experiência do cliente em cada ponto de contato com a marca. Além disso, cada indivíduo precisava tirar proveito de sua compreensão sobre a jornada do cliente para entregar uma experiência que não apenas satisfizesse esses clientes, mas os encantasse de forma consistente.

No próximo capítulo você verá como os líderes da Mercedes-Benz dos EUA fizeram um investimento considerável na definição dos **"momentos da verdade"** do cliente. Você verá a evolução da empresa para entender a jornada do cliente e, assim, torná-la compreensível para todos os que fornecem liderança, serviços ou apoio na Mercedes-Benz dos EUA, nas suas concessionárias e em seus parceiros na Mercedes-Benz Financial Services. Em essência, você lerá sobre o trabalho desafiador, porém gratificante, envolvido no cumprimento da segunda promessa feita em *O Padrão*, ou seja: "Cada ponto de contato com a marca será examinado e aprimorado."

Vamos analisar o mapeamento da jornada do cliente à maneira Mercedes-Benz dos EUA.

## ELEMENTOS BÁSICOS PARA PROPORCIONAR O ENCANTAMENTO

- Faça promessas claras e concisas sobre a transformação da experiência de seu cliente.

- Crie uma equipe de pessoas que sejam responsáveis pela condução de mudanças centradas no cliente em toda a sua organização.

- Junte o máximo possível de informações díspares dos clientes em um local centralizado, acessível e utilizável. Desenvolva especialistas no assunto que possam fornecer consultoria em relação às exigências, necessidades e desejos de seus clientes.

- Utilize a sua equipe de experiência do cliente para ajudar os líderes em toda a organização a alinhar estratégias, desenvolver projetos e distribuir recursos para resolver os pontos problemáticos do cliente e responder ao que os clientes lhe contam a respeito de suas necessidades.

- Selecione agentes de mudança da linha de frente em cada departamento para defender a causa do cliente.

- Forneça ferramentas para educar e aprimorar seus agentes de mudança à medida que eles procuram melhorar a prestação de serviços em seus departamentos.

- Desafie seus agentes de mudança a realizar iniciativas centradas no cliente que melhorem indicadores-chave de desempenho.

- Registre os sucessos e tropeços daqueles que elaboram soluções com foco no cliente. Utilize esses recursos para ajudar e inspirar outros agentes de mudança que procuram fazer o mesmo.

- Compreenda que essa mudança de um negócio baseado em um produto ou serviço para um que seja verdadeiramente centrado na experiência do cliente é um processo lento e metódico (embora gratificante).

sos veículos, devendo também representar as pessoas
s deles guiados pelo **encantamento** não é apenas uma f
m caminho, uma promessa, uma crença. É um **compron**
criar **relacionamentos** positivos. De fazer as pessoas sor
e deixá-las com um sentimento de total **confiança**. guiados
antamento significa tratamento pessoal **excepcional**.
brete de que a jornada nunca está completa. Que há sempre

*"Se existir algum segredo do sucesso, ele está na capacidade de pegar o ponto de vista de outra pessoa e ver as coisas sob o ângulo dela, assim como de seu próprio."*

—Henry Ford

s deles guiados pelo **encantamento** não é apenas uma
m caminho, uma promessa, uma crença. É um **compror**
criar **relacionamentos** positivos. De fazer as pessoas sor

# Exame e Aprimoramento de Cada Ponto de Contato

◇◇◇◇◇◇◇◇◇◇◇◇◇◇◇◇◇◇◇◇◇◇◇◇◇◇◇◇◇◇◇◇◇◇◇◇◇

Ao compartilhar *O Padrão* com a rede de revendedores no início de seu mandato como presidente e CEO, Steve Cannon fez uma promessa que fundamentalmente mudaria a forma como todos na Mercedes-Benz dos EUA entendiam a experiência do cliente. Sua promessa foi: "Cada ponto de contato com a marca será examinado e aprimorado." Embora dito de maneira simples, o processo de examinar, quanto mais aprimorar, os pontos de contato com o cliente não seria nada fácil.

Antes de analisarmos o processo colocado em prática pelos líderes da Mercedes-Benz dos EUA para assegurar uma visão útil dos pontos de contato com o cliente, vale a pena entender o pensamento por trás do mapeamento do percurso do cliente. Em minha atuação como *designer* da experiência do cliente, muitas vezes assumo que o mundo conhece e entende o processo envolvido na definição dos pontos de contato com o cliente (tanto é verdade que não dediquei nenhum tempo para o assunto em qualquer um de meus livros anteriores). Embora tais esforços de mapeamento estejam no cerne daquilo que faço do ponto de vista de consultoria, o mapa do percurso do cliente é uma ferramenta muitas vezes esquecida ou subutilizada por muitos líderes e empresários.

Em meados da década de 1980, G. Lynn Shostack, na época vice-presidente sênior encarregada pelo grupo de clientes privados no Bankers Trust Company, esteve entre as primeiras pessoas a defender o conceito de avaliação dos pontos de contato. Em um artigo de 1984 na *Harvard Business Review*, intitulado *Designing Services That Deliver* (*Concepção de Serviços que Fornecem o Prometido*, em tradução livre), Lynn referiu-se ao processo de mapeamento como uma planta dos serviços em que processos, pontos problemáticos, prazos e rentabilidade são todos apresentados em um único documento. Em seu argumento sobre a importância de dedicar tempo e recursos para o desenvolvimento de um "planta" para a jornada do cliente, Lynn observou que tal processo "ajuda a reduzir o tempo e a ineficiência do desenvolvimento aleatório de serviços e oferece um grau de visão maior das prerrogativas de gerenciamento de serviços. A alternativa – deixar os serviços a cargo do talento individual e gerenciar as peças ao invés do todo – torna uma empresa mais vulnerável e cria um serviço que reage lentamente às necessidades e oportunidades do mercado". Os projetos sobre a jornada do cliente ganharam força considerável desde que Lynn escreveu isto, pois a maioria das empresas (provavelmente incluindo a sua) geralmente aspira oferecer jornadas bem concebidas e harmoniosas dos clientes, enquanto rapidamente se adapta às exigências, necessidades e desejos dos clientes.

Desde meados da década de 1980, esses projetos da experiência do cliente evoluíram, passando normalmente a incluir:

- Uma visão sistemática das ações adotadas pelos clientes à medida que avançam em sua experiência com a marca.

- Os objetivos e necessidades que os clientes experimentam ao longo de sua jornada.

- A identificação dos pontos de contato de alto valor (muitas vezes chamados de **momentos da verdade**) sobre os quais os clientes colocam grande importância.

- As lacunas, dificuldades do serviço ou pontos problemáticos enfrentados pelo cliente.

- O grau de satisfação do cliente e as emoções experimentadas pelos clientes.

- Os processos, departamentos e sistemas do negócio que fazem interface com os clientes em cada ponto de contato.

- A identificação de oportunidades para melhorar a jornada atual do cliente.

Caso não possua um mapa da jornada de experiência do seu cliente, o processo adotado pela Mercedes-Benz dos EUA tem grande relevância para você (independente de sua empresa ser de tamanho pequeno, médio ou grande), pois demonstra os desafios que as empresas enfrentam e as estratégias para superá-los. Caso você tenha criado um mapa, o trabalho na MBUSA revela as melhores práticas para incorporar profundamente esta descrição da jornada do cliente na cultura e funcionamento de seu negócio.

## A Equipe de Mapeamento da Jornada do Cliente da Mercedes-Benz

Alimentado pelo desejo de cumprir a promessa de Steve Cannon de elaborar um projeto dos pontos de contato do cliente da Mercedes-Benz dos EUA e armado apenas com as informações obtidas a partir da leitura sobre mapeamento da jornada do cliente ou dos pontos de contato, o grupo de Estratégia e Planejamento da Experiência do Cliente e vários outros indivíduos começaram a esboçar a jornada do cliente em um bloco de papel. Partindo desse início austero, rapidamente ficou claro que seria necessário que uma equipe diversificada e extremamente atuante assumisse este projeto de alta prioridade. Embora muitos dos melhores e mais brilhantes de dentro dos escritórios da Mercedes-Benz dos EUA tivessem sido reunidos para a tarefa, foram feitas seleções de pessoal, tanto interna quanto externamente, com base nas qualidades necessárias para o sucesso, não necessariamente para as habilidades específicas envolvidas na criação de mapas de clientes. Segundo Harry Hynekamp, gerente geral da equipe de Experiência do Cliente: "Durante o preenchimento dos cargos em nossa equipe recém-formada, eu tinha ciência de que deveria 'selecionar' – não 'contratar' – cada indivíduo por um determinado motivo. Por exemplo, para chefiar a equipe escolhemos um jovem que representa a geração Y e que enriquece a diversidade e energia de nosso departamento. Ele havia ajudado um revendedor da Mercedes-Benz com a gestão da reputação social e na Internet e se sentia à vontade para lidar com as experiências digitais, assim como do mundo real, dos clientes, revendedores e equipes de campo. Não precisávamos de um perito no assunto de mapeamento da jornada do cliente. Em vez disso, fomos à procura de alguém que fosse criativo, que se sentisse confortável com o desconhecido e que demonstrasse perseverança e resiliência. Nós sabíamos o que precisava ser feito e selecionamos a pessoa para fazê-lo."

Tylden Dowell, a pessoa responsável pelo mapeamento da jornada do cliente na Mercedes-Benz dos EUA, explicou sobre a sua seleção e a magnitude da tarefa que enfrentou: "Eu vim para este departamento novo como alguém relativamente desconhecido – um dos poucos contratados de fora. Imediatamente senti a importância e urgência de formular o mapa da jornada do cliente como a espinha dorsal por trás da estratégia geral da experiência do cliente. Eu queria ajudar a fazer desse mapa uma representação fiel do que nossos clientes passam quando compram e fazem manutenção de seus veículos. Para começar, contei com a riqueza de conhecimentos de toda a organização, e com a minha recente experiência de trabalho para um grande grupo revendedor. A sequência de revisões do mapa ajudou a transformar um esboço grosseiro em um recurso de trabalho vivo para os negócios que molda as decisões estratégicas no dia a dia." Embora pudessem facilmente ter contratado pessoas com base apenas em sua habilidade demonstrada de "mapeamento", os líderes da Mercedes-Benz dos EUA preferiram construir a equipe em torno de habilidades e qualidades de liderança necessárias para cumprir a missão, sabendo que os especialistas em mapeamento de experiência poderiam ser consultados como recursos quando necessário. Uma lição importante a ser considerada: entender as características necessárias para ter sucesso na conclusão de um projeto, e selecionar em conformidade. A habilidade técnica, por si só, não garante o sucesso.

Muitas vezes, a arte de liderança requer uma disposição de agir na ausência de conhecimento especializado ou de um especialista interno "perfeito" a respeito do assunto. Como você verá a partir dos esforços de mapeamento da Mercedes-Benz dos EUA, uma liderança sólida também requer a sabedoria de perceber quando devem ser trazidos recursos de fora para acelerar e avançar a causa.

## Girando a Roda

Após ser montada, a equipe de mapeamento enfrentou um desafio bastante comum entre as empresas já estabelecidas: **traçar um novo rumo.** Enquanto as *startups* e os negócios empreendedores como o varejista *on-line* Zappos (o foco de meu livro *A Experiência Zappos: 5 Princípios de Administração que Transformaram uma Ideia simples em um Negócio Milionário*) têm a vantagem de mapear a jornada do cliente antes de abrir suas portas para os clientes, um negócio maduro como a Mercedes-Benz dos EUA tem de corrigir o curso a fim de criar uma visão consolidada da jornada do cliente por todos os aspectos do ciclo de vida do cliente (pré-venda, venda e as funções de pós-venda). Esforços anteriores para documentar a jornada do cliente na Mercedes-Benz dos EUA tinham esbarrado nos interesses de determinados departamentos: os responsáveis por vendas elaboravam soluções com base em suas percepções do que os clientes queriam da experiência de venda, e os responsáveis pela pós-venda cuidavam do que eles achavam que os clientes necessitavam quando buscavam serviços para seus veículos. Para começar a forjar uma visão ideal consolidada, a equipe de Indicadores e *Insights* começou a organizar grupos focais de clientes e trouxe proprietários às concessionárias para acompanhá-los em suas jornadas.

Mais tarde, os membros da equipe de Experiência do Cliente juntaram o conhecimento com o *feedback* adquirido de diversos conjuntos de dados dos clientes, como pesquisas, grupos focais e acompanhamento lado a lado com clientes, na medida em que a equipe os espalhava em uma sala de reuniões a qual se referia como a "sala de guerra da experiência do cliente". As paredes da "sala de guerra" foram cobertas por grandes rolos de papel marrom sobre os quais a equipe e outros funcionários da MBUSA começaram a afixar *post-its*. O processo era metódico. Líderes de diversos departamentos, como *marketing*, vendas, pós-venda e logística foram trazidos durante um período de vários meses para ajudar a equipe a listar os pensamentos e necessidades dos clientes na parte superior do papel. Uma vez identificadas as necessidades dos clientes, os participantes listavam as fases percorridas pelos mesmos para ter essas necessidades atendidas. Em um nível mais profundo de detalhes, os participantes se colocavam na perspectiva do cliente e identificavam os pontos de contato e interações muito específicos que o cliente encontrava dentro de cada fase. Permanecendo no ponto de vista do cliente, os participantes procuravam aprimorar os pontos de contato identificando maneiras de melhorar o atendimento das necessidades do cliente (por exemplo, eliminando etapas desnecessárias e simplificando os processos) e abordagens para ajudar os clientes a se encantar com o serviço (ter suas necessidades atendidas, suas expectativas superadas e se sentir valorizado).

Essencialmente, os membros da equipe de mapeamento receberam a tarefa de se colocar na posição de um cliente que está começando a pensar na ideia de comprar um automóvel e de maneira empática mapear esta jornada do cliente por todo o caminho desde a compra até o acompanhamento posterior. No período de seis meses da jornada anterior à venda, o mapeamento da equipe analisou a evolução das respostas do cliente à pergunta: "Que carro devo comprar?". Os membros da equipe e os participantes de departamentos como o de *marketing* povoaram então o mapa com os estágios distintos do cliente envolvidos na resposta a esta pergunta. Esses estágios incluíam um período inicial durante o qual o cliente ficava exposto a um amplo conjunto de opções de automóveis e marcas. Os clientes geravam então uma lista de candidatos viáveis, após o que estreitavam a lista e, finalmente, decidiam sobre o carro que queriam comprar. Durante o período pré-venda, o processo de mapeamento revelou uma grande quantidade de pontos de contato com o cliente envolvidos na passagem da consciência de marca para a escolha do produto. Estes incluíam uma possível exposição a uma ampla gama de publicidade, considerável conteúdo editorial e variadas informações por escrito, assim como inúmeros eventos de *marketing*. Também durante a fase de conscientização, os clientes podiam solicitar ou receber informações dos amigos ou familiares, iniciar buscas *on-line* e começar a visitar os *sites* de fabricantes de automóveis. À medida que passavam da conscientização à consideração, os clientes podiam começar a consultar *sites* de pesquisa de terceiros e se aventurar em *sites* de concessionárias para dar uma espiada na disponibilidade em estoque. À medida que o cliente começava a formar uma intenção de compra, ele ou ela provavelmente começaria a considerar e pesquisar opções de financiamento e identificar revendedores em sua área. Alguns poderiam buscar uma cotação *on-line* ou por telefone.

Depois de avaliar a jornada do cliente até o ponto em que uma compra era iminente, a equipe de mapeamento analisava o processo de venda abordando a seguinte pergunta do cliente: "Como eu faço para adquirir o carro que desejo?". Os mapeadores concluíram que havia três fases distintas dentro desta parte da jornada do cliente bastante curta (de aproximadamente uma semana): 1º) decidir de quem comprar o carro, 2º) descobrir como pagá-lo, e 3º) comprar o veículo.

O ciclo muito mais longo de pós-venda (que abrange o prazo médio de *leasing* de 36 meses) serviu para responder duas perguntas distintas do cliente: "Como faço para tirar o máximo proveito do veículo que adquiri?" e "Será que eu compraria um Mercedes-Benz de novo?". Durante o segmento de pós-venda, os clientes passavam pelas fases de conhecer o produto, manutenção do veículo, revisão ou conserto e reflexão sobre sua experiência como dono do veículo.

Do mesmo modo que na fase da jornada do cliente anterior à venda, o mapa da venda e do pós-venda foi enriquecido por uma lista de todos os pontos de contato, identificação dos momentos da verdade e lugares em que a experiência do cliente foi problemática, uma revisão de todos os processos de negócio e departamentos responsáveis por atender as necessidades dos clientes em cada ponto de contato, e uma identificação completa dos pensamentos, emoções e prioridades do cliente durante cada etapa da jornada.

Depois de fazer todo esse trabalho de base, os líderes da equipe de Experiência do Cliente trouxeram a Razorfish, uma empresa de mídia global de desempenho de *marketing* digital de marca para ajudar a aprimorar o mapa e produzir uma versão digital do documento em papel marrom que cobria a sala de guerra da experiência do cliente. O mapa digital poderia ser facilmente distribuído e permitiria que o espectador visse a jornada inteira do cliente, do pré-venda ao pós-venda, na largura de uma tela de computador. Você possui uma ferramenta semelhante à sua disposição que lhe permita ver a jornada inteira de seu cliente em um único pedaço de papel ou uma única página do computador?

## Simplificação e Clareza

O mapa digital foi construído, mas será que a Mercedes-Benz poderia usá-lo de modo eficaz? Ao contrário da fala inesquecível do filme *Campo dos Sonhos*, "Se você o construir, eles virão", a alta administração não assumiu que um mapa detalhado da experiência do cliente enviado por *e-mail* ou postado na *intranet* da empresa levaria magicamente a melhorias na experiência do cliente ou a uma mudança cultural na direção de maior foco no cliente. Na verdade, a criação do mapa digital foi apenas um primeiro passo inicial para cumprir a promessa de "definir" cada ponto de contato com a marca. Antes de qualquer coisa, o mapa precisava ser entendido!

Os líderes da Mercedes-Benz dos EUA passaram meses se colocando meticulosamente na posição do cliente, e a natureza detalhada do mapa da jornada do cliente resultante foi ao mesmo tempo sua força e sua fraqueza. Harry Hynekamp, gerente geral da equipe de Experiência do Cliente, destacou: "Não me entenda mal; o mapa foi ótimo. Mas não demorou muito para percebermos que não conseguiríamos usá-lo internamente. Tínhamos um mapa que faria a alegria de um *designer* Ph.D. em experiência do cliente, mas como a Mercedes-Benz Financial Services, a equipe de logística de peças, o pessoal de campo e nossos revendedores poderiam realmente entender todas as informações retratadas? O mapa era exato e cheio de detalhes, mas era complicado. Em termos militares, estávamos nos distanciando de nossa linha de suprimentos. Precisávamos descomplicar o mapa se quiséssemos que toda a organização envolvesse corações e mentes em torno da perspectiva do cliente." Ao contrário de muitos líderes que criam fluxogramas elegantes, mapas e outras ferramentas que encantam e confundem seus seguidores, os líderes da MBUSA consideravam as pessoas que precisavam usar as ferramentas de ponto de contato como seus clientes e, portanto, procuraram simplificar a apresentação para que todos pudessem entender e melhorar a experiência do cliente.

Embora a alta administração ainda consulte o mapa detalhado da jornada do cliente para fins estratégicos, ao final de 2012 a equipe de Experiência do Cliente precisava de uma forma de extrair a essência da jornada para que cada indivíduo na organização tivesse um conhecimento do funcionamento visto da perspectiva do cliente. Para ajudar a traduzir o mapa para uma linguagem que pudesse ser utilizada, a equipe de Experiência do Cliente recorreu a um líder que tinha pilotado a maior parte dos processos de planejamento estratégico do cliente descritos no Capítulo 3: Gareth Joyce, vice-presidente de serviços ao cliente da Mercedes-Benz dos EUA.

Ao se reunirem no final de 2012, a parceria entre a divisão de Gareth e a equipe de mapeamento teve uma maior sensação de urgência, pois um Encontro Nacional de Gerentes de Peças e Serviços estava programado para ocorrer em março de 2013 no Mercedes-Benz Superdome em Nova Orleans. Este evento, que ocorre em anos alternados, reuniria aproximadamente 1.000 líderes e vendedores responsáveis por peças e serviços na MBUSA e em toda a rede de concessionárias. O tema do encontro de 2013 era a experiência do cliente Mercedes-Benz. Para o sucesso do evento era essencial ter uma mapa da jornada do cliente que pudesse ser utilizado.

Enquanto a equipe buscava maneiras de simplificar o mapa digital da jornada, Gareth foi até o cavalete e desenhou um círculo. Com o complexo mapa da jornada como contexto, ele representou quatro quadrantes do círculo como refletindo a jornada de pós-venda do cliente. Gareth observou: "Quando eu estava de pé ao lado do cavalete, pensei nas fases pelas quais nossos clientes passam quando precisam de nossos serviços. Comecei com os clientes escolhendo as opções para determinar com quem farão negócio. Em seguida, passei para uma fase em que o cliente aparece em uma concessionária na esperança de que fez a escolha certa. A partir dali os clientes querem ser tratados com perfeição e no final esperam sair desse seu tempo em nossas concessionárias sentindo não apenas que seu carro foi bem cuidado, mas que foi cuidado de uma forma inesquecível e positiva." A partir da centelha criativa de Gareth foi aperfeiçoada uma roda da experiência do cliente simplificada (ver Figura 4.1). Essa simplificação envolveu pegar os quatro quadrantes que Gareth havia inicialmente sugerido, encontrar a essência da necessidade do cliente em cada área de interação e selecionar palavras que descrevessem melhor essas quatro áreas abrangentes da jornada do cliente no pós-venda.

Em sua forma final, a roda de serviços foi codificada em cores para mostrar uma jornada do cliente passando pelos quatro estágios, começando com "Ganhar o negócio" (vermelho) e progredindo por "Começar com o pé direito" (azul), "Cumprir suas promessas" (verde) e "Criar lembranças duradouras" (amarelo). (acesse www.driventodelight.com/journeywheels para ver as versões codificadas em cores das rodas de jornada do cliente). A roda também incluía pontos de contato fundamentais para cada etapa da jornada do serviço, descritos posteriormente neste capítulo.

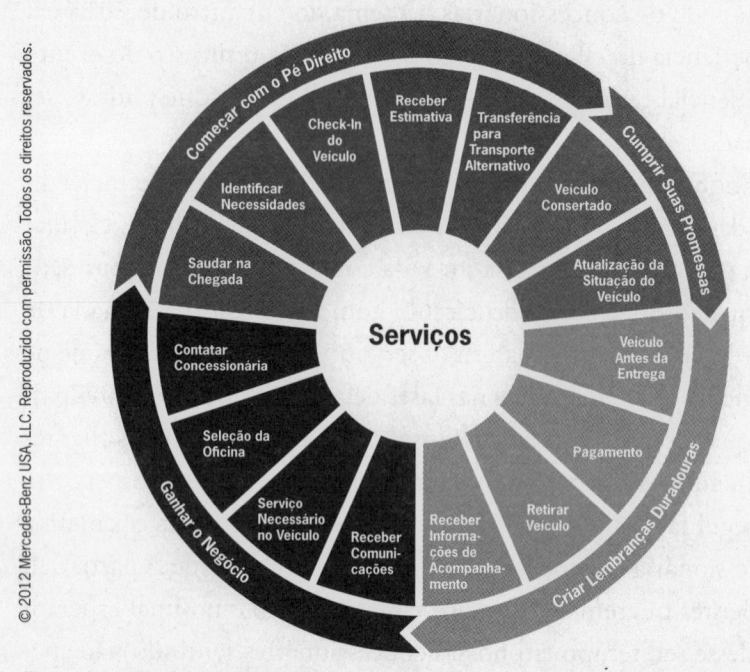

Figura 4.1 – Experiência de serviços

A roda de serviços ao cliente retrata visualmente a jornada da perspectiva do cliente. Além disso, a roda utiliza uma linguagem acessível e de fácil referência, de modo que os indivíduos na Mercedes-Benz dos EUA e nas concessionárias da Mercedes-Benz podem rapidamente entender os comportamentos e processos necessários se quiserem ter sucesso durante as quatro fases importantes da jornada de serviços. Em essência, as rodas ajudam os indivíduos em toda a Mercedes-Benz dos EUA e nas concessionárias da Mercedes-Benz a verdadeiramente entender o que é preciso para ajudar um cliente a "começar com o pé direito". Por exemplo, cada indivíduo representando a Mercedes-Benz pode entender como os clientes querem ser saudados quando se dirigem para a faixa de serviço, ter suas necessidades avaliadas de forma rápida e completa, receber uma estimativa precisa e compreensível, e serem devolvidos com eficiência para outros aspectos de suas vidas ocupadas (seja quando isso signifique usar um Wi-Fi na recepção, ter um veículo de reserva pronto para eles, ou conseguir uma carona de cortesia para o local desejado).

A utilidade e clareza da roda de serviços foram amplamente analisadas na sede da Mercedes-Benz dos EUA e validadas por seu estrondoso sucesso no Encontro Nacional de Gerentes de Peças e Serviços em março de 2013. Na verdade, todo o evento foi organizado em torno da experiência do cliente de serviços, orientado pelos quatro setores coloridos da roda da jornada. Segundo Cai-Marc Ramhorst, gerente do departamento de peças da MBUSA: "Nós basicamente construímos a roda no piso do salão de exposição na Mercedes-Benz Superdome e em todas as reuniões utilizamos a jornada do cliente como nossa plataforma de comunicação. Ao contrário de uma reunião típica desta natureza, que geralmente se concentra nas atualizações dos negócios e objetivos estratégicos, este Encontro Nacional de Gerentes de Peças e Serviços representou uma mudança fundamental na compreensão de nosso negócio e em analisar como somos vistos pelo nosso cliente. Desde o início, este encontro mergulhou os participantes na jornada do cliente e vinculou a jornada do cliente com os indicadores-chave de desempenho que geram receita de pós-venda nas concessionárias. O evento recebeu ótimas críticas e teve um impacto enorme nos participantes. A roda foi o eixo central."

A roda foi o eixo central para muito mais do que o sucesso do Encontro Nacional de Gerentes de Peças e Serviços. Da perspectiva de líderes como Gareth Joyce, a roda também representou um momento "aha" fundamental com relação à importância de adotar uma abordagem para comunicação e desenvolvimentos de ferramentas "centradas no cliente". Quando se trata de alinhar, reunir, planejar e implementar ações em todos os *stakeholders* da Mercedes-Benz dos EUA, as comunicações e as ferramentas tinham que ser elegantemente simples. Elas tinham que demonstrar um desejo sincero de inspirar e permitir ações por parte daqueles para quem foram concebidas as ferramentas.

Dado o sucesso da roda pós-venda, mapas detalhados das jornadas de pré-venda e de venda também foram traduzidos para um formato de roda. Por exemplo, o mapa original de pré-venda tinha pensamentos de clientes, fases, um conjunto interligado de pontos de contato de negócios, flechas e representações de processos circulares, juntamente com uma lista de oportunidades de negócios. Em contraste, a roda de pré-venda definiu as três etapas da jornada pré-venda do comprador como sendo "Conscientização" (vermelho), "Consideração" (azul) e "Intenção" (amarelo). A roda então retratava os pontos de contato importantes para cada etapa.

## As Jornadas de Pré-Venda e de Venda

A roda de pré-venda (ver Figura 4.2) retrata de forma clara e eficiente o movimento do cliente desde a exploração até a formação da intenção de compra e permite que os profissionais de *marketing* concentrem seus esforços para satisfazer as exigências e necessidades dos possíveis compradores durante as fases fundamentais deste movimento. Mark Aikman, ex-gerente de departamento de *marketing* digital e CRM, enfatizou: "A roda de pré-venda nos ajudou a expressar como o departamento de *marketing* traz um cliente para o processo de venda ou a concessionária. A roda também nos dá a oportunidade de pegar algo como o *marketing* boca a boca e determinar se estamos fazendo o suficiente para entregar uma experiência Mercedes-Benz."

Mark observou que a indústria automobilística, como tantos outros setores, necessita avaliar a forma como os clientes estão mudando e redesenhando suas ferramentas de pré-compra no contexto dessas mudanças: "Vemos duas grandes alterações dentro do processo de aquisição de autos. A primeira é o papel da plataforma digital no processo de compra. Em 2006, um comprador em potencial visitava em média 4,3 concessionárias. Em

# EXAME E APRIMORAMENTO DE CADA PONTO DE CONTATO

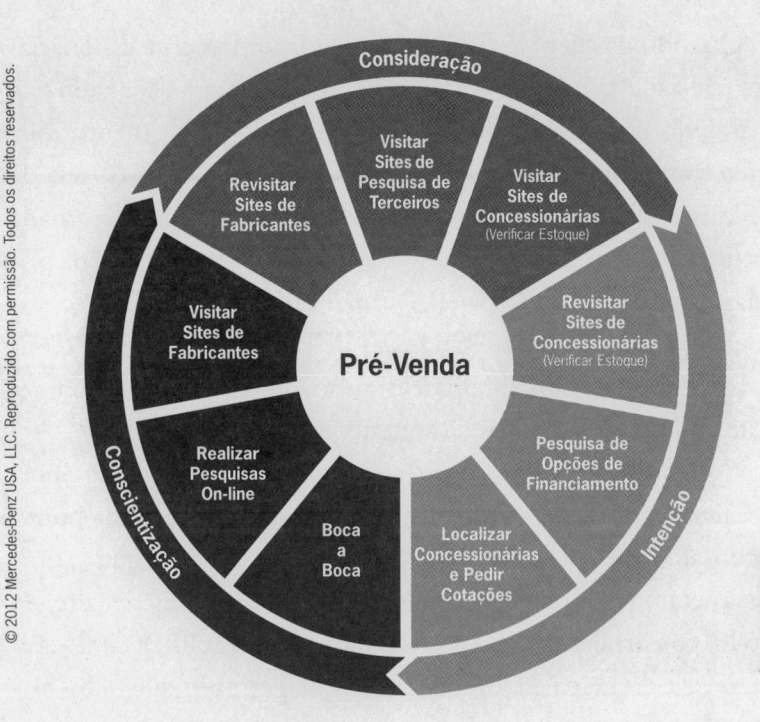

Figura 4.2 – Experiência de pré-venda

2010 este número caiu para 1,3 concessionárias. Se você analisar isso do ponto de vista dos clientes, eles não estão indo para um *showroom* para chutar os pneus ou receber um folheto do vendedor, depois ir para casa, sentar-se diante da mesa da cozinha e tentar descobrir qual carro é bom para eles. Em vez disso, os clientes se conectam *on-line*, fazem sua pesquisa e, basicamente, já entram na concessionária sabendo o que vão comprar. Além disso, grande parte dessa experiência de compra realmente acontece mais nos dispositivos móveis de nossos clientes do que em seus computadores de mesa. Para nós, estando em uma categoria em alta consideração, com muitos recursos de informação e tecnologia dentro de nossos veículos, precisamos nos preocupar com as fases da roda associadas com o *on-line* e os dispositivos móveis para assegurar proporcionar uma experiência ideal de compra digital e móvel."

Quando os clientes efetivamente entram nas concessionárias para realizar esta parte da jornada de venda, o mapa detalhado original da jornada do cliente tinha identificado 23 segmentos distintos com ciclos de *feedback* com a fase de pré-venda. A roda de venda (ver Figura 4.3), em contraposição, simplificou a jornada do cliente pelo processo de venda em quatro fases: "Criar uma primeira impressão inesquecível" (vermelho), "Defender as necessidades do cliente" (azul), "Criar paz de espírito" (verde) e "Criar lembranças duradouras" (amarelo). Cada uma dessas quatro fases incluía dois ou três pontos de contato importantes.

Com a finalização dessas três rodas, a equipe de Experiência do Cliente realmente cumpriu a promessa de definir cada ponto de contato na jornada do cliente. Além de demonstrar que as promessas eram importantes para os líderes da Mercedes-Benz (e, ao fazê-lo, construir a confiança em toda a organização), a conclusão das rodas e do mapa da jornada do cliente permitiu que todos vissem a jornada inteira do cliente de ponta a ponta da perspectiva do cliente. Além disso, os líderes começaram a apresentar as rodas para todos os grupos de *stakeholders*. Com essas ferramentas em mãos, a organização estava pronta para elevar os pontos de contato em toda a jornada do cliente e procurar oportunidades para encantar os clientes Mercedes-Benz de uma forma que nunca tinham sido antes.

Quer seja um esforço rudimentar com lápis e papel, uma versão digital de um fornecedor ou uma roda simplificada da experiência do cliente, você pode analisar e visualmente apresentar a jornada do cliente de forma a tornar a perspectiva do cliente acessível aos membros de sua equipe. Ao fazê-lo, você demonstra ao seu pessoal que os serviços específicos realizados por eles fazem parte de um conjunto maior de interações para o cliente. A representação da jornada do cliente também pode servir como uma série de reflexões sobre novas ideias que além de melhorar as transações dos serviços, simplificam a jornada geral de seu cliente. Mais impor-

EXAME E APRIMORAMENTO DE CADA PONTO DE CONTATO

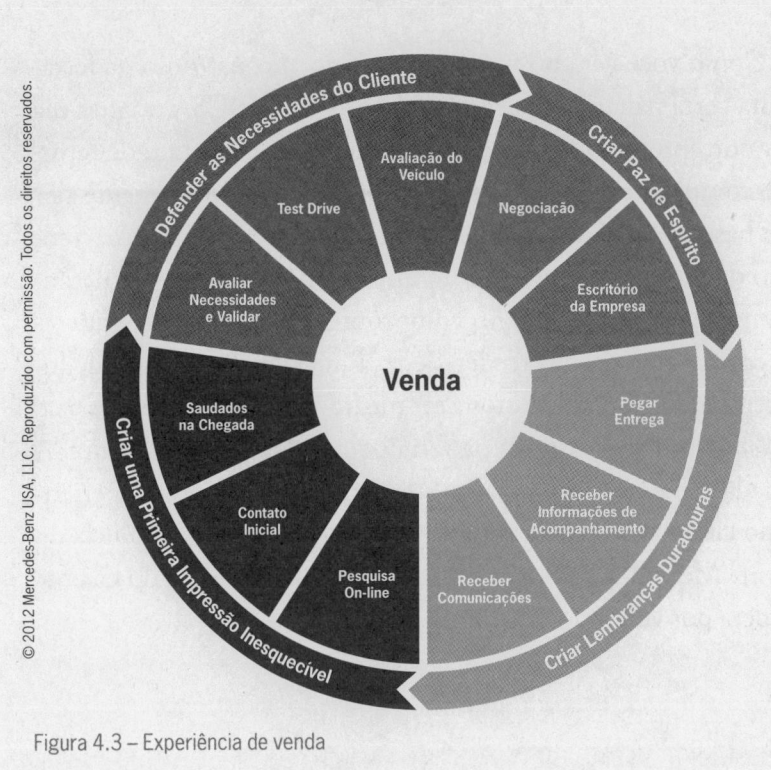

Figura 4.3 – Experiência de venda

tante ainda, o mapa estabelece as bases para o desenvolvimento de novos processos e rotinas ao cuidar de seus clientes.

Para que as rodas do cliente na Mercedes-Benz dos EUA fornecessem o retorno total no âmbito de toda a empresa, antecipado com base na quantidade considerável de investimento de tempo dedicado à sua criação, um treinamento baseado nas rodas também teria de melhorar a empatia em toda a organização pelas necessidades dos clientes. Além disso, as rodas precisariam oferecer *insights* sobre quando e como perguntar ao cliente sobre as experiências que receberam, e o *feedback* obtido teria que ser traduzido em ações significativas centradas no cliente. Por exemplo, a Mercedes-Benz está começando com o pé direito no atendimento aos clientes? Como as concessionárias estão recebendo os clientes em sua chegada à área de serviços? Com que precisão e eficácia as necessidades estão sendo identificadas depois da chegada do cliente?

Como você verá no próximo capítulo, a construção da ferramenta certa para ouvir a "voz do cliente" na MBUSA exigiu uma curva de aprendizado através da qual os líderes tiveram de reforçar a competência da organização para recolher e rapidamente agir com base no *feedback* da experiência do cliente. Além disso, o sucesso da ferramenta de medição que a MBUSA procurou desenvolver dependeria do pleno compromisso por parte dos líderes das concessionárias Mercedes-Benz. Em essência, os revendedores teriam que estar dispostos a ser medidos, em grande parte, pelo *feedback* fornecido através da ferramenta de escuta do cliente. A jornada para criar importantes ferramentas do *kit* da experiência do cliente nas concessionárias - o Programa de Experiência do Cliente Mercedes-Benz e os Indicadores de Experiência do Cliente – espera por você no Capítulo 5.

## ELEMENTOS BÁSICOS PARA PROPORCIONAR O ENCANTAMENTO

➤ Invista tempo e esforço para projetar ou mapear a jornada de seu cliente. Nas palavras de G. Lynn Shostack, isto ajudará a "reduzir o tempo e a ineficiência no desenvolvimento de serviços aleatórios".

➤ Comece a partir da perspectiva do cliente e analise a sua marca através da jornada do cliente. Que questões, problemas ou necessidades o cliente está tentando resolver em cada etapa nesta jornada?

➤ Mergulhe em detalhes sobre o que seus clientes estão pensando, sentindo e fazendo ao longo da jornada com você. Defina os momentos de alto valor, os pontos problemáticos na jornada e suas oportunidades para encantar seus clientes.

➤ Esteja disposto a "descomplicar" os detalhes do mapa da jornada de seu cliente. Elabore um modelo conceitual e visual da jornada do cliente que seja facilmente entendido e adotado por cada indivíduo em sua organização.

➤ Não se contente em ter um quadro da experiência do cliente. Veja o objetivo de mapear a jornada do cliente como sendo o de impulsionar uma mudança na empatia com o cliente, oferecer uma estrutura para entender as necessidades do cliente e fornecer uma ferramenta para a procura de oportunidades para aprimorar e elevar a experiência que você entrega para cada cliente, todas as vezes.

➤ Veja o mapa da jornada do cliente como uma forma de fazer perguntas importantes ao seu cliente sobre a qualidade da experiência que você está proporcionando. Peça aos seus clientes que forneçam informações sobre a sua experiência com base nas principais fases e pontos de contato identificados durante o processo de mapeamento.

➤ O mapa da jornada do cliente não deve ser utilizado para um treinamento "único". Repetidas conversas sobre o serviço e a entrega de experiência devem ser feitas dentro do quadro conceitual da jornada do cliente.

> "Meça o que for mensurável, e torne mensurável o que não for."
>
> —Galileu Galilei

# 5

# Medição da Experiência do Cliente: A Voz do Cliente como uma Ferramenta para a Mudança

Para entregar o kit completo de ferramentas necessárias para cumprir a promessa final de *O Padrão* – a de treinar e equipar cada funcionário de cada concessionária – os líderes da MBUSA precisaram criar uma maneira eficaz e consistente de obter o *feedback* do cliente. Com a ferramenta certa de escuta do cliente, os líderes de uma concessionária Mercedes-Benz poderiam avaliar com que eficácia as necessidades dos clientes eram atendidas e fazer alterações específicas para atender aquelas necessidades com maior eficácia.

Aproveitar a opinião do cliente é difícil. A maioria das empresas não pede informações suficientes de seus clientes ou pedem em intervalos de tempo mal programados. Outras empresas pedem com tanta frequência que irritam seus clientes com constantes pesquisas detalhadas. Em ambos os casos, nem sempre fica claro como o *feedback* do cliente é utilizado (se é que chega a ser utilizado) em benefício daquele que forneceu a informação. A escuta com sucesso dos clientes muitas vezes começa com o tipo de mapeamento da jornada do cliente utilizado pela Mercedes-Benz dos EUA e descrito no Capítulo 4. O próximo passo, descrito neste capítulo, envolve a criação de instrumentos de avaliação e *feedback* que sejam sensíveis às mudanças positivas e negativas nas percepções de seus clientes. Além de permitir que sua empresa responda às necessidades individuais dos entrevistados, tais ferramentas também promovem melhorias efetivas na experiência de seu cliente.

Enquanto um subgrupo da equipe de Experiência do Cliente da MBUSA trabalhava na sala de guerra da experiência do cliente, cercado por várias versões do mapa da experiência do cliente e/ou rodas da jornada do cliente, outro grupo estudava a questão de como medir a opinião do cliente da Mercedes-Benz dos EUA. Tal como acontece com muitas outras marcas com foco em produtos, a escuta dos clientes não vinha sendo uma competência central na Mercedes-Benz dos EUA. Antes de a liderança da MBUSA definir seu rumo no sentido de entregar uma experiência do cliente de classe mundial, os revendedores eram solicitados a enviar uma pesquisa do **programa de satisfação do cliente** (CSP, da sigla em inglês) dois dias depois de um evento de venda ou prestação de serviço. Os itens do questionário eram de diagnóstico por natureza e foram concebidos para ajudar o revendedor a resolver quaisquer problemas remanescentes dos clientes. Os clientes que respondiam ao CSP recebiam uma breve pesquisa de acompanhamento aproximadamente três semanas mais tarde, chamada Mercedes-Benz Loyalty Index (MBLI – "Índice de Lealdade Mercedes-Benz", em tradução livre). O MBLI avaliava rapidamente se os clientes estavam satisfeitos com a experiência de venda ou serviço, e se estariam propensos a voltar a fazer negócios ou a indicar para outras pessoas aquela concessionária da Mercedes-Benz. Caso não respondesse à breve pesquisa inicial, ao invés de receber a pesquisa de acompanhamento do índice de lealdade, o cliente recebia um instrumento de pesquisa mais longo. Este questionário essencialmente copiava a pesquisa J.D. Power. Em qualquer um dos casos, os resultados dessas diferentes ferramentas de medição eram difíceis de comparar entre si, acompanhar ou aproveitar para elevar a experiência dos clientes.

Do mesmo modo, as informações obtidas a partir de pesquisas de satisfação do cliente conduzidas por estudos de terceiros independentes como a Pied Piper, American Customer Satisfaction Index e J.D. Power and Associates são úteis em termos da marca, mas são de utilidade limitada quando se trata de elaborar ou melhorar a experiência geral do cliente em cada concessionária da Mercedes-Benz. Caracteristicamente, esses estudos produzem resultados divergentes e apresentam indicadores defasados da experiência geral do cliente de uma empresa.

Sob a ótica de resultados conflitantes para a Mercedes-Benz, no período de tempo do ano de 2012 durante o qual a equipe de Experiência do Cliente mapeava a jornada do cliente, a Pied Piper classificou a Mercedes-Benz em primeiro lugar em seu Prospect Satisfaction Index (PSI – "Índice de Satisfação de Clientes Prospectivos", em tradução livre). O PSI liga dados de "falsos" compradores com medidas de sucesso nas vendas. Em outra medida nacional da experiência do cliente, o American Customer Satisfaction Index ("Índice Norte-Americano de Satisfação do Cliente", em tradução livre), que também é o único estudo que padroniza métodos e avalia a satisfação em todos os setores de atividade, a Mercedes-Benz classificou-se em sétimo lugar na categoria automóveis. Quando comparada com outros fabricantes de luxo nas conhecidas pesquisas J.D. Power, a Mercedes-Benz classificou-se em sétimo lugar em serviços e em sexto na experiência de venda. Cada um desses indicadores fornecia um instantâneo da satisfação do cliente – embora um pouco confuso - e não contribuía muito para ajudar cada concessionária individual a proporcionar uma experiência excepcional para o próximo cliente que estivesse prestes a entrar na loja.

Por exemplo, uma pesquisa realizada pela J.D. Power centrou-se na satisfação de vendas (conhecido como Sales Satisfaction Index, ou SSI – "Índice de Satisfação de Vendas") e outra na satisfação do atendimento ao cliente (intitulada Customer Service Index ou CSI – "Índice de Atendimento ao Cliente"). O Estudo do Índice de Satisfação de Vendas da J.D. Power foi concebido para oferecer uma visão completa da percepção dos clientes do processo de aquisição de um veículo novo. A intenção é mostrar como as concessionárias executam todos os aspectos da venda, e mede a satisfação entre os compradores de veículos novos (pontuação de compra) e aqueles que entram em uma concessionária ou marca e compram em outro lugar (pontuação de rejeição). Combinando as pontuações de compra e de rejeição e ponderando-as igualmente, chega-se à pontuação geral SSI. Informações úteis podem ser extraídas do SSI no que se refere a:

- Por que os clientes visitam e compram de um determinado revendedor.

- Fatores que impulsionam a aquisição de um modelo específico.

- As razões para os clientes deixarem de comprar de uma concessionária.

- O tempo gasto pelos clientes nos diferentes pontos do processo de venda.

- A eficácia do vendedor e de outros funcionários da concessionária.

- Se o veículo é bem apresentado na entrega.

- A probabilidade de um cliente voltar a comprar e defender um revendedor específico.

Do mesmo modo, o Estudo do Índice de Atendimento ao Cliente da J.D. Power avalia a satisfação dos motoristas que trazem seus carros para o departamento de serviços da concessionária para manutenção ou conserto durante os três primeiros anos de propriedade dos veículos. A pontuação geral CSI baseia-se nas medições agregadas da experiência de serviço, incluindo:

- Iniciação do serviço (incluindo pontualidade para pegar o veículo, facilidade de agendamento de serviço e flexibilidade do agendamento).

- Consultor de atendimento (cortesia, explicação detalhada e receptividade).

- Instalações de serviço (conforto da área de espera, comodidade para estacionar, facilidade de entrada e saída, acomodações, limpeza).

- Retirada do veículo (velocidade para trazer o carro, solicitude durante a retirada e preços justos).

- Qualidade do serviço (amplitude do trabalho, tempo de serviço, condição após a entrega).

Embora muitas informações possam ser extraídas das pesquisas CSI e SSI, a maior parte do benefício vem da análise comparativa dos fabricantes com seus concorrentes através de classificações numéricas (apesar de não necessariamente estatisticamente significativas) tanto no segmento de luxo quanto no de automóveis de massa. Além dos *rankings* da indústria, prêmios J.D. Power são dados para as marcas que entregam as experiências de venda e serviço mais bem classificadas. Esses prêmios são reconhecimentos importantes voltados para o cliente que dão o direito para a empresa se vangloriar e alimentar as mensagens de *marketing* para consumidores prospectivos. Como tal, os prêmios e *rankings* J.D. Power são importantes para os líderes e clientes em todos os setores em que são concedidos, incluindo o setor automotivo. Os prêmios J.D. Power essencialmente validam a excelência da experiência do cliente.

As pesquisas J.D. Power oferecem dados importantes dentro da indústria; no entanto, elas, como as outras pesquisas e *rankings* de terceiros mencionados, devem ser vistas como descrevendo um momento no tempo dentro da experiência dinâmica dos clientes. Por exemplo, os resultados da pesquisa CSI são obtidos a partir das respostas de aproximadamente 3.700 proprietários de veículos Mercedes-Benz, a quem são enviados questionários nos meses de outubro a dezembro a respeito de serviços realizados durante os 12 meses anteriores. Da mesma forma, as pesquisas SSI enviadas nos meses de abril e maio representam uma porcentagem mínima dos compradores que visitam uma concessionária. De fato, pequenas concessionárias Mercedes-Benz podem ter respostas de apenas um punhado de clientes, enquanto concessionárias maiores podem ter respostas de 15 a 20 clientes. Para colocar este tamanho de amostra em perspectiva, uma grande concessionária Mercedes-Benz pode vender acima de 5.000 veículos novos em um ano. Além disso, como os fabricantes e concessionárias estão cientes do calendário das pesquisas (e conhecem o possível impacto competitivo dos *rankings*), o fabricante pode dar incentivos aos seus revendedores para alterar seus processos em uma tentativa de aumentar o desempenho durante o período de pesquisa. Ademais, o fabricante pode ajustar pacotes de equipamentos e preços durante esses períodos. Essas alterações podem essencialmente criar uma oferta de serviço ou vendas atípicas durante a janela de pesquisa da J.D. Power.

De mais a mais, a morosidade da pesquisa com papel e lápis que a J.D. Power tem tradicionalmente utilizado acabou criando taxas de respostas mais baixas, enquanto a demora entre a coleta de dados e a comunicação dos dados limitou a utilidade dos resultados no mundo real quando se trata de fazer correções de rumo em tempo hábil. No caso do CSI, um cliente poderia ter recebido o serviço em dezembro de 2011, ter sido pesquisado em outubro de 2012 e ter seus resultados incluídos em um relatório divulgado em março de 2013 – **15 meses depois**! Do mesmo modo, os dados SSI coletados durante o período de abril/maio são relatados em novembro. Assim, embora os dados coletados por empresas independentes possam fornecer *insights*, compreender verdadeiramente a qualidade das experiências do cliente que sua empresa está entregando pode requerer o desenvolvimento de sua própria ferramenta de monitoramento que esteja alinhada com a jornada de seu cliente e com os indicadores-chave de desempenho. O elemento fundamental na criação de uma ferramenta de medição eficaz envolve a avaliação em **tempo real da satisfação de seus clientes nos momentos-chave da jornada** com sua marca. Essas medidas muitas vezes começam sendo muito transacionais por natureza (por exemplo, como foi a nossa recepção após a sua chegada?), mas no final lançam luz sobre os momentos do serviço que são mais salientes para os clientes quando eles avaliam a saúde geral do relacionamento com a sua marca, assim como a probabilidade de que voltem a comprar e que recomendem seus serviços.

Os limites das medições de terceiros foram o principal estímulo que levou a equipe de Experiência do Cliente da Mercedes-Benz dos EUA a desenvolver uma ferramenta própria de *feedback* do cliente que coletasse informações em tempo real. Os líderes procuraram um instrumento de medição e um processo que pudessem avaliar o patamar de satisfação em todos os principais pontos de contato delineados nas rodas da jornada do cliente na venda e pós-venda. Eles também queriam um fluxo constante de informações dos clientes que permitissem aos revendedores responder rapidamente aos problemas específicos dos indivíduos e mais amplamente contribuir para os "aprimoramentos" imaginados por Steve Cannon em *O Padrão*. Se bem feitos, as medições e processos recém-criados também se revelariam úteis no tratamento dos tipos de fatores que contribuem para o sucesso de medições externas como as pesquisas anuais da J.D. Power and Associates.

## Buscando um Parceiro Forte

No início do processo de análise das opções de pesquisas dos clientes, os líderes da Mercedes-Benz dos EUA concluíram que se beneficiariam da experiência de uma companhia com um histórico de fornecer soluções no âmbito da empresa toda que pudessem levar a escuta do cliente para um nível mais elevado. Eles buscavam um parceiro que tivesse um conhecimento sobre gestão da experiência do cliente (CEM, na sigla em inglês) que se estendesse para além da indústria automobilística e que pudesse facilitar a comparação dos dados da experiência do cliente MBUSA com dados de outros setores com alto desempenho.

Após solicitação de propostas em agosto de 2012, a equipe de Experiência do Cliente analisou as ofertas de fornecedores qualificados e escolheu Medallia, uma empresa de *software* de gestão da experiência do cliente que havia trabalhado com clientes como Apple, Nike, Fidelity, Verizon e Four Seasons. Medallia trouxe um pacote abrangente de soluções concebidas para administrar e analisar pesquisas e reagir às informações. Os líderes da Mercedes-Benz dos EUA entenderam que precisavam mais do que apenas uma ferramenta de pesquisas; estas poderiam ser encontradas *on-line* a um custo muito baixo de empresas como a Survey Monkey. Em vez disso, eles precisavam da capacidade de coletar respostas de pesquisas e efetivamente colocá-las em um sistema de gestão da experiência do cliente que permitisse que os dados fossem utilizados e aproveitados rapidamente para ajudar os clientes individuais e fazer melhorias efetivas no processo.

Após selecionar a Medallia em outubro de 2012, a equipe de Experiência do Cliente recebeu uma meta agressiva de data de início para implantar o instrumento ainda a ser criado – apenas quatro meses depois, em fevereiro de 2013. Como você verá ao longo do livro, os líderes da Mercedes-Benz muitas vezes deliberadamente criam urgência ao definir prazos que pressionam, mas que não sobrecarregam, o seu pessoal. Esta habilidade para liderar não deve ser menosprezada, pois claramente é um componente da energia que alimentou o progresso na jornada de transformação da Mercedes-Benz. Em essência, isso está em sintonia com a observação do compositor norte-americano Leonard Bernstein de que: "Para alcançar grandes realizações, duas coisas são necessárias: um plano e prazos insuficientes." A equipe de Experiência do Cliente forjou seu plano e entregou a ferramenta no prazo.

Do mesmo modo que Gareth Joyce, vice-presidente de serviços ao cliente da Mercedes-Benz dos EUA, ajudou a equipe de mapeamento a simplificar o mapa da experiência do cliente na primeira roda da experiência do cliente antes do Encontro Nacional de Gerentes de Peças e Serviços de março de 2013, a Medallia trabalhou com os membros da equipe de Experiência do Cliente no desenvolvimento da abordagem da MBUSA para a gestão da experiência do cliente: o Customer Experience Program (CEP – "Programa de Experiência do Cliente", em tradução livre) e os indicadores de atendimento em vendas e serviços, ou Customer Experience Indexes (CEIs – "Indicadores da Experiência do Cliente", em tradução livre). As áreas de pesquisa dos clientes abordadas nos CEIs de vendas e serviços estavam diretamente alinhadas com as fases das rodas da jornada do cliente. Por exemplo, o CEI de serviço é uma pontuação acumulada baseada nas respostas a perguntas sobre satisfação com as principais transações em cada fase da jornada retratada na roda de serviço. Especificamente, o CEI mede com que eficácia o departamento de serviços da concessionária tem conseguido "Ganhar o negócio", "Começar com o pé direito", "Cumprir (suas) promessas" e "Criar lembranças duradouras". Funcionários da Medallia trabalharam com a equipe de Experiência do Cliente não apenas na determinação de quais perguntas deveriam ser feitas, como também no peso da relevância que deveria ser dada para cada área da jornada em relação à experiência geral percebida pelo cliente.

Utilizando a jornada de serviço como exemplo, você pode ver aqui como a equipe de Experiência do Cliente construiu as áreas de pesquisa e os pesos para os componentes da experiência no CEI e como a avaliação como um todo se ligou diretamente com as fases e pontos de contato da roda de serviço. Seja administrando uma lavanderia familiar, uma empresa de médio porte ou um negócio multinacional, a escuta eficaz do cliente requer uma compreensão detalhada da jornada do cliente, uma estimativa do impacto relativo de pontos de contato de alto valor nesta jornada e um processo disciplinado para de forma consistente obter e documentar o *feedback* do cliente no que se refere ao seu desempenho nas principais interações.

## Ganhar o Negócio

*Fatores de Seleção da Oficina de Conserto*
Facilidade de condução do veículo dentro e fora da concessionária (3,2%).
Facilidade de estacionar na concessionária (3,2%).
Limpeza geral e aparência da concessionária (3,36%).
Sala de espera da concessionária (6,24%).

*Contato com a Concessionária*
Simplicidade de agendamento (7,26%).
Capacidade da concessionária de se adaptar aos seus horários (5,72%).

## Começar com o Pé Direito

*Identifica as Necessidades*
Cortesia e respeito do consultor de atendimento (7,91%).

*Check-in do Veículo*
Processo para deixar o carro (9,02%).

## Cumprir Suas Promessas

*Conserto do Veículo*
Solicitude e cumprimento do solicitado (3,42%).
Perfeição na manutenção/conserto (12,18%).

*Atualização da Situação do Serviço*
Capacidade de manter o serviço dentro do prazo estimado (8,7%).

## Criar Lembranças Duradouras

*Antes da Entrega*
Explicação completa do trabalho (6,67%).
Preços razoáveis (4,2%).

*Retirada do Veículo*
Processo de retirada (5,55%).
Solicitude do pessoal na retirada (5,25%).
Condição do veículo (8,12%).

Em adição ao conjunto de perguntas apresentadas aos clientes para gerar o indicador de serviço Mercedes-Benz (CEI de serviço) a capacidade da concessionária de cumprir as normas específicas de serviço existentes também era avaliada através de uma série de perguntas de diagnóstico:

- Tempo de espera para falar com o consultor de atendimento (meta: 2 minutos no máximo).

- Tempo que levou para conseguir transporte alternativo (meta: 5 minutos no máximo).

- O consultor de atendimento lhe manteve informado sobre a situação de seu veículo?

- Todo o serviço autorizado foi concluído logo na primeira vez?

- Após o serviço, alguém explicou o trabalho efetivamente realizado?

- Após o serviço, alguém forneceu a explicação completa do valor cobrado?

- Tempo total para concluir o processo de retirada (meta: 6 minutos no máximo).

- O veículo foi entregue de volta ao cliente mais limpo do que quando chegou?

- Você foi contatado por telefone ou *e-mail* após o serviço ter sido concluído?

O CEI agregado gera uma pontuação máxima possível de

1.000 para cada cliente; as pontuações médias dos clientes são fornecidas em um painel que pode ser acessado *on-line* e através de um aplicativo móvel pelas concessionárias e pelos associados da MBUSA.

A pontuação máxima e a faixa de pontuação do CEI permitem comparações com o Índice de Atendimento ao Cliente da J.D. Power. O CEI produz uma pontuação acumulada que pode ser informalmente comparada com o CSI da J.D. Power. Embora não sejam idênticas, as ferramentas medem aspectos semelhantes da jornada do cliente. A coleta de dados contínua da ferramenta CEI fornece indicadores da tendência que sinalizam o desempenho "provável" do estudo anual CSI da J.D. Power. Os resultados também podem ser analisados no contexto de cada fase específica da jornada do cliente e seus pontos de contato correspondentes, assim como pelos itens individuais envolvidos na medição dos pontos de contato. Além disso, os dados podem ser analisados no âmbito da concessionária, com seções específicas correspondendo diretamente a indivíduos ou áreas específicas dentro do revendedor. Por exemplo, uma concessionária pode ser comparada com outra com base no CEI geral, pontos fortes relativos no ganhar o negócio e capacidade de cumprir os prazos estimados, enquanto um consultor individual de atendimento poderia ser comparado a outros consultores de serviços com relação ao desempenho em itens como "manter os clientes informados sobre a situação de seus veículos". Com o tempo, o resumo dos dados das respostas foi melhorado para incluir dados qualitativos, como "respostas literais" ou respostas do cliente em formulários abertos, tais como essas críticas positivas recebidas na Mercedes-Benz de Virginia Beach:

> "O muito simpático agente de serviço Carl colocou minhas necessidades em primeiro lugar, tem um carro alugado pronto para mim e entro e saio em menos de 15 minutos".

"Jeff tem um agradável caráter profissional. É um prazer tê-lo como meu consultor de atendimento. Realmente gostei da lista de preço discriminando os serviços da manutenção A/B que ele me deu como referência para os serviços que eu poderia precisar. Sinto-me em casa na sala de espera. :-) Mantenha o excelente serviço, MB de Virginia Beach!"

"Excelente experiência na retirada do veículo... Telefonei antes e avisei a menina do caixa que eu queria comprar um item da loja de presentes, e ela o deixou esperando por mim! Só tive que pegar a sacola e ir embora."

"Fiquei muito impressionado quando o consultor de atendimento me acompanhou até o meu carro estacionado na frente do edifício e discutiu comigo os reparos e perguntou se eu tinha alguma dúvida. Muito Bom!"

Outros comentários literais refletem oportunidades para continuar a elevar a experiência do cliente, incluindo os processos pelos quais a informação é solicitada:

"Isso tem a ver com esta pesquisa e o fato de precisar responder todas as perguntas mesmo quando você possa não ter utilizado esta parte da concessionária: exemplo – eu deixei meu carro e fui embora; não utilizei o Wi-Fi da sala de espera do cliente etc.; como posso classificar algo que não usei? Por favor, corrijam isso."

Uma ferramenta semelhante de *feedback* do cliente, o CEI de vendas, também foi criada em alinhamento com as fases e principais pontos de contato retratados na roda de vendas. Por exemplo, na fase "Criar lembranças duradouras" da jornada de venda, na seção da roda denominada "Pegar entrega", a ferramenta de *feedback* do cliente incluía perguntas pedindo para o cliente classificar o grau de eficácia com que as características do veículo foram explicadas, o tempo gasto durante a entrega, se foi dada uma visão geral e uma introdução sobre o departamento de atendimento, se uma tecnologia como um *iPad* ou *tablet* foi usada durante o processo de entrega e uma série de outras questões relacionadas. O mesmo valia para todos os outros componentes da jornada de venda de um cliente.

Além de alinhar as novas ferramentas de CEI de vendas e serviços ao mapa e rodas da jornada de experiência do cliente, Harry Hynekamp, gerente geral da equipe de Experiência do Cliente na Mercedes-Benz dos EUA, observou: "Queríamos principalmente a ferramenta para medir a nossa experiência do cliente e que nos permitisse fazer melhorias em tempo real, mas também queríamos ser a primeira colocada em experiência do cliente em indicadores como a pesquisa J.D. Power, bem como o ACSI, Pied Piper e outros. Assim, incorporamos por temas algumas das perguntas dessas pesquisas em nosso instrumento interno de CEI."

Enquanto o CEI estava sendo criado e a infraestrutura tecnológica estava sendo instalada em toda a Mercedes-Benz dos EUA e na comunidade de concessionárias, o processo de pesquisa dos clientes também estava sendo definido. No final, ficou determinado que os clientes da Mercedes-Benz dos EUA receberiam as pesquisas de CEI recém-criadas 15 dias após a aquisição de um veículo e 10 dias após ter o veículo consertado. Esses intervalos de tempo foram escolhidos para que os revendedores tivessem ampla oportunidade de cuidar de todas as necessidades não resolvidas dos clientes antes que uma pesquisa de pontuação fosse enviada. O prazo também oferece aos clientes a oportunidade de responder com precisão perguntas como: "Todo o serviço autorizado foi concluído logo na primeira vez?". Quando a pesquisa anterior do Programa de Satisfação do Cliente (CSP) era recebida 48 horas depois de um serviço, os clientes podiam não ter tido tempo suficiente dirigindo o carro para responder de forma precisa a este tipo de pergunta.

Enquanto a pesquisa é enviada 15 dias depois da venda e 10 dias depois dos serviços, os revendedores normalmente fazem *follow-up* diretamente com os clientes dentro de 48 horas. Este contato tem três funções importantes: (1ª) agradecer aos clientes pelos negócios realizados e demonstrar acompanhamento adequado e atenção, (2ª) identificar quaisquer necessidades imediatas ou não resolvidas, e (3ª) alertar os clientes que uma pesquisa CEI será enviada em breve pela MBUSA. Um aspecto fundamental da estratégia geral de gestão do relacionamento com o cliente implantada pela MBUSA era fornecer aos revendedores fácil acesso às informações sobre comunicações entre a MBUSA e o cliente. Eles recebem alertas de serviço quando os clientes requerem atenção e podem encaminhar os problemas para diferentes departamentos a fim de garantir que os clientes recebam os cuidados de que precisam. Michael Dougherty, que era o gerente de departamento de Indicadores e *Insights* da experiência do cliente durante a criação das ferramentas de gestão do relacionamento com clientes, observou: "Uma mensagem de comunicação de acompanhamento logo no início faz com que o cliente saiba que queremos ter certeza de que não nos esquecemos de nada. Se eles nos dizem que querem ser contatados, nós perguntamos: 'Você quer que o departamento de vendas ou serviços lhe telefone? Qual é o melhor horário para falar com você? Por favor, nos forneça algumas informações sobre sua situação'. A resposta do cliente é encaminhada através da ferramenta de gestão do relacionamento com clientes e fica totalmente integrada. Alertas são gerados para a gestão dizendo que alguém acabou de levantar a mão e que precisa de ajuda. Temos painéis de alertas que orientam uma resposta de acompanhamento oportuna e apropriada." Em um estudo de caso publicado sobre a Mercedes-Benz dos EUA, a Medallia ressaltou: "A Mercedes-Benz dos EUA precisava de uma solução com capacidade de informação pronta sobre o negócio central da empresa, mas também suficientemente flexível para desenvolver e mapear para a organização específica de um modelo de concessionárias. Além disso, a empresa queria uma verdadeira solução empresarial e uma equipe disposta a criativamente enfrentar as exigências específicas da indústria automobilística... Painéis personalizados engajam os revendedores ao apresentá-los as informações certas e relevantes para gerenciar experiências e para fechar o ciclo imediatamente com os clientes... Com relatórios em dispositivos móveis, os revendedores podiam se conectar com os dados dos clientes quando em movimento, o que é crucial para um revendedor proativo que raramente fica preso a um computador de mesa... a Medallia também trabalhou com a Mercedes-Benz dos EUA para desenvolver um programa de múltiplas etapas em circuito fechado concebido para se envolver com os clientes sobre problemas antes que fosse tarde demais."

Steve Earwaker, vice-presidente da Medallia, compartilhou uma experiência que demonstra a eficácia de vanguarda do programa de experiência do cliente Mercedes-Benz. Um representante de outra montadora estava visitando Steve para explorar a possibilidade de contratar a Medallia para criar uma ferramenta de *feedback* do cliente para esta marca. Steve ficou surpreso com o tanto que este cliente prospectivo sabia sobre as ofertas da Medallia e, então, perguntou como ele sabia tanto sobre a empresa. O prospectivo contou que tinha ido visitar um amigo e seu anfitrião, dono de um Mercedes-Benz, mostrou-lhe um *e-mail* que tinha acabado de receber de sua concessionária Mercedes-Benz. O *e-mail* continha uma pergunta rápida de *feedback* querendo saber se o serviço concluído mais cedo naquele dia tinha sido a contento do cliente. Acontece que a concessionária não havia verificado um problema no cinto de segurança do assento traseiro, de modo que o anfitrião simplesmente clicou "não" em resposta à pergunta. De acordo com Steve: "Meu cliente prospectivo disse-me que passados menos de 10 minutos seu anfitrião recebeu um telefonema do gerente de serviços da Mercedes-Benz perguntando se poderia vir até a casa de meu amigo para imediatamente resolver o problema do cinto de segurança. Ele disse: 'Quando isto aconteceu, eu sabia que precisava descobrir o que estava acontecendo ali. Como seria possível uma resposta assim? Eu sabia que se conseguisse fazer com que meus revendedores, meus gerentes de concessionárias e meus gerentes de serviços abraçassem o *feedback* do cliente com esta sinceridade, esta rapidez e de forma tão adequada, isso transformaria a nossa marca do mesmo modo que fez com a Mercedes-Benz.'" Você está oferecendo este tipo de experiência de serviço ágil? O que seus clientes estão compartilhando sobre você com os amigos convidados para o jantar?

Casos em que pedidos imediatos recorrentes por *follow-up* são recebidos logo após a compra ou serviço são considerados pelos líderes da Mercedes-Benz dos EUA como oportunidades para treinamento específico. Por exemplo, se alguns clientes de vendas de uma concessionária específica dizem querer que alguém do departamento de serviços entre em contato para explicar o uso do sistema de navegação, a gestão pode identificar um problema sistemático na entrega do veículo. Em consequência, a gestão das concessionárias pode voltar a enfatizar o treinamento da equipe de entrega que lhes permita ensinar aos novos proprietários sobre o sistema de navegação de forma a reduzir a confusão enfrentada por esses clientes logo após saírem da loja dirigindo o carro novo.

Futuros capítulos tratarão sobre ferramentas adicionais e treinamento que a Mercedes-Benz dos EUA fornece para as concessionárias em conformidade com a promessa final de *O Padrão*. No entanto, para os efeitos desta discussão, basta dizer que as pesquisas CEI e o processo de gestão integrada da experiência do cliente (CEP) criados na Mercedes-Benz dos EUA oferecem dados robustos e poderosos que podem ser utilizados na sede da empresa, pelas equipes de campo e no âmbito das concessionárias.

No Encontro Nacional de Revendedores Mercedes-Benz de 2014, o CEO Steve Cannon refletiu sobre os progressos que a empresa tinha feito em sua capacidade de recolher e aprender com a opinião do cliente, observando que a "ferramenta CEI obteve *feedback* de 600.000 clientes de serviços e 200.000 clientes de vendas desde a sua criação". As respostas oportunas e práticas desses 600.000 clientes de serviços são bem mais valiosas, do ponto de vista operacional, do que as 3.700 pesquisas CSI da J.D. Power coletadas durante o mesmo período. De forma semelhante, é preciso um grande conjunto de dados obtidos periodicamente, como os coletados a partir dos clientes de vendas em resposta ao CEI de vendas para reunir *insights* que possam orientar mudanças no processo e treinamento.

Embora os indicadores da experiência do cliente Mercedes-Benz forneçam uma visão importante das experiências dos clientes de vendas e serviços, os líderes da Mercedes-Benz dos EUA entendem que o sucesso na experiência do cliente não tem a ver com números em um instrumento de *feedback*. Para ser um líder na experiência do cliente, a Mercedes-Benz dos EUA – ou qualquer empresa, aliás – precisará utilizar os indicadores como referência e catalisadores para a ação. Os números, por si só, não devem ser confundidos com informações dos clientes. Para que sejam valiosos, os dados precisam ser analisados de modo a torná-los um conhecimento dos clientes que pode ser aproveitado. Embora o ditado diga que **"conhecimento é poder"**, o seu conhecimento bem analisado sobre o cliente apenas será tão bom quanto a ação que você executar em função dele.

Na Mercedes-Benz dos EUA, o uso eficaz dos dados foi alcançado quando os revendedores se alinharam com a experiência do cliente e se responsabilizaram pela utilização e promoção de melhorias através deste programa. As ferramentas necessárias para conseguir alinhamento, compromisso e responsabilidade no âmbito das concessionárias são o foco do próximo capítulo.

## ELEMENTOS BÁSICOS PARA PROPORCIONAR O ENCANTAMENTO

➤ Vale a pena medir cuidadosamente o patamar de experiência do cliente antes de lançar novas iniciativas de experiência do cliente.

➤ Embora dados coletados por terceiros possam fornecer *insights* sobre a experiência do cliente que você está entregando, muitas vezes fica difícil discernir o que irá ajudá-lo a entregar ótimas experiências no dia a dia.

➤ Gestão de pesquisas não é o mesmo que gestão da experiência do cliente. Fortes parceiros externos podem personalizar sistemas integrados de escuta, relatórios e monitoramento de clientes para avaliar a(s) jornada(s) específica(s) do cliente que você está fornecendo.

➤ Ao medir a opinião do cliente para avaliar os pontos fortes de sua entrega de experiência do cliente, é importante avaliar a importância relativa ou peso dos vários componentes da entrega.

➤ Estimule o progresso no sentido de uma experiência do cliente mais elevada definindo astutamente prazos que pressionam, mas não sobrecarregam, a sua equipe. Lembre-se da sabedoria de Leonard Berenstein ao observar: "Para alcançar grandes realizações, duas coisas são necessárias: um plano e prazos insuficientes."

➤ Sistemas sólidos de gestão do cliente coletam grandes quantidades de *feedback* dos clientes (tanto quantitativa quanto qualitativamente). Esses dados podem ser facilmente entendidos e aproveitados tanto em nível macro para fazer mudanças no processo quanto em nível micro para atender as necessidades de clientes individuais.

➤ A coleta de dados não é o objetivo de uma escuta eficaz do cliente. Traduzir a opinião do cliente em ação alinhada e responsável centrada no cliente é o objetivo.

"Trabalho em equipe é a capacidade de trabalhar em conjunto para uma visão em comum. É a capacidade de direcionar as realizações individuais para objetivos organizacionais. Este é o combustível que permite às pessoas comuns alcançar resultados incomuns."

—Andrew Carnegie

# Alinhamento, Responsabilização e Ferramentas para a Linha de Frente

Vamos assumir que, como os líderes da Mercedes-Benz dos EUA, você tem cuidadosamente detalhado as jornadas de seus clientes e traduzido essas jornadas em um modelo compreensível para todos os envolvidos na prestação de atendimento ao cliente. Vamos também assumir que você tenha criado um sistema de gestão da experiência do cliente que converta a opinião do cliente em informações práticas e, mais amplamente, crie uma plataforma para melhorias no processo de experiência do cliente. Como você coloca esses modelos de jornada do cliente e ferramentas de medição nas mãos da linha de frente? Mais importante ainda, como você faz com que todos em sua organização abracem e se responsabilizem pela experiência do cliente no contexto de seus mapas da jornada e indicadores da opinião dos clientes?

Se você pretende fornecer uma experiência do cliente de classe mundial, **todos** na sua organização devem entender e assumir a responsabilidade por satisfazer e superar as necessidades dos clientes. Antes de lançar a roda da experiência do cliente e as ferramentas de indicadores de experiência do cliente nas concessionárias, a Mercedes-Benz dos EUA precisava assegurar que seus parceiros de negócios (os diretores das revendedoras) estivessem plenamente dispostos a apoiar e a assumir a responsabilidade pelo sucesso da experiência do cliente. Como em toda parceria verdadeira, onde risco e recompensa são compartilhados, os líderes da Mercedes-Benz dos EUA se envolveram em negociações do tipo dar e receber para assegurar um acordo com os diretores/proprietários de concessionárias que ligasse sua rentabilidade com a excelência da experiência do cliente (medida pelo indicador de experiência do cliente).

Quer se trate de um modelo empregador/empregado, franqueador/franqueado ou distribuidor/revendedor, conseguir a adesão para sistemas de medição de desempenho envolve demonstrar a relevância dos itens que estão sendo medidos para o bem-estar dos negócios. A adesão também depende da pessoa ou pessoas sendo medidas saberem que podem afetar um resultado positivo. Além disso, a adesão depende da equidade da conexão entre os níveis de desempenho e as consequências e recompensas. Sem a adesão a um sistema de medição de desempenho, os empregadores podem conseguir contratar, demitir e definir critérios de desempenho para os funcionários, mas não conseguirão o máximo esforço no sentido de realizar as prioridades dos líderes.

Em um modelo distribuidor/concessionárias como o da Mercedes-Benz dos EUA e seus parceiros revendedores, a liderança não tem controle algum sobre os funcionários da concessionária;

a MBUSA está legalmente limitada pelo acordo franquia/concessionária quando se trata do que pode ser "exigido" dos donos de concessionárias (e, por extensão, de seus funcionários). A MBUSA precisa negociar mudanças e atualizações nos pacotes de incentivos financeiros ao revendedor com um grupo eleito de representantes das concessionárias (o Conselho de Concessionárias Mercedes-Benz). Para entender o processo envolvido nas negociações relacionadas com a medição e o desempenho da experiência do cliente é útil analisar a história recente dos acordos de margem das concessionárias forjados pela Mercedes-Benz dos EUA.

## Lucro e Margens de Desempenho das Concessionárias

Desde 2010, houve duas agendas cruciais e transformadoras apresentadas pela liderança da Mercedes-Benz dos EUA. Conforme mencionado no Capítulo 1, a primeira foi a sofisticação do ambiente físico das concessionárias através do programa Autohaus. A segunda foi o compromisso de Steve Cannon de entregar uma experiência do cliente de classe mundial conforme descrito em *O Padrão*. Em cada um desses casos, os líderes da MBUSA procuraram as concessionárias e negociaram condições financeiras que permitiriam o avanço da transformação.

Antes de entrar na discussão dos acordos negociados entre a Mercedes-Benz dos EUA e os diretores das concessionárias, devo destacar o desafio inerente envolvido em lidar com esses tipos de questões financeiras. Tal como acontece com a maioria dos modelos fabricante/distribuidor ou acordos franqueador/franqueado há duas entidades empresariais distintas que dependem das receitas geradas pelos clientes. Muitas vezes, tanto o franqueador quanto o franqueado consideram o cliente como sendo "deles". Em essência, a questão é: o cliente está ligado à marca ou ao distribuidor local da marca? Além disso, esses acordos representam desafios na determinação de como o fabricante e o distribuidor devem compartilhar as receitas derivadas do cliente. Assim, para não sobrecarregá-lo com os detalhes das negociações entre a Mercedes-Benz dos EUA e os diretores das revendedoras, vou me concentrar em como os acordos financeiros resultantes impulsionaram uma transformação da experiência do cliente no âmbito das concessionárias.

Deve-se notar, contudo, que a jornada para os acordos da Mercedes-Benz dos EUA com seus revendedores nem sempre foi suave, nem foi um processo linear (na verdade, foram feitos progressos, depois ocorreram regressões e então mais progressos foram alcançados). Nesses casos, os líderes da Daimler AG, empresa controladora da MBUSA, também tiveram de concordar com os termos financeiros. Em geral, a mudança é difícil para todos. Ela implica que deve haver algo que você não está fazendo suficientemente bem e, portanto, há necessidade de alterar o caminho. Ela também sugere que sua vida sofrerá uma perturbação. Ela levanta questões como: será que essa perturbação faz sentido? Como esse novo arranjo me afetará negativamente?

Quando dinheiro está envolvido, é necessário ainda mais esforço para manter todas as partes avançando de forma construtiva, administrar o conflito aberto e sufocar a resistência passiva. Em todas as mudanças identificadas neste livro, e especialmente em áreas que afetam diretamente a quantidade de dinheiro recebida pelas concessionárias, há reação negativa. Executivos e funcionários se frustram, os rumos das iniciativas de mudança são questionados e as reuniões ficam litigiosas. No final, quando líderes eficazes apresentam uma visão convincente, elaboram soluções em que todos ganham e alcançam um ponto de inflexão para a adesão, os acordos negociados são bem-sucedidos. Este foi o caso da Mercedes-Benz dos EUA e seus parceiros revendedores.

Em 2012, a MBUSA pediu aos seus revendedores para vincular um componente considerável de sua margem de venda de um veículo com critérios de desempenho relacionados com a experiência e voltados ao cliente. Niles Barlow, gerente geral de desenvolvimento de estratégias de varejo, ressaltou: "A primeira decisão importante foi tomada no outono de 2007, quando o planejamento do novo conceito de concessionárias Autohaus foi posto em andamento. Historicamente, para cumprir com os termos do contrato de concessão de franquia, cada concessionária precisava ter no mínimo uma determinada área construída e uma área total, juntamente com sinalização específica ou 'identidade corporativa', como isso é chamado. No que diz respeito ao projeto arquitetônico das instalações e à aparência dentro e fora, isto ficava a cargo de cada revendedor e geralmente refletia sua criatividade e gosto pessoal – o que o revendedor queria e não necessariamente o que atrairia mais os nossos clientes. O resultado foi uma grande mistura de todo tipo de arquitetura, desde os Pueblos do sudoeste do país aos arcaicos *showrooms* urbanos e monumentos pessoais. Do ponto de vista da franquia, era um caos controlado, na melhor das hipóteses, e do ponto de vista de nossos clientes, nada era reconhecível em suas viagens pelo país, exceto talvez por alguns poucos sinais comuns e a estrela de três pontas."

O escopo da transformação Autohaus era assustador, tendo com o objetivo que cada concessionária Mercedes-Benz nos EUA fosse construída de novo ou substancialmente reformada para atender a um conjunto específico de padrões para espaço, fluxo, ambiente, função, projeto das instalações, móveis, sinalização e outros fatores. O investimento previsto, estimado em mais de US$1 bilhão, ocorreria em etapas ao longo de um determinado número de anos de projeto e construção, enquanto ao mesmo tempo os revendedores continuariam vendendo e fazendo serviços nos veículos.

Um modelo foi proposto aos revendedores pela Mercedes-Benz dos EUA, com 2008 sendo o ano de planejamento e 2009-2010 como os anos durante os quais o Autohaus seria implantado. A proposta da MBUSA incluía um "pedido histórico" para os revendedores atenderem os novos padrões da marca Autohaus e outras prioridades operacionais a fim de obter um "bônus por desempenho do revendedor", ou margem. Niles destacou: "Os elementos da iniciativa Autohaus incluíam especificamente um **'bônus por adesão'**, instituído pela MBUSA, que recompensava todas as concessionárias que se comprometessem e construíssem uma instalação aprovada – um bônus de US$400 por unidade vendida durante os anos de 2008 a 2010. Essas concessionárias também receberiam uma alocação adicional de veículos proporcional ao seu investimento, assim como ajuda em apoio ao aumento esperado no volume de vendas que as novas lojas gerariam. O sistema de bônus de desempenho do revendedor em 2008-2010 efetivamente fez com que o foco das concessionárias se voltasse para exigências operacionais específicas, assim como para novos padrões da marca. Ao colocar necessidades operacionais no sistema de bônus, a MBUSA teve a atenção de todos: os revendedores, as equipes de campo da MBUSA, o pessoal da sede – todos sabiam exatamente qual seria o foco da empresa para os próximos três anos. Voltamo-nos todos coletivamente para a construção de novos edifícios, aumentar a capacidade, entrar primeiro na base de negócios já possuída e penetrar ainda mais no mercado de veículos novos."

Pela estrutura financeira do bônus de desempenho, cada revendedor poderia ganhar a margem total de desempenho, mas limites detalhados vinculavam a excelência operacional ao sistema de margem de uma forma sem precedentes. Pontuações foram desenvolvidas para que todos os revendedores soubessem exatamente onde estavam em todos os aspectos operacionais dentro da margem. Era uma abordagem inovadora, transparente e direta para os negócios.

O bônus de desempenho do revendedor e a Autohaus foram grandes sucessos, movimentando mais de US$1,6 bilhão de capital combinado da MBUSA e das concessionárias em investimento para melhorias, ocorrendo em meio a uma recessão econômica. Michael Cantanucci, diretor da concessionária New Country Motor

Car Group, Inc., e membro do Conselho de Concessionárias Mercedes-Benz na época da iniciativa Autohaus da MBUSA, observou: "O bônus de desempenho do revendedor funcionou bem. A Mercedes-Benz dos EUA teve uma estratégia bem pensada em que oferecia assistência financeira aos revendedores que se dispusessem a investir na Autohaus. Isto foi vinculado à margem e a Mercedes-Benz dos EUA empregou uma abordagem eficaz para recompensar os revendedores por investir no programa de instalação Autohaus." Grande parte do sucesso do bônus de desempenho do revendedor resultou de recompensar as lojas que se destacavam, criando assim uma estratificação dentro da rede de concessionárias.

Niles Barlow explicou como o bônus de desempenho do revendedor também teve um papel nas negociações para elevar a experiência do cliente: "Nós geralmente negociávamos margens com os revendedores em incrementos de três anos. Isto lhes dava tempo suficiente para planejar e executar seus negócios. Normalmente, alterar a margem muito rapidamente afeta os revendedores de forma desproporcional, pois eles precisam mudar seus planos de remuneração e coisas do tipo. Após o sucesso da margem Autohaus, nós negociamos uma nova margem para 2011, que se esperava entrar em vigor até 2013. No entanto, ao se tornar CEO em janeiro de 2012, Steve Cannon ofereceu uma visão tão clara do futuro que, em parceria com o Conselho de Concessionárias, renegociamos a margem em 2012 para alinhar todos os elementos de nossa iniciativa de experiência do cliente, sobretudo o desempenho na ferramenta CEP construída com a ajuda da Medallia e o resultado das pesquisas de envolvimento dos funcionários das concessionárias. Esta estrutura de margens foi implantada para o período 2013-2015" (mais sobre o envolvimento dos funcionários das concessionárias no Capítulo 7).

Sem entrar em detalhes sobre a estrutura da margem, é importante entender que parte da estrutura da margem negociada com os revendedores é **fixa** (não sujeita a exigências específicas de desempenho da concessionária) e uma parte é variável, com base em critérios acordados entre o Conselho de Concessionárias e a Mercedes-Benz dos EUA. No acordo renegociado para 2013-2015, os revendedores concordaram em deslocar cerca de 30% de sua margem fixa para variável, a fim de reforçar a parcela ligada à experiência do cliente.

Harry Hynekamp, gerente geral de experiência do cliente, falou sobre a porção considerável da margem do revendedor que estava diretamente ligada à experiência do cliente no acordo renegociado: "Ao longo de 2012, houve muitas reuniões entre os líderes da Mercedes-Benz dos EUA e os membros do Conselho de Concessionárias. Foi este diálogo constante que garantiu uma nova estrutura de margem que começou em 1º de janeiro de 2013. Através deste acordo, uma porção considerável da estrutura de margem do revendedor foi ancorada ao desempenho nos padrões de experiência do cliente, treinamento que afeta a entrega de experiência do cliente e uso das tecnologias e padrões mais recentes para atendimento ao cliente."

Como ocorre em qualquer negociação, além de vender a visão da experiência do cliente, Steve e sua equipe de liderança tiveram de **"dar e receber"**. Nas negociações, Niles Barlow fez uma oferta bastante incomum, e Steve Cannon apoiou esta oferta com uma ação ousada. Para "receber" a mudança de uma porção considerável da margem fixa dos revendedores para a coluna variável com base no desempenho em relação ao cliente, a Mercedes-Benz ofereceu "dar" um novíssimo bônus de liderança.

Michael Cantanucci explicou o conceito de bônus de liderança: "Como revendedores, nós aceitávamos que a experiência do cliente necessitava ser nosso ponto focal, mas tínhamos que colocar uma porcentagem de nossa margem fixa em risco a fim de apoiar a transformação da experiência do cliente. Acontece que uma porcentagem das margens variáveis geralmente não era paga, pois alguns revendedores não cumpriam os critérios de desempenho trimestral. Este dinheiro não utilizado era considerado uma 'quebra' e historicamente ficava retido pela Mercedes-Benz dos EUA. Por sugestão de Niles, Steve foi à sede da Daimler em Stuttgart, na Alemanha, para defender a ideia de colocar este dinheiro da quebra em um bônus a ser distribuído aos revendedores com melhor desempenho na entrega de experiência do cliente. Stuttgart foi convencida pelos argumentos de Steve e concordou que a MBUSA poderia pagar o dinheiro de quebra na forma de um **'bônus de liderança'** aos revendedores que alcançassem os mais altos níveis de desempenho na experiência do cliente. Este dinheiro de quebra, na realidade, eram dezenas de milhões de dólares – uma grande quantia para a Daimler e a Mercedes-Benz dos EUA abrirem mão." Michael continuou: "A confiabilidade da margem fixa que os revendedores recebiam sem amarras fornecia um patamar de conforto. Fazer a mudança e dar isso em troca de mais indicadores de desempenho preocupava o grupo de concessionárias, mas a oferta da Mercedes-Benz dos EUA de pagar o dinheiro de quebra foi bem recebida. Isto deu aos revendedores outro motivo para elevar suas apostas e encantar os clientes – para poder participar desta fonte extra de lucro com o bônus de liderança."

Quer esteja negociando com funcionários, sindicatos, líderes ou parceiros de distribuição, uma visão convincente, associada a indicadores justos e uma disposição a assumir compromissos por um bem maior, revela-se consistentemente como uma fórmula para o sucesso. Niles Barrow descreveu sucintamente os benefícios derivados desta abordagem na Mercedes-Benz dos EUA: "Nós realmente aproveitamos o fato de termos um Conselho de Concessionárias altamente funcional. Utilizamos muito a palavra **cocriação**. Criamos em conjunto grande parte do pacote alinhando a remuneração e o desempenho. Muito disso se deve à visão, abertura, transparência e a uma compreensão de que os revendedores queriam ganhar dinheiro em primeiro lugar e vender carros em segundo lugar, enquanto a Mercedes-Benz dos EUA quer vender carros em primeiro lugar e ganhar dinheiro em segundo lugar. Isto pode parecer uma pequena nuance, mas a rentabilidade da concessionária é absolutamente fundamental e precisávamos colocar isso dentro da margem do revendedor."

O bônus de liderança da Mercedes-Benz dos EUA é calculado no final de cada trimestre. Cada revendedor é classificado com base no desempenho CEI, desde o de maior desempenho até o menor. Os líderes da Mercedes-Benz traçam uma linha de corte em torno do 70º percentil na pesquisa CEP. Assim, os 70% dos revendedores com maior desempenho (que também estão em conformidade com a Autohaus e que atenderam os padrões da marca e os qualificadores relacionados com a experiência) participam do bônus de liderança; os 30% inferiores não participam.

Em 15 de abril de 2014, a Mercedes-Benz pagou US$44 milhões em bônus de liderança para os 70% das concessionárias de mais alto desempenho em experiência do cliente. Disse Steve Cannon: "Eu estou bem com o fato de as pessoas não partilharem dos benefícios se não cuidarem de seus clientes. A grande notícia é a consistência e qualidade com que as experiências do cliente foram melhoradas e continuam melhorando em pequenas, médias e grandes concessionárias. Nossos parceiros revendedores estão prestando atenção e a estrutura de margem paga de volta."

Um dos componentes fundamentais de um negócio bem-sucedido centrado no cliente é a capacidade de alinhar recompensas e remuneração com o *feedback* recebido dos clientes. Embora possa ser desconfortável pensar que os clientes irão determinar uma parcela da remuneração dos funcionários, está ficando razoavelmente bem aceito que a opinião do cliente e a escolha do cliente impulsionam o sucesso sustentável. Quer se trate de "compra baseada em valor" na área de assistência médica, onde a indenização do seguro está condicionada em parte à satisfação do paciente, ou a gorjeta recebida por um garçom em um restaurante, a experiência do cliente geralmente dita o ganho financeiro. Líderes ousados,

ALINHAMENTO, RESPONSABILIZAÇÃO E FERRAMENTAS PARA A LINHA DE FRENTE

como Steve Cannon e os da Mercedes-Benz dos EUA, estão cada vez mais fazendo vinculações semelhantes em suas organizações. E quanto a você?

## Revelando as Rodas do Cliente, CEI e o Sistema de Gestão da Experiência do Cliente às Concessionárias

No Capítulo 3, eu adiei a discussão sobre o papel funcional de alguns membros da subequipe de Indicadores e Informações dentro da equipe de Experiência do Cliente Mercedes-Benz. Observei que o papel desses membros da equipe estava intimamente ligado com uma poderosa ferramenta da opinião do cliente, que você agora sabe tratar-se do Programa de Experiência do Cliente (CEP). De fato, três indivíduos da equipe de Indicadores e Informações na Mercedes-Benz foram responsáveis por lançar as plataformas de pesquisa de vendas e serviços do CEP e são responsáveis pelo contínuo treinamento, implantação, execução, regras e políticas da ferramenta CEI, assim como conectá-la com a margem de desempenho do revendedor e o bônus de liderança. Além de supervisionar as pontuações dos revendedores, esses membros da equipe também ligam o desempenho no CEI com KPIs importantes para a marca.

Por exemplo, Tomas Hora, na época gerente geral de logística de peças, analisou a velocidade de giro do estoque e constatou que as concessionárias mais eficazes na gestão do estoque de peças também tinham pontuações mais elevadas na ferramenta CEP. Assim, Tomas procurou maneiras de melhorar a gestão dos estoques em toda a comunidade de concessionárias, e acabou por se concentrar na criação de um novo tipo de pedido de peça, uma **"política de devolução modificada"** e indicadores relevantes de desempenho associados com estoque e taxas de abastecimento no âmbito do cliente, além de propor um novo Sistema de Gestão de Estoques da Concessionária. Utilizando dados de *feedback* dos clientes para orientar as práticas de estoque, Tomas conseguiu realizar mudanças de processos, medições importantes do desempenho dos negócios e, ainda, melhorias adicionais na própria ferramenta CEP de *feedback* do cliente. Em essência, Tomas aproveitou as informações dos clientes para entregar as peças certas para o cliente certo na hora certa para alcançar a melhor experiência possível do cliente.

Além de oferecer treinamento sobre as rodas de experiência do cliente, o uso eficaz da ferramenta CEP e como usar outras informações geradas através do programa de experiência do cliente, os membros da equipe da Mercedes-Benz desenvolveram Guias de Melhores Práticas para melhorar o desempenho da concessionária nos CEIs de vendas e serviços (e, em última análise, nos estudos SSI e CSI da J.D. Power). Ellen Braaf, então gerente de produto de programas de serviços pós-venda e de desenvolvimento de negócios de pós-venda da MBUSA, destacou: "Nós costumávamos dizer aos revendedores, **'vocês precisam melhorar a experiência do cliente'**, mas não fizemos um bom trabalho explicando como fazer isso ou sobre qual era a parte deles. Agora, com base nos dados do CEI, podemos extrair as melhores práticas que geram aumentos significativos no desempenho CEI. Podemos mostrar como saudar um cliente dentro do prazo de dois minutos pode aumentar o seu resultado em indicadores como o CEI ou pesquisa J.D. Power em 130 pontos. Como temos a margem por trás de nós, os revendedores conseguem ver que se fizerem pequenas mudanças, ou em alguns casos, grandes mudanças, em diversas áreas da experiência do cliente, os benefícios para os clientes e para o bem-estar financeiro das concessionárias são significativos."

Os Guias de Melhores Práticas de Vendas e Serviços são detalhados e específicos para os pontos de contato importantes que os clientes encontram ao longo de sua jornada. Para efeito de nossa discussão, apresentarei uma pequena amostra de seu conteúdo destacando uma única melhor prática descrita no Guia de Melhores Práticas da Experiência de Vendas Mercedes-Benz. A partir deste exemplo, você verá a estreita ligação entre o guia, a roda da jornada do cliente, o Indicador de Experiência de Vendas do Cliente e até mesmo o desempenho previsto no Índice de Satisfação de Vendas J.D. Power.

A Melhor Prática 6 aparece na seção do guia que se refere à fase "Criar paz de espírito" da roda de venda da jornada do cliente. Ela se concentra em um ponto de contato fundamental no estabelecimento de paz de espírito – ou seja, o tempo envolvido na negociação do preço de compra de um veículo. Especificamente, a Melhor Prática 6 é "Conclusão da negociação em menos de 15 minutos". Em apoio a esta recomendação de melhor prática, o guia oferece a seguinte informação empírica: "Com base nos resultados do Índice de Satisfação de Vendas J.D. Power de 2013, a satisfação geral de um cliente diminui significativamente quanto mais longo for o processo de negociação, caindo 75 pontos quando leva 'mais de 30 minutos' em comparação com 'menos de 15 minutos'". O guia também retrata graficamente o impacto de negociações demoradas (ver Figura 6.1).

O Guia de Melhores Práticas segue analisando as perguntas no Indicador de Experiência do Cliente Mercedes-Benz (CEI) que se relacionam com a duração da negociação (por exemplo, respeito pelo valor de seu tempo) e lembra ao leitor que na concessionária uma resposta do cliente para esses tipos de perguntas tem um impacto no CEI de vendas equivalente a 6,95% da pesquisa total. Em resumo, se você desenvolver processos que mantenham o tempo de negociação abaixo de 15 minutos, você encantará seus clientes, aumentará os resultados CEI, avançará na direção de ganhar os bônus de desempenho da concessionária e de liderança, e talvez até contribua para o sucesso da marca na Pesquisa de Satisfação de Vendas da J.D. Power and Associates.

**Tempo geral gasto na negociação**

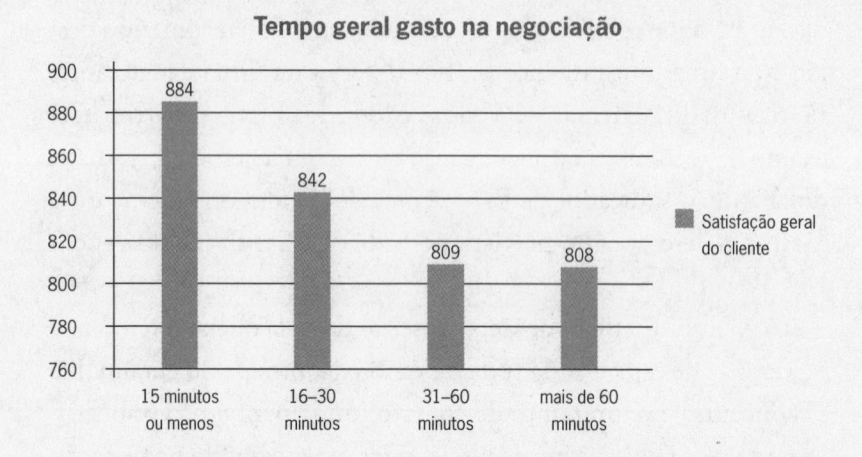

| Faixa de tempo | Satisfação geral do cliente |
|---|---|
| 15 minutos ou menos | 884 |
| 16–30 minutos | 842 |
| 31–60 minutos | 809 |
| mais de 60 minutos | 808 |

Figura 6.1 – Tempo total gasto em negociação
Extraído do Guia de Melhores Práticas da Experiência de Vendas da MBUSA
© 2013 Mercedes-Benz USA, LLC. Reproduzido com permissão. Todos os direitos reservados.

Além de ferramentas como os Guias de Melhores Práticas (que podem afetar favoravelmente o desempenho da maioria das concessionárias), os líderes da Mercedes-Benz dos EUA ofereceram consultoria adicional na loja em 2013 para aproximadamente 120 dos mais de 370 revendedores Mercedes-Benz. Nesses casos, a equipe da Mercedes-Benz dos EUA inicialmente forneceu este treinamento para as concessionárias sem nenhum encargo. No entanto, com a evolução do programa de treinamento nas lojas, observou Ellen Braaf: "Nós contratamos a J.D. Power e Associados para fornecer apoio sobre experiência do cliente para as concessionárias que não estavam conseguindo ganhar o bônus de liderança e que não estavam com desempenho satisfatório nas metas de experiência do cliente conforme evidenciado pelo CEI. Temos agora transferido o custo dos serviços para as concessionárias. Percebemos que não podíamos subsidiar ferramentas avançadas para ajudar algumas concessionárias a ter um desempenho bom o suficiente para ganhar o bônus de liderança e no processo derrubar outras concessionárias."

Venho compartilhando os esforços de melhoria da experiência do cliente Mercedes-Benz no contexto de venda de carros tradicionais aos consumidores – um modelo de negócio entre empresa e cliente (*business-to-customer* – B2C). No entanto, deve-se observar que todas as abordagens escritas até este ponto no livro também foram implantadas para os clientes de negócios da Mercedes-Benz entre empresa e empresa (*business-to-business* – B2B).

As *vans* comerciais estão se tornando cada vez mais importantes para a empresa controladora da MBUSA, a Daimler AG. Segundo a revista *Forbes*, as *vans* foram responsáveis por aproximadamente 9% das receitas líquidas da Daimler em 2014. Até 2015, a Mercedes-Benz tinha oferecido apenas uma *van* de grande porte nos EUA: a Sprinter. Os EUA perdem apenas para a Alemanha em vendas da *van* Sprinter. Estima-se que em 2014, as vendas de *vans* da Mercedes-Benz nos EUA aumentaram 20% em comparação com o ano anterior. As vendas de final de ano nos EUA para a Sprinter aproximaram-se de 26.000 unidades em 2014, com vendas de 50.000 esperadas em 2016. Este aumento considerável provavelmente virá das condições econômicas que favorecem os donos de pequenas empresas, assim como do lançamento de uma *van* de carga/passageiros de tamanho médio chamada Metris. Se havia alguma dúvida quanto ao compromisso da Daimler com o mercado de *vans* comerciais nos EUA, ela foi eliminada pelo investimento de US$500 milhões da empresa na produção da *van* Sprinter na Carolina do Sul.

Bernhard Glaser, vice-presidente e diretor geral da DVU (Daimler Vans USA), observou: "Os clientes empresarias são muitas vezes esquecidos nas conversas sobre a experiência do cliente. No entanto, desde o início da transformação, acreditamos que foi tão importante gerar encantamento para eles como foi para os nossos compradores de carros de luxo. Quer seja uma Sprinter ou um Classe S, estamos todos vendendo um produto que ostenta uma estrela brilhante. Ainda estamos vendendo a marca Mercedes-Benz."

Os segmentos de clientes nos negócios com empresas na Mercedes-Benz são bastante variados, com cerca de metade das vendas indo para donos de pequenas empresas (por exemplo, um encanador com uma única *van* Sprinter equipada com prateleiras especializadas para as necessidades diárias) e com metade indo para compradores de frotas como a PepsiCo, FedEx e Frito-Lay. Apesar das diferenças de escala, Bernhard observa que os clientes empresariais muitas vezes têm necessidades semelhantes, ainda que diferentes, dos compradores de carro de luxo. "Os compradores comerciais da Sprinter da Mercedes-Benz não estão necessariamente buscando comodidades como uma sala de espera do cliente onde podem tomar café. Eles podem até gostar disso tudo, mas geralmente não têm tempo para essas coisas, pois tempo é dinheiro. Eles precisam sair de nossa área de serviços para manter seus negócios funcionando. Assim, a experiência do cliente no lado comercial é expressa de formas diferentes, tais como horas de serviço totalmente flexíveis. Digamos que você dirija suas *vans* durante a noite. Você pode precisar que façamos uma troca de óleo às 20h, para que possa voltar para a estrada às 22h."

Bernhard enfatizou que embora as necessidades dos clientes empresariais sejam diferentes, o processo de gerar experiências consistentes de alta qualidade no âmbito da concessionária é o mesmo para todos os clientes. "Do mesmo modo que no varejo, todas as nossas vendas e serviços comerciais passam pela nossa rede de concessionárias. Cerca de 200 de nossas concessionárias Mercedes-Benz têm uma franquia comercial. Somos pequenos em comparação com outros concorrentes na área de *vans* comerciais, pois vamos contra a Ford Transit, Chevy e GM com redes de 3.000 concessionárias em todo o país", disse Bernhard. Quanto ao produto, a Sprinter compete com redes de vendas comerciais maiores tendo um produto de qualidade excepcional, excelentes características de segurança e o menor custo de manutenção. Quanto à experiência do cliente, a divisão de vans Mercedes-Benz compete, segundo Bernhard, "através de um rede de concessionárias que escutam o *feedback* do cliente e vinculam uma parcela da remuneração à sua capacidade de entregar a experiência que os clientes comerciais necessitam e esperam. Se os revendedores Sprinter não atenderem determinados padrões da marca e não tiverem bom desempenho nos indicadores de experiência do cliente, eles acabam perdendo parcelas de sua margem para as concessionárias de alto desempenho de modo semelhante ao que acontece na área de carros de passageiro da Mercedes-Benz". Quer seu cliente seja alguém em outra empresa ou um consumidor tradicional de varejo, **todos** são clientes. Os donos de empresas e os consumidores buscam por capacidade de resposta às suas necessidades únicas e esperam que você encontre maneiras de alinhar aqueles que representam a sua marca para que tenham o desempenho no mais alto nível possível em termos de atender essas necessidades.

Eu ofereci uma ampla visão geral da estrutura de margem das concessionárias Mercedes-Benz e de algumas das ferramentas utilizadas para ajudar os revendedores tanto do lado B2C quanto do lado B2B dos negócios da Mercedes-Benz a ter sucesso. Minha esperança é que você perceba a necessidade de ancorar a opinião do cliente a um sistema justo de avaliação de desempenho. Este sistema deve inspirar as pessoas a agir de forma a melhorar continuamente o comportamento em todas as fases da jornada do cliente. Além de alinhar a experiência do cliente e as recompensas do desempenho, os grandes líderes oferecem ferramentas e incentivo(s) extra(s) para assegurar um empenho adicional em direção a um objetivo comum.

Como tenho feito em cada capítulo anterior, vou encerrar com os Elementos Básicos para Proporcionar o Encantamento. Adicionalmente, considerando que isso encerra a seção do livro relacionada com *O Padrão*, apresento também uma lista de verificação sucinta de 10 pontos (não diferente de uma inspeção de vários pontos do automóvel) que você pode usar para comparar o diagnóstico de seus esforços na jornada do cliente com lições dos líderes da Mercedes-Benz dos EUA.

## Sua Lista de Verificação Padrão de 10 Pontos

Você:

1. \_\_\_\_\_ Definiu uma clara visão de liderança centrada no cliente?

2. \_\_\_\_\_ Compartilhou amplamente esta visão com todos os *stakeholders* de forma visual e em palavras, mapeando a jornada adiante?

3. \_\_\_\_\_ Fez um conjunto ousado de promessas disciplinadas quanto à forma como você alcançará seu destino desejado?

4. \_\_\_\_\_ Com base nas promessas, criou uma cultura organizacional e de liderança que mobiliza o pessoal na direção de seus objetivos?

5. \_\_\_\_\_ Dedicou um tempo para avaliar todas as interações fundamentais entre os seus clientes e sua marca?

6. \_\_\_\_\_ Traduziu o mapa da jornada de seu cliente em uma linguagem que seja entendida pelos *stakeholders*?

7. \_\_\_\_\_ Treinou o pessoal em toda a organização sobre a jornada empreendida pelos clientes em sua marca?

8. \_\_\_\_\_ Desenvolveu uma ferramenta de medição e um sistema de gestão da experiência do cliente para avaliar a opinião do cliente em tempo hábil e que permita agir?

9. _____ Criou expectativas de desempenho e sistemas de recompensa que foram medidos pela opinião do cliente ao longo da jornada com a sua marca?

10. _____ Gerou ferramentas de melhores práticas para ajudar a sua equipe a consistentemente fornecer experiências elevadas dos clientes que cumpram e superem suas metas de desempenho?

## ELEMENTOS BÁSICOS PARA PROPORCIONAR O ENCANTAMENTO

- ➤ O sucesso na execução da experiência do cliente só pode ocorrer quando todos em sua organização entenderem e assumirem a responsabilidade por atender e exceder as necessidades dos clientes.

- ➤ Ao desenvolver sistemas de medição de desempenho, considere e comunique a relevância dos itens sendo medidos para o bem-estar dos negócios, assegure àqueles que estão sendo medidos que eles podem criar mudanças positivas nos indicadores e mantenha-se vigilante quanto à equidade das recompensas e consequências associadas com o grau de desempenho desejado.

- ➤ Negociações eficazes concernentes à remuneração por desempenho são complexas, frequentemente repletas de conflitos, evocam o medo da mudança e exigem esforço extra e paciência para alcançar o sucesso.

- ➤ No centro da ação alinhada está uma visão convincente, alimentada pela honestidade e transparência, que impulsiona a confiança através de uma oportunidade para os principais *stakeholders* em que todos saem ganhando.

- ➤ Uma vez que os incentivos estejam alinhados com importantes vetores de desempenho como satisfação do cliente e engajamento, os líderes precisam criar ferramentas de melhores práticas empiricamente obtidas para orientar o comportamento consistente e o cumprimento das metas de desempenho.

"O importante é que você tenha uma fé nas pessoas, de que elas basicamente são boas e inteligentes, e se você lhes der ferramentas, elas farão coisas maravilhosas. Não são nas ferramentas que você tem fé – ferramentas são apenas ferramentas."

—Steve Jobs

# 7

# O Encantamento Tem a Ver com Pessoas

Como você viu em capítulos anteriores, Steve Cannon e outros líderes da Mercedes-Benz dos EUA investiram em uma série de ferramentas para produzir mudanças centradas no cliente em uma marca icônica. No entanto, Steve percebeu desde o início que os recursos recém-criados de experiência do cliente são tão bons quanto as pessoas que têm a tarefa de utilizá-los.

Steve também entendeu que os membros do quadro de pessoal da Mercedes-Benz dos EUA e as equipes das concessionárias tinham que ser apaixonadas e totalmente engajadas na entrega de uma experiência do cliente de classe mundial ou nenhum conjunto de ferramentas seria transformador. No início de 2012, em seu primeiro Encontro Nacional de Revendedores, Steve observou: "Este desafio de toda vez entregar uma experiência do cliente **'melhor ou nada'** envolverá pessoas, processos, cultura e paixão... por trás de grandes produtos há grandes pessoas."

Este capítulo e o que se segue destacam alguns dos esforços mais significativos visando engajar e empoderar as pessoas associadas com a Mercedes-Benz nos EUA. Esses capítulos sobre "pessoas" serão seguidos pelos capítulos sobre "processo" e "tecnologia". Na medida em que avançar por essas seções, você verá como os líderes da Mercedes-Benz dos EUA adotaram uma abordagem multifacetada para a mudança organizacional, aproveitando fatores humanos, tecnologia, excelência de processo (ou foco na melhoria contínua) e infraestrutura de negócios.

Embora eu faça um esforço para oferecer uma perspectiva cronológica sobre o cronograma das iniciativas neste capítulo e nos seguintes, deve-se observar que muitos desses programas ocorreram simultaneamente, graças aos esforços dos indivíduos em toda a MBUSA. Na sala de guerra da experiência do cliente na sede da MBUSA, por exemplo, há três grandes quadros preenchidos com as pessoas, os processos e os projetos de tecnologia esboçados por ano. Este capítulo em especial, analisa três abordagens culturais fundamentais adotadas logo no início do esforço centrado no cliente. Elas tinham por objetivo conquistar corações e mentes dos funcionários da Mercedes-Benz dos EUA e do pessoal das concessionárias. Esses três esforços estão classificados como reforço da conexão emocional com a marca Mercedes-Benz, maximização do envolvimento dos funcionários e análise comparativa com provedores de experiência do cliente de classe mundial.

## Reforço da Conexão Emocional com Seu Produto e Marca

Em algum momento de sua vida você certamente já deve ter recebido serviços de um funcionário descomprometido ou descontente. Talvez um garçom de um restaurante que não podia dar a sua opinião sobre um item do cardápio porque "nunca provou" ou possivelmente um funcionário que não fez nenhum esforço para disfarçar seu desprezo pelo empregador. Em meus livros sobre empresas como Zappos, Starbucks e The Ritz-Carlton Hotel Company, examinei como os líderes ganharam uma vantagem competitiva nos negócios conseguindo extrair mais de seu pessoal do que os concorrentes. Em essência, os líderes nessas marcas empoderam, engajam e inflamam uma paixão por seus produtos e pela importância de criar experiências cativantes. Quando os líderes falam e demonstram uma paixão pelos produtos e serviços de suas empresas, isso afeta toda a organização. Quando os membros da equipe ouvem seus líderes falarem sobre encantar os clientes e veem esses líderes agindo em conformidade com suas palavras, esses funcionários, associados e parceiros colocam um esforço extra no atendimento ao cliente. Quando os membros de sua equipe oferecem voluntariamente esse esforço extra, seus clientes ficam mais envolvidos emocionalmente e mais fiéis.

Os líderes de marcas inovadoras na experiência do cliente fomentam ativamente o entusiasmo em relação ao produto e à empresa. Na Starbucks, por exemplo, os rituais corporativos como degustações de café oferecem uma oportunidade para os membros da equipe em todos os níveis hierárquicos da organização conhecerem o produto e desenvolverem uma paixão por tudo o que se refere a café.

Na Mercedes-Benz dos EUA, os líderes lançaram iniciativas culturais desde o princípio em sua jornada transformadora. Cinco meses depois do primeiro Encontro Nacional de Revendedores com a participação de Steve Cannon, ele discutiu vários esforços de mudança de cultura em outro Encontro Nacional de Revendedores Mercedes-Benz realizado em Las Vegas em outubro de 2012. Neste encontro de Las Vegas, Steve destacou uma pesquisa sobre cultura que tinha sido recentemente lançada nas concessionárias, um novo programa que mais tarde foi chamado de Mercedes-Benz Way ("Jeito Mercedes-Benz", em tradução livre - ambos serão examinados mais adiante neste capítulo) e um programa chamado Drive a Star Home, ou DaSH ("Dirigir uma Estrela para Casa", em tradução livre - a palavra *Star* no nome do programa é em referência ao logotipo em forma de estrela da marca). Especificamente, ressaltou Steve: "Estamos lançando o programa Drive a Star Home para dar aos seus funcionários a oportunidade de dirigir os nossos produtos incríveis e, ao fazê-lo, ganhar uma percepção mais profunda sobre nossa marca e nossos clientes."

Através do programa DaSH, a Mercedes-Benz dos EUA forneceu aos seus parceiros revendedores mais de 700 veículos para que cada funcionário da concessionária pudesse dirigir um Mercedes-Benz por um período de dois a três dias. Embora alguns membros das equipes das revendedoras já possuíssem um veículo Mercedes-Benz e outros rotineiramente os experimentassem como parte de suas funções, uma pesquisa inicial mostrou que surpreendentes 70% dos empregados de varejo **nunca** tinham estado ao volante dos próprios veículos que eram vendidos em suas concessionárias.

Embora um programa como o DaSH seja intuitivamente atraente e aparentemente fácil de executar (quão difícil poderia ser deixar que os membros da equipe de varejo dirigissem um Mercedes-Benz considerando que a concessionária está repleto deles?), elaborar e executar o programa foi um desafio logístico.

Michael Doherty, então gerente de departamento do treinamento de varejo da Mercedes-Benz dos EUA, desempenhou um papel importante no desenvolvimento conceitual e execução do

DaSH. Michael declarou: "Verificamos o número total de funcionários em nossas mais de 370 concessionárias e, em seguida, calculamos quantos carros seriam necessários para dar a oportunidade para cada empregado dirigir por dois dias dentro de uma janela de tempo de 90 dias. Determinamos então quantos carros seriam necessários por concessionária. Nesse ponto, tivemos de analisar de forma inovadora como trataríamos de questões de custo e de responsabilidade." Em um esforço para essencialmente "emprestar" veículos aos membros das equipes das concessionárias por 48 horas, a MBUSA precisou pensar em como licenciar e fazer o seguro desses automóveis e o que aconteceria se algum desses veículos se envolvesse em um acidente. A empresa também teve de pensar em como manter o valor dos veículos após o término do período de "empréstimo". No final, os líderes da Mercedes-Benz pediram que a Hertz os ajudasse com o programa. Michael Doherty explicou: "Pedimos para a Hertz comprar 709 veículos Mercedes-Benz com um retorno de aluguel 100% garantido por três meses, o que era significativamente maior do que a sua utilização normal de aluguel de 65%. Depois de muita negociação, fechamos o acordo, vendemos os veículos para a Hertz e os distribuímos para todas as concessionárias do país."

Enquanto as negociações com a Hertz avançavam, os membros da equipe da Mercedes-Benz dos EUA também desenvolviam processos para que os funcionários das concessionárias encampassem sua oportunidade de dirigir de forma rápida e fácil. Segundo Michael: "O princípio orientador que reforcei com a nossa equipe era que o processo deveria ser fácil e prático para todos os nossos 'clientes' – tanto para os revendedores quanto para os funcionários das concessionárias. Tinha que ser agradável. Não podia ser uma obrigação. Pois se criássemos muitas dificuldades para as pessoas elas poderiam dizer, 'Que se dane; eu adoraria dirigir o carro, mas não vale a pena toda essa trabalheira.' O processo tinha que ser simples para os funcionários e para os revendedores. E foi."

Para maximizar o retorno da MBUSA sobre o investimento de fornecer mais de 700 veículos para as concessionárias, *designers* e instrutores de ensino na MBUSA desenvolveram módulos que fizeram da experiência DaSH uma oportunidade de aprendizagem imersiva. Esses módulos foram integrados em um programa de três partes divididos em pré-aprendizagem, dirigir o carro e pós-aprendizagem. Os materiais de treinamento na fase de pré-aprendizagem tratavam do "básico" do Mercedes-Benz, como a navegação de alto desempenho e sistemas de entretenimento, informações práticas sobre como ajustar os assentos e espelhos elétricos, e informações importantes sobre segurança, desempenho e inovações. Após a conclusão da fase de pré-aprendizagem, os membros da equipe da concessionária agendavam seu *test drive* prolongado. Este agendamento ocorria através de um coordenador do DaSH que ficava disponível em cada concessionária.

Depois de dirigir pelo prazo do programa, os participantes tinham aproximadamente 30 dias para conhecer mais sobre os seus veículos através de um módulo de *e-learning* e para compartilhar o que tinham aprendido com a experiência. Os revendedores receberam incentivos da Mercedes-Benz dos EUA para garantir que todos os funcionários tivessem a oportunidade de Dirigir uma Estrela para Casa (Drive a Star Home). O grau de participação da equipe da concessionária e o nível geral de envolvimento dos participantes foram monitorados. Lin Nelson, então especialista de certificação e reconhecimento no departamento de aprendizagem e desempenho da MBUSA, relatou: "Quantitativamente, 18.387 funcionários das concessionárias (93% da equipe) dirigiram veículos Mercedes-Benz através deste programa. Desses funcionários, 99% recomendaram o programa e 97% disseram que foi um uso valioso de seu tempo."

Além disso, *feedback* qualitativo dos funcionários das concessionárias foi rotineiramente recebido e compartilhado por toda a rede de revendedores. Um compêndio de algumas das histórias dos participantes do DaSH pode ser encontrado em www.driventodelight.com/DaSH. Mas para os nossos objetivos apresentarei apenas alguns dos comentários feitos por aqueles que Dirigiram uma Estrela para Casa:

"Trabalhando no departamento de finanças o máximo que eu podia era comentar sobre os veículos. Foi um prazer ter a oportunidade de colocar as mãos em um desses carros e conhecer o produto. Foi uma grande experiência conhecer os recursos do automóvel, desde a tecnologia até a condução e o desempenho – foi tudo de bom!"

"Foi ótimo levar esse veículo para casa e mostrá-lo para meus vizinhos, que estavam curiosos sobre o GLK. Pude fazer uma demonstração do veículo em casa e meus vizinhos fizeram um agendamento na concessionária para fazer um *test drive* do carro no fim de semana".

"Que experiência fantástica! (estou em prantos! Que loucura é essa?!). Antes era uma questão da 'marca'; agora é o 'carro'! Que conforto. Que desempenho e facilidade de manuseio. Trata-se de meu filho de 11 anos de idade dizendo 'se sentir seguro dentro dele'. Por causa do que aprendi, consegui explicar-lhe como o carro realmente é seguro e o que é preciso fazer para torná-lo seguro. Sim, é um carro de luxo, mas agora, para mim, é muito mais! Muito obrigado pela oportunidade de dirigir um Mercedes-Benz!".

O sucesso do DaSH no âmbito das concessionárias levou à expansão do programa para os escritórios centrais da Mercedes-Benz – curiosamente, em função de uma sugestão feita por um Paladino da Experiência do Cliente MBUSA (um participante do programa Paladinos da Experiência do Cliente Mercedes-Benz citado no Capítulo 3). O DaSH igualmente se espalhou para o parceiro financeiro da MBUSA, a Mercedes-Benz Financial Services (MBFS).

Brian Fulton, vice-presidente da Mercedes-Benz Financial Services, compartilhou a importância de programas de alinhamento que inspirem ambas as equipes, da MBFS e da MBUSA dizendo: "Pelos olhos de nossos clientes, a Mercedes-Benz dos EUA e a Mercedes-Benz Financial Services são consideradas uma única marca, não duas empresas. É por isso que definimos (e prestamos contas a respeito) os mais altos padrões para a experiência do cliente. Na MBFS, o **foco no cliente** sempre foi um valor central em nossa organização, e 'Guiados pelo Encantamento' é uma promessa que fazemos aos nossos clientes como marca. Estamos continuamente tomando medidas para elevar ainda mais as experiências que proporcionamos aos nossos clientes. Essas medidas incluem melhorias contínuas para nossos colegas de trabalho, que vemos como clientes internos, assim como para os clientes externos, nossos revendedores e nossos consumidores de varejo. Para qualquer pessoa com quem nós da MBFS interagimos, cada experiência é importante, e por isso é que nos esforçamos para tornar encantadora cada interação com nossos clientes."

Para tornar o DaSH uma realidade tanto na MBUSA quanto na MBFS, os líderes dedicaram recursos significativos para uma ideia aparentemente simples: garantir que todos que representam a sua marca tivessem a oportunidade de desfrutar dos produtos que você vende. Uma parceria inovadora com a Hertz, juntamente com infraestrutura de processos e ferramentas de aprendizagem, permitiram que os participantes experimentassem um veículo Mercedes-Benz e literalmente fossem levados às "lágrimas" pela experiência. O que você está fazendo em sua empresa para ajudar o seu pessoal a se conectar totalmente com seus produtos ou serviços ou para construir paixão pelas experiências que seus clientes desfrutam?

Embora o DaSH tivesse permitido aos funcionários das concessionárias experimentar o acabamento, segurança e prazer de dirigir um Mercedes-Benz, isso acabou evoluindo para um programa mais sustentável e abrangente chamado Experiência de Imersão na Marca. O programa Experiência de Imersão na Marca Mercedes-Benz será analisado em detalhes no Capítulo 8.

## Para Conduzir ao Encantamento do Cliente, Você Deve Conduzir ao Envolvimento dos Funcionários

No Capítulo 1, observei que os funcionários da sede corporativa da Mercedes-Benz dos EUA se recuperaram de problemas de moral baixo que ocorreram no período de 2005-2006. Em resposta ao moral baixo, os líderes da MBUSA que estavam no comando na época começaram a colocar o foco na qualidade do produto, no empoderamento do funcionário e em restaurar o orgulho. Esta geração de líderes foi responsável por ajudar a empresa a se tornar o primeiro e único fabricante de equipamento original (OEM, na sigla em inglês) a fazer parte da lista "Melhores Empresas para se Trabalhar" da revista *Fortune*. O compromisso firme com o envolvimento dos funcionários da empresa proporcionou à MBUSA um lugar consistente nesta prestigiosa lista. Steve e outros de sua equipe entenderam que os líderes são responsáveis pelo nível de envolvimento de seus funcionários, e de interligar esse envolvimento com a produtividade no trabalho. Os líderes da Mercedes-Benz defendem a importância do envolvimento dos funcionários, sabendo que funcionários felizes são funcionários produtivos. Em consonância com esse ponto de vista, pesquisa do Gallup mostra que nos EUA, as perdas de produtividade devido à falta de comprometimento do funcionário são estimadas entre US$450 e US$550 bilhões por ano.

Steve comentou sobre o processo que ajudou a restaurar a confiança e paixão nos dias que se seguiram ao fracasso da fusão com a

Chrysler: "A primeira coisa que fizemos foi analisar com cuidado qual era a nossa situação com todos os funcionários e esta análise começou com uma profunda pesquisa anônima. Nela, incentivamos o nosso pessoal a nos dizer honestamente o que achava, e eles não nos decepcionaram. De fato, recebemos mensagens francas que essencialmente sugeriam que a gestão não era acessível, não era vista como tratando os funcionários de forma justa, não fazia uma comunicação clara e não ouvia. Assim, trabalhamos em grupo com esses resultados e enfrentamos os problemas que levaram a esse *feedback*."

Com base na avaliação honesta que os líderes receberam do pessoal da MBUSA e do treinamento de liderança, esforços de comunicação e esforços de reconhecimento dos funcionários que se seguiram, a cultura na Mercedes-Benz dos EUA deu uma virada. De fato, a empresa mostrou ganhos de dois dígitos nos indicadores de envolvimento dos funcionários, melhorou nos comentários em pesquisas e nos elogios contínuos de avaliadores independentes. Se não fosse pelos altos níveis de envolvimento na MBUSA, os líderes não poderiam ter iniciado a enorme transformação da experiência do cliente envolvido no programa "Guiados pelo Encantamento".

Embora a situação dos trabalhadores da Mercedes-Benz dos EUA fosse forte, transformar uma marca icônica centrada no produto para a de um provedor de experiências do cliente de classe mundial dependeria em grande parte do grau de envolvimento dos funcionários nas concessionárias Mercedes-Benz. Será que esses funcionários se sentiam suficientemente cuidados por seus gestores a ponto de executar o esforço necessário para encantar seus clientes? Mais importante ainda, como a Mercedes-Benz dos EUA poderia reforçar positivamente o grau de envolvimento dos funcionários das concessionárias?

Steve comentou: "Nós aprendemos muito com a forma como melhoramos a cultura e o envolvimento dos funcionários de 2007 a 2013 na Mercedes-Benz dos EUA e queríamos compartilhar essas lições com os nossos mais de 370 parceiros revendedores." O primeiro componente deste comentário envolveu pedir para esses parceiros revendedores fazerem uma pesquisa com as 24.000 pessoas empregadas por eles. Como as pesquisas de envolvimento dos funcionários podem lançar uma luz sobre muitos problemas negligenciados de gestão, era importante que as primeiras pesquisas sobre o envolvimento dos funcionários das revendedoras fossem voluntárias e em parceria com os diretores das concessionárias.

Das hostes dos revendedores que foram considerados para guiar o processo de pesquisa dos funcionários das concessionárias, o Conselho de Concessionárias Mercedes-Benz e a Mercedes-Benz dos EUA escolheram Lior Arussy e o grupo Strativity. Como você deve lembrar, Lior ganhou a confiança e respeito dos revendedores e da MBUSA na época do programa de treinamento Driven to LEAD. Ele precisava aproveitar esta confiança para ajudar os revendedores a enfrentar as preocupações dos funcionários e problemas identificados durante o processo de pesquisa do envolvimento. Lior e a Strativity também trouxeram com eles um modelo de envolvimento do funcionário que agradava à Mercedes-Benz dos EUA e à comunidade de revendedores. Este modelo define o envolvimento do membro da equipe em quatro dimensões – **indivíduo**, **gerente**, **cliente** e **organização** (IMCO, da sigla em inglês). A pesquisa das concessionárias Mercedes-Benz avaliou as percepções dos funcionários nessas quatro dimensões, incluindo a categoria (situação) em que cada um se enquadra:

## Indivíduo

- Sente que seu esforço de trabalho faz a diferença.

- Sente um equilíbrio entre vida profissional/pessoal.

- Pode apropriar-se dos problemas que rotineiramente encontra.

**Gerente**

- Vê a distribuição do trabalho como administrável e justa.

- É inspirado pelo seu supervisor direto.

- Sente-se valorizado pelo seu supervisor.

**Cliente**

- Conclui que sua concessionária cria grande valor para os clientes.

- Considera que os líderes na concessionária tomam decisões centradas no cliente.

- Tem poderes para fazer o que é certo para os clientes.

**Organização**

- Tem confiança na visão e estratégia da liderança.

- Vê a liderança como comunicadores eficazes.

- Sente-se ligado ao sucesso geral da concessionária.

Para conseguir o máximo de participação na pesquisa de envolvimento dos funcionários, as concessionárias e os membros de suas equipes tinham que confiar que as informações fornecidas resultariam em mudanças positivas para sua organização. A pesquisa foi efetuada de forma independente e analisada pela Strativity. Lior e seu grupo comunicaram apenas os níveis de participação e as pontuações resumidas do envolvimento das concessionárias participantes para os líderes da Mercedes-Benz dos EUA. Do mesmo modo, enquanto um relatório detalhado dos resultados do grupo era fornecido para os líderes de cada concessionária, os membros individuais da equipe recebiam a garantia de que nenhuma informação identificadora seria compartilhada e que somente resultados agregados seriam apresentados para os líderes da concessionária.

Não obstante essas salvaguardas, por que uma concessionária iria querer passar voluntariamente por uma análise tão abrangente do envolvimento do pessoal? Lior acredita que a resposta é, em parte, de natureza financeira. "Nós realmente desenvolvemos um cálculo bastante sofisticado que nos permitiu mostrar que uma melhoria de 10% no envolvimento dos funcionários resultaria em um impacto de US$367.000 no lucro final de uma concessionária média da MBUSA. Em seguida, entramos com informações sobre os dados específicos de vendas da concessionária, o número de funcionários e o salário médio do funcionário para mostrar o impacto provável da melhoria do envolvimento dos funcionários na rentabilidade desta concessionária específica", disse Lior Arussy.

Os esforços para construir uma justificativa comercial para medir e melhorar o envolvimento dos funcionários, juntamente com estratégias para proteger a privacidade dos pesquisados, resultou em uma impressionante taxa de resposta de 71% (quase 16.000 funcionários de concessionárias) em uma pesquisa bastante profunda (28 perguntas) de envolvimento na concessionária. No entanto, para que essas informações fizessem sentido, ações deveriam se seguir aos resultados da pesquisa. Para este fim, os líderes da Mercedes-Benz dos EUA trabalharam com a Strativity para produzir um guia "Envolvimento em Ação" que oferecia aos líderes das concessionárias recomendações de melhores práticas nas quatro áreas de envolvimento identificadas no modelo IMCO. Este guia fornecia centenas de sugestões para os líderes em quase tudo, desde a seleção dos funcionários, gestão participativa, reconhecimento dos funcionários e processos de avaliação de desempenho para uma liderança inspiradora e uma comunicação eficaz da visão e estratégia.

Conferências pela Internet também foram realizadas com os revendedores para explicar o modelo IMCO, esclarecer como os resultados do envolvimento seriam interpretados e ajudar no uso do guia Envolvimento em Ação. Além disso, a Mercedes-Benz dos EUA contratou a Strativity para fornecer consultoria nas concessionárias, frente a frente com as equipes de liderança. Lior explicou: "Nós vínhamos na noite anterior à consultoria e fazíamos um grupo focal com os funcionários para encontrar as especificidades que estavam por trás das pontuações daquela concessionária. Na manhã seguinte, apresentávamos uma combinação das pontuações de envolvimento da concessionária e exemplos qualitativos que havíamos identificado nos grupos focais. Em seguida, passávamos para um processo de planejamento de ações que em primeiro lugar permitia aos líderes expressar como se sentiam a respeito dos resultados. Na verdade, nós mapeávamos todas as respostas emocionais em um mapa de reação." Segundo Lior, alguns líderes inicialmente ficaram irritados, alguns se sentiram traídos e outros viam as áreas problemáticas identificadas como exageradas. Seja qual for o caso, o processo de treinamento deixou os líderes se purificarem de suas respostas iniciais para que pudessem lidar com as questões reais e chegar às raízes dos problemas e determinar as etapas de ação.

Ao descrever os resultados preocupantes do primeiro ano das pesquisas de envolvimento dos funcionários das concessionárias, Steve Cannon observou: "Constatamos que 37% da base total de empregados em todas as concessionárias nos EUA não se envolviam ou estavam ativamente desinteressados. Sabíamos que não poderíamos proporcionar uma experiência do cliente de classe mundial se apenas 63% do pessoal nas concessionárias Mercedes-Benz sentissem uma forte ligação emocional com seus líderes, seus clientes e a marca. Como se essa informação já não fosse suficientemente problemática, também constatamos que o grupo menos envolvido em nossas concessionárias era a dos técnicos de serviço, com 55% **não** estando envolvidos. Este grupo frequentemente se sentia desvalorizado ou menosprezado." Steve acrescentou: "Os técnicos de serviço relataram que suas interações típicas com os líderes nas concessionárias ocorriam somente quando as coisas davam errado, e havia pouco reconhecimento pelo que faziam bem. Eles eram exatamente as pessoas de quem dependíamos para que os carros de nossos clientes fossem devidamente consertados. Tudo isso apontava para a importância das ferramentas e treinamento que estávamos oferecendo às concessionárias. Para ser um dos melhores provedores de experiência do cliente, a MBUSA teria que ajudar a desenvolver líderes e a envolver todos os membros da equipe no âmbito das concessionárias."

Além de fornecer ferramentas para as concessionárias usarem para engajar os técnicos de serviço, a MBUSA desenvolveu um programa Vendas e Serviço Premiado. Este programa reconhece e recompensa os melhores funcionários da concessionária, que consistentemente fornecem excepcionais experiências do cliente. Os premiados recebem o reconhecimento da MBUSA, um troféu e uma viagem à Alemanha para visitar as instalações e o museu da Daimler e também conhecer as muitas pessoas e lugares que deram origem à marca. Em uma escala mais informal, mas igualmente importante, Steve Cannon reconheceu a excelência individual na experiência do cliente durante suas frequentes visitas às concessionárias, entregando pessoalmente a Moeda do Presidente em gratidão e apreço pelo excelente atendimento que o destinatário fornece de forma consistente.

A Mercedes-Benz dos EUA continua a coordenar pesquisas de envolvimento dos funcionários para concessionárias. Os líderes da MBUSA caminham sobre uma linha tênue entre respeitar a autonomia do diretor da concessionária ao lidar com seus funcionários e oferecer estrutura e incentivo para aqueles que genuinamente desejam ouvir seu pessoal.

Lior Arussy relatou uma melhora significativa no envolvimento dos funcionários desde a pesquisa inicial de referência até o acompanhamento anual. "A MBUSA teve um aumento de 10% no envolvimento dos funcionários em toda a comunidade de revendedores, com um aumento de 20% em áreas específicas, como o envolvimento dos técnicos. Algumas concessionárias tiveram pontuações de envolvimento mais baixas em relação à referência e, episodicamente, parece que em muitos desses casos os funcionários ficaram relutantes em compartilhar seus verdadeiros sentimentos no primeiro ano das pesquisas. No entanto, ao ver o desdobramento do processo, esses funcionários ficaram mais dispostos a fornecer um *feedback* verdadeiro".

As pesquisas de envolvimento dos funcionários das concessionárias continuarão e os guias de Envolvimento em Ação apoiarão o processo de planejamento de ações. A Mercedes-Benz dos EUA não continuará a fornecer consultorias individuais para o planejamento de ações de envolvimento dos funcionários, pois os revendedores já puderam fazer uso desses instrumentos; no entanto, as concessionárias podem procurar esse tipo de consultoria de forma independente. Em vez do apoio de consultoria, a Mercedes-Benz dos EUA ampliou seu foco de desenvolvimento de liderança, passando de simplesmente orientar os líderes a oferecer às concessionárias um modelo mais robusto de treinamento de liderança – a Mercedes-Benz Leadership Academy ("Academia de Liderança Mercedes-Benz", em tradução livre – a academia será discutida em detalhes no Capítulo 8).

Você realmente ouve as necessidades de seu pessoal e desenvolve planos de ação para aumentar o envolvimento de seus funcionários no trabalho? Você tem uma vantagem competitiva por reconhecer formal e informalmente seu pessoal pelo compromisso com os outros? Os membros de sua equipe sentem que trabalham para líderes e para uma organização que se preocupam com suas contribuições, assim como pelo seu crescimento e desenvolvimento? É impossível fornecer excelência na experiência do cliente de forma sustentável se você não ouve, reconhece e incentiva o envolvimento de seus funcionários. Além disso, é impossível ter o envolvimento dos funcionários a menos que você treine os gestores na construção de ambientes de trabalho emocionalmente gratificantes.

## Estudar o Melhor e Aprender com os Fracassos

Na Mercedes-Benz, "Guiados pelo Encantamento" significa ser o melhor provedor de experiência do cliente, independentemente do setor de atividade. Para ser a marca de elite da experiência, os líderes da Mercedes-Benz buscaram primeiro aprender com provedores admirados pela excelência da experiência do cliente e, em seguida, tentaram definir uma versão exclusiva da Mercedes-Benz da melhor das melhores experiências de vendas e serviços. Os líderes da Mercedes-Benz queriam inspirar os membros da equipe tanto na MBUSA quanto nas concessionárias Mercedes-Benz através de histórias e exemplos de empresas que são conhecidas por sua excelência na experiência do cliente. Aproveitando essa inspiração, os líderes esperavam criar o *Mercedes-Benz Way* (*Jeito Mercedes-Benz*, em tradução livre) – um modelo de experiência do cliente vinculado à marca que poderia ser fornecido por todos na organização.

A jornada de desenvolvimento de um exclusivo *Mercedes-Benz Way* (ou MB Way) de entrega de experiência do cliente começou com uma avaliação comparativa com empresas reconhecidas pelos serviços e compartilhando seus processos e pontos de contato de experiência da marca. Além de fornecer inspiração, os exemplos de qualidade de outras empresas demonstravam o poderoso impacto humano da excelência da experiência do cliente. Para iniciar esse processo de avaliação comparativa (*benchmarking*), a liderança da MBUSA pediu à sua agência de publicidade, Merkley+Partners, para identificar as marcas que estavam liderando o caminho na entrega de experiência do cliente. Como parte dessa etapa, os líderes dessas marcas de experiência do cliente de classe mundial foram convidados a compartilhar como eles criaram experiências consistentes e únicas para seus clientes. A Mercedes-Benz filmou as entrevistas e utilizou-as para estimular ainda mais a paixão e apresentar um retrato humano da excelência da experiência do cliente. Algumas das marcas incluídas no vídeo foram o Mandarin Oriental Hotel Group, Starbucks e Nordstrom.

O vídeo *The Mercedes-Benz Way* foi apresentado em toda a MBUSA e compartilhado em eventos importantes como o Encontro Nacional de Gerentes de Peças e Serviços e o Encontro Nacional de Revendedores. Na mesma linha, fui convidado para um projeto de avaliação comparativa com a Mercedes-Benz dos EUA em 2013, onde organizei e conduzi um painel de discussão envolvendo líderes do The Ritz-Carlton e da Zappos junto com o CEO da MBUSA, Steve Cannon. O painel de discussão foi apresentado ao vivo para os membros corporativos da Mercedes-Benz dos EUA e para as equipes de campo e foi arquivado para outros usos internos.

A fase de avaliação comparativa foi um sucesso e ajudou os funcionários em toda a organização a compreender a execução única de superlativas experiências do cliente que ocorrem em outras marcas lendárias. No entanto, a jornada na direção da definição de um específico *Mercedes-Benz Way* não foi tão frutífera. Como uma etapa mais formal na definição do jeito Mercedes-Benz, a Strativity conduziu um *workshop* de dois dias e meio em Las Vegas com alguns dos "Melhores entre os Melhores" funcionários das concessionárias Mercedes-Benz. Harry Hynekamp, gerente geral da experiência do cliente, relatou o evento: "Ao chegarem ao *workshop*, os participantes passavam por dentro de uma caixa – para que pudessem literalmente pensar *outside of the box* (de forma inovadora, ou, em tradução literal, fora da caixa). Instantaneamente colocávamos as pessoas na mentalidade de inovar o futuro da experiência Mercedes-Benz e de trazer o nosso desempenho para um nível ainda mais elevado em termos de encantar o cliente. Este evento tratava de identificar as diferentes partes da experiência do cliente e de realmente criar inovações. O nosso objetivo ia além de satisfazer os clientes ou atender as expectativas nos pontos de contato. Estávamos focados no que seria necessário para entregar um verdadeiro **encantamento**." Além de desenvolver ideias sobre a experiência do cliente Mercedes-Benz, os participantes tinham a atribuição de fazer compras e jantar em uma série de lojas e restaurantes (de luxo ou não) em Las Vegas. Enquanto passavam por essas experiências, os participantes literalmente catalogavam seus sentimentos e emoções e filtravam tudo através de seus cinco sentidos como clientes ativos.

Embora tivesse produzido muitas ideias excelentes, o evento "Melhores entre os Melhores" da Mercedes-Benz de inovação para o cliente não definiu um jeito Mercedes-Benz característico de prestação de serviços (*Mercedes-Benz Way*). Em essência, os líderes estavam lutando para encontrar algo que eu chamo de "efeito **tão**". Por exemplo, se um varejista começa uma política generosa de devolução, alguém pode dizer: "Isso é **tão** Nordstrom." Se outra empresa começa a incentivar seu pessoal a se lembrar dos nomes e pedidos de clientes assíduos, alguém pode dizer: "Isso é **tão** Starbucks." O efeito **tão** significa que uma marca é conhecida por ser tão excelente em um aspecto da entrega de experiência que os consumidores quase veem o comportamento nessa área como uma assinatura da marca.

O *Mercedes-Benz Way* tornou-se um projeto para identificar, desenvolver e treinar métodos de entrega de experiência do cliente que fossem sua assinatura tanto em vendas quanto em serviços. Da mesma forma que a experiência da Apple Store era algo muito distante de outros ambientes de varejo existentes (sem sinalização em papel, recepcionistas que fazem a triagem de clientes, design elegante e sofisticado), a Mercedes-Benz dos EUA buscava definir formas de oferecer momentos inesquecíveis, ações exclusivas e processos inovadores que elevassem a experiência para além do satisfatório na direção de um domínio do encantamento extraordinário que fosse "**tão** Mercedes-Benz". Para alcançar esta experiência diferenciada e de nível mais elevado, os líderes da Mercedes-Benz dos EUA iniciaram um programa-piloto de treinamento que esperavam ver implementado em toda a MBUSA e na rede de concessionárias. A liderança da Mercedes-Benz solicitou propostas no mercado, selecionou um fornecedor e lançou um piloto na concessionária da empresa em Manhattan.

Infelizmente, o programa-piloto não transmitiu com eficácia um jeito característico da Mercedes-Benz de proporcionar experiências do cliente. Em vez de implantar em todo o sistema uma versão imperfeita do treinamento *Mercedes-Benz Way*, os líderes da Mercedes-Benz dos EUA interromperam o programa após o piloto. Steve Cannon explicou a decisão de encerrar o projeto em uma carta aos *stakeholders*, observando: "Durante meses eu falei sobre o programa *MB Way* que estávamos lançando como parte da oferta de 2013 de experiência do cliente. Isto seria a nossa maior plataforma do ano e colocamos muito dinheiro e esforço em sua construção. Até contratamos um fornecedor para ajudar a executar o plano. Infelizmente, esse plano se mostrou complexo demais para entregar o nível 'Melhor ou Nada' que esperamos. Assim, após meses de esforço, o *MB Way* foi engavetado antes mesmo de ser lançado. Fizemos uma tentativa ousada, mas ficamos aquém do esperado. Dói ver que fracassamos, especialmente em algo que me é tão caro quanto a jornada da experiência do cliente. Durante esse processo de fracasso eu aprendi. Todos os envolvidos aprenderam, e ninguém perdeu o emprego."

Como é refrescante ouvir um líder sênior em uma grande corporação não "escamotear" uma derrota – reconhecer que um esforço não foi bem-sucedido. Se o seu pessoal pretende dar um salto para a grandeza, nem tudo sairá conforme o planejado. De fato, se você não ouve falar em fracassos, então a cultura de sua empresa tem aversão aos riscos ou as pessoas estão investindo energia em evitar que esses fracassos cheguem ao seu conhecimento. Quando os líderes admitem erros de cálculo, evitam culpar os outros e aprendem com essas experiências, as pessoas em toda a organização se sentem seguras em ponderadamente tentar promover mudanças.

Embora a intenção do treinamento *MB Way* fosse sólida, vários componentes necessários para o sucesso do projeto pareciam estar faltando. Harry Hynekamp observou: "Ao analisar nossos esforços para criar e treinar um *Mercedes-Benz Way* ficou perfeitamente claro que nossos conceitos estavam sendo aplicados de forma prematura. Precisávamos mais trabalho fundamental de melhoria da nossa experiência geral antes de começar a definir maneiras de criar experiências exclusivas da Mercedes-Benz que nos diferenciassem dos concorrentes. Estávamos tão distantes de onde queríamos que o treinamento nos levasse que plantávamos sementes em terreno que nem fértil era ainda. A iniciativa de treinamento foi um fracasso no sentido de que gastamos dinheiro em algo que ainda não poderia começar a crescer organicamente dentro da rede naquele momento. Então chegamos a uma encruzilhada após aquele piloto. Sabíamos que estávamos melhorando as experiências do cliente, mas ainda tínhamos lacunas para preencher antes que pudéssemos formalmente treinar para uma abordagem de marca de proporcionar o encantamento."

Conforme sugerido por Steve Cannon, os líderes da Mercedes-Benz dos EUA analisaram as lições aprendidas com o tropeço do treinamento *MB Way*, identificaram as lacunas que necessitavam ser preenchidas e mudaram o rumo na direção de duas iniciativas verdadeiramente inovadoras e abrangentes, a Mercedes-Benz Brand Immersion Experience ("Experiência de Imersão na Marca Mercedes-Benz", em tradução livre) e a Mercedes-Benz Leadership Academy ("Academia de Liderança Mercedes-Benz"), que descreverei no Capítulo 8.

## Lições Humanas e Sua Empresa

Embora o negócio automobilístico seja baseado no produto, as vendas e serviços desse produto dependem exclusivamente de pessoas. A importância fundamental do elemento humano provavelmente também é verdade para o seu negócio. Para melhorar a experiência das pessoas nas concessionárias, os líderes da MBUSA deram aos funcionários das revendedoras a oportunidade de desfrutar da experiência de engenharia, segurança e de dirigir que é única para os veículos Mercedes-Benz. Além disso, os líderes da MBUSA aproveitaram o poder das histórias para inspirar a excelência do serviço através de lições de algumas das marcas mais obcecadas pelos clientes do mundo.

Há muito tempo eu digo: "Todo negócio é pessoal." Como líderes, temos a tarefa de melhorar as vidas das pessoas que chamamos de clientes inspirando e capacitando as pessoas que chamamos de empregados, funcionários ou membros da equipe. No próximo capítulo você verá como a Mercedes-Benz dos EUA e seus parceiros revendedores fizeram investimentos significativos de longo prazo para elevar a capacidade de liderança, os comportamentos de serviço dos funcionários e a paixão pela marca nas pessoas que representam a marca.

## ELEMENTOS BÁSICOS PARA PROPORCIONAR O ENCANTAMENTO

➤ Experiências do cliente "Melhor ou Nada" envolvem pessoas, processos, cultura e paixão.

➤ A menos que os membros da equipe sejam apaixonados pelos seus produtos, sua marca e sua liderança, nunca haverá "ferramentas" suficientes para criar experiências do cliente sustentáveis e lucratividade.

➤ O Gallup estima perdas de US$450 a US$550 bilhões por ano em razão da perda de produtividade de trabalhadores não engajados, somente nos EUA.

➤ No máximo grau possível, incentive todo o seu pessoal a experimentar os produtos e serviços que você oferece.

➤ Meça periodicamente o envolvimento dos funcionários. Procure entender quantitativa e qualitativamente o *feedback* do funcionário e desenvolva ferramentas para gerentes e líderes para ajudá-los a agir com base nesse *feedback*.

➤ Continue seu compromisso de estudar os líderes da indústria na área de entrega de experiência do cliente. Selecione profissionais apaixonados do setor de serviços para ajudá-lo a pensar em maneiras de criar uma experiência inovadora, da marca, que seja exclusivamente sua.

➤ Entenda que nem todo esforço que você realiza será um sucesso. Admita os erros de cálculo. Esteja disposto a encurtar os esforços improdutivos ou inoportunos e a corrigir rapidamente o rumo. Beneficie-se aprendendo com os reveses, aplique este aprendizado para o estabelecimento de novas direções e permaneça firme em avançar.

> "Se as suas ações inspiram os outros a sonhar mais, a aprender mais, a fazer mais e a ser mais, você é um líder."
>
> —John Quincy Adams

# Totalmente Comprometido com o Crescimento e o Desenvolvimento

O sucesso do programa DaSH da Mercedes-Benz, as pesquisas de envolvimento dos revendedores e os esforços de avaliação comparativa descritos no Capítulo 7 criaram excitação e entusiasmo em toda a Mercedes-Benz dos EUA e entre os funcionários das concessionárias. Apesar do revés associado com os esforços de criar o *Mercedes-Benz Way*, os líderes estabeleceram um estímulo ao educar, envolver emocionalmente e inspirar as pessoas a ver o valor de ser guiado pelo encantamento.

Como a ideia era promover uma enorme transformação cultural e comportamental tanto na sede quanto na rede de concessionárias, os líderes da MBUSA estavam ansiosos por aproveitar o estímulo positivo para frente. O autor *best-seller* sobre liderança, John Maxwell, escreveu sobre a importância de aproveitar a energia construtiva, observando: "Enquanto um bom líder mantém o ímpeto, um grande líder o aumenta."

Steve Cannon e sua equipe de liderança aceleraram o avanço criando os programas Mercedes-Benz Brand Immersion e Leadership Academy. Falando sobre a Imersão na Marca no Encontro Nacional de Revendedores Mercedes-Benz realizado em 2014 perto da fábrica Mercedes-Benz U.S. International (MBUSI) em Vance, no Estado de Alabama, Steve afirmou: "A partir de setembro, este não será apenas o local de uma unidade de produção de classe mundial; será também o local de um programa de aprendizagem de classe mundial. Durante dois dias, suas equipes estarão imersas em nossa marca em um grau que nunca havíamos feito antes. Elas visitarão a fábrica, dirigirão nossos carros e aprenderão sobre a maior marca automotiva do mundo. Conquistar pessoas é sempre uma questão de corações e mentes. E, senhoras e senhores, nós iremos atrás de ambos. Eu considero este programa uma base absoluta para o nosso sucesso." A Experiência Imersão na Marca também suscitaria nos associados os valores da Mercedes-Benz e os padrões, expectativas e responsabilidades quanto à experiência do cliente.

Neste mesmo Encontro Nacional de Revendedores, Steve apresentou o pensamento por trás da Academia de Liderança Mercedes-Benz dizendo: "Este programa se baseia em uma premissa muito simples: **a liderança é importante!** Vocês e suas equipes de liderança são o elo crítico. Os líderes criam a cultura, os líderes inspiram as equipes e os líderes obtêm resultados." Durante o restante daquele evento, os revendedores Mercedes-Benz participaram de reuniões que forneceram mais detalhes sobre a Imersão na Marca e a Academia de Liderança. Além disso, participaram de atividades que essencialmente seriam uma prévia de algumas das experiências que suas equipes encontrariam na Imersão na Marca (por exemplo, uma visita pela fábrica MBUSI e testes na estrada e *off-road* que mostravam as características de desempenho, inovação e segurança de veículos Mercedes-Benz).

O restante deste capítulo oferecerá uma visão aprofundada da Experiência de Imersão na Marca Mercedes-Benz e da Academia de Liderança Mercedes-Benz. Como você pode não estar em condições de construir programas na escala da Imersão na Marca e da Academia de Liderança, será dada atenção especial à forma como você pode extrapolar os objetivos de cada programa e modificar a escala de seus esforços para alcançar resultados semelhantes.

## Imersão na Marca

Se algum dia desejar fazer um estudo de caso sobre a rápida evolução da mudança cultural, você não precisará muito mais do que comparar o programa DaSH com o seu sucessor, a Experiência de Imersão na Marca. Sem dúvida, o DaSH (o programa Drive a Star Home discutido no capítulo anterior) foi um grande sucesso ao dar para os funcionários das concessionárias a oportunidade de experimentar pessoalmente os carros que suas revendedoras vendem e consertam todos os dias. Então por que não manter o programa funcionando ano após ano?

Os líderes da Mercedes-Benz aprenderam muito com o DaSH e pensaram em fazer alguns ajustes para lançar um programa do tipo DaSH 2.0. No entanto, após cuidadosa reflexão, ficou determinado que seria estudada uma iniciativa mais ousada e inovadora. O novo programa deveria aproveitar as melhores partes do DaSH – aprendizagem experiencial pondo a mão na massa – e acrescentar um conjunto ainda mais amplo de oportunidades de aprendizagem ampliáveis e sustentáveis. O recém-criado programa de Experiência de Imersão na Marca teria como objetivo dar aos funcionários uma forma de explorar mais do que alguns passeios em um automóvel Mercedes-Benz. Ele deveria mostrar todos os aspectos da marca (desempenho, segurança, engenharia e, também, a experiência do cliente). Assim, a Imersão na Marca foi concebida para trazer os funcionários das revendedoras para um Centro de Imersão na Marca em vez de levar o programa para cada concessionária. Ao investir em um centro moderno de aprendizagem e colocá-lo perto de outros ativos da marca como a unidade de produção Mercedes-Benz U.S. International e vários cursos de condução do veículo, os líderes da Mercedes-Benz criaram uma experiência de aprendizagem sem paralelo.

Tendo participado da concepção do componente experiência do cliente da Experiência de Imersão na Marca Mercedes-Benz e tendo sido um participante da primeira turma, tentarei ser comedido ao explicar os detalhes intricados da experiência e ao expressar minhas fortes impressões sobre a abordagem extremamente original que a Mercedes-Benz adotou para compartilhar o caráter especial e o direcionamento da marca. Portanto, permita-me colocá-lo na pele de um participante.

Assuma por um momento que você seja um funcionário de uma concessionária Mercedes-Benz em algum lugar dos EUA e que foi agendado para participar da Experiência de Imersão na Marca Mercedes-Benz. À medida que se aproxima seu primeiro dia de treinamento, a concessionária organiza o seu voo para Birmingham, no Alabama. Na chegada, você é levado para um bom hotel em uma área dinâmica da cidade. No hotel, você tem acesso a uma sala de recepção da Mercedes-Benz para se preparar para o início do evento no dia seguinte. Ao mesmo tempo, você recebe um *tablet* para usar durante a Experiência de Imersão na Marca. Além de permitir que você tire fotos e faça anotações durante a experiência (que serão enviadas para você após o seu retorno para a concessionária), este tablet também lhe fornecerá um rico material curricular interativo e oportunidades para "explorar mais" o que for tratado durante o tempo de treinamento formal.

## TOTALMENTE COMPROMETIDO COM O CRESCIMENTO E O DESENVOLVIMENTO

Na manhã do primeiro dia de Imersão na Marca você e seus colegas participantes são transportados para o Centro dedicado de Imersão na Marca Mercedes-Benz localizado na unidade de produção Mercedes-Benz U.S. International na cidade vizinha de Vance, no Alabama. O Centro de Imersão na Marca é uma mistura de salas de aula de treinamento, estações de aprendizagem interativa com telas sensíveis ao toque, um museu de veículos antigos e históricos da Mercedes-Benz, e uma área dedicada a mostrar as muitas inovações de segurança e engenharia desenvolvidas pela Mercedes-Benz.

Na chegada ao Centro de Imersão na Marca, você participa de uma reunião geral e assiste a um vídeo com mensagem de boas-vindas do presidente e CEO da MBUSA, Steve Cannon. Esta mensagem define o tom das atividades em que você e seus colegas participarão ao longo dos próximos dois dias. Ele descreve a oportunidade que você terá de ver a engenharia de precisão envolvida no projeto e montagem dos veículos Mercedes-Benz, destaca o apreço que você passará a ter pelo legado da marca e enfatiza a expectativa de que você entenderá claramente o que é preciso para ser Guiado pelo Encantamento. Para tornar a experiência mais íntima, você e seus colegas serão divididos em subgrupos para algumas atividades previstas para a experiência de imersão, enquanto em outras ocasiões o seu subgrupo irá juntar-se com o resto dos participantes para uma apresentação compartilhada ou evento de conclusão de atividades.

Em seu caso, a primeira atividade será um passeio por uma das fábricas automotivas mais avançadas do mundo, comandada pela Mercedes-Benz U.S. International. A fábrica tem produzido automóveis Classe M desde que foi inaugurada em 1997 e foi a primeira planta de produção completa da Mercedes-Benz fora da Alemanha. Além do utilitário esportivo Classe M, a fábrica do Alabama produz o luxuoso SUV Classe GL, o sedan e o coupé Classe C e o coupé SUV GLE. Na planta, que se estende por mais de 500 mil metros quadrados (aproximadamente 86 campos de futebol), mais de 230.000 veículos (com 300.000 esperados em 2015) são montados anualmente para distribuição em 135 países. Durante o seu passeio, você verá processos de produção de precisão que resultam de esforços tecnológicos e humanos. Você terá contato com um trabalho em equipe bem coordenado, uma gestão extraordinária da cadeia de suprimento e um compromisso intransigente com a qualidade e segurança.

Sua próxima atividade faz parte de um dos três módulos dedicados à experiência do cliente ambicionada pela Mercedes-Benz dos EUA. Os três módulos são:

- **"Entender o Extraordinário"**. Esta é uma experiência educacional interativa em que você tem a oportunidade de entender a jornada de transformação da marca à medida que ela muda seu foco de centrada no veículo para obcecada pelo cliente.

- **"Ouvir e ter Empatia"**. Este módulo oferece uma oportunidade de melhorar a sua capacidade de ouvir efetivamente para compreender e emocionalmente colocar-se na posição de seu cliente antes de oferecer soluções.

- **"Agregar Valor e Encantar"**. Este módulo lhe mostra ferramentas que ajudam a efetivamente fornecer um valor humano único e ir um passo além do que é esperado para encantar aqueles a quem você presta serviços.

Observe que os líderes da Mercedes-Benz resistiram ao impulso de introduzir um novo conjunto de conceitos ou expressões na formulação deste treinamento sobre a experiência do cliente. Em vez de inundar os participantes com novos acrônimos ou modelos, a estrutura dos programas de treinamento anteriores

(LEAD) foi mantida para servir como base para pessoalmente ser guiado pelo encantamento através de cada interação humana. Os comportamentos LEAD tinham sido estabelecidos anos antes e foram bem recebidos pelos participantes das concessionárias. Esta nova rodada de treinamento de imersão cultural aproveitou esta plataforma existente e aprofundou os conjuntos de habilidades envolvidos na escuta de forma eficaz, ter empatia, agregar valor e entregar encantamento aos clientes.

Quando seu primeiro dia de Imersão na Marca Mercedes-Benz chega ao fim, você é orientado sobre como usar o formato LEAD para observar e analisar sua experiência de jantar à noite no distrito de restaurantes perto do hotel em Birmingham. Você e seus colegas irão a uma variedade de restaurantes e não só desfrutarão de uma suntuosa refeição, como também analisarão toda a experiência do jantar, da chegada à partida, sob o ponto de vista de avaliar se a equipe do restaurante demonstrou comportamentos LEAD. No início do dia seguinte (segundo dia de treinamento), você compartilhará suas observações com seus colegas.

Durante o segundo dia, você participará de experiências únicas dentro de veículos Mercedes-Benz que demonstram aspectos de segurança e desempenho dos carros, se envolverá em um módulo sobre a natureza inovadora da marca e terá uma cerimônia de encerramento à noite no Museu Barber Vintage Motorsports. Visando entender como a Mercedes-Benz lidera em inovações, você explorará livremente o Centro da Marca, com suas exibições de automóveis clássicos Mercedes-Benz e inúmeros avanços automotivos. Sua tarefa será a de tirar fotos de inovações específicas, compreender a visão envolvida em identificar o problema do cliente que precisava ser resolvido e avaliar a ação que foi tomada para criar uma solução inovadora com base no cliente. Além disso, você poderá vislumbrar o futuro da marca, incluindo o compromisso da fábrica com veículos de baixa emissão e os carros autônomos, sem motorista e sem acidentes.

Do ponto de vista de dirigir veículos Mercedes-Benz, você conhecerá aspectos de desempenho tanto na estrada (*on-track*) quanto fora da estrada (*off-road*). Para os fins desta descrição, fornecerei apenas uma parte de sua experiência fora da estrada em um SUV da Classe GL. Durante a navegação em uma pista de obstáculos de pontes pouco firmes, ziguezagues e cursos de rios, você chegará ao auge quando o seu motorista profissional passa o controle para o recurso Downhill Speed Regulation (DSR - "Regulador de Velocidade em Descida") do GL enquanto você olha pela janela para uma estrada com inclinação extremamente íngreme de 70 graus. Durante a descida, o DSR mantém o veículo a uma velocidade constante através de coordenação do motor, controles de engrenagem e sistema de freio. Depois de passar por curvas inclinadas, subidas em rochas, depressões com água, buracos, dormentes de estrada de ferro e outros obstáculos ao longo do caminho, você terá uma visão completa da segurança e estabilidade embutidas no veículo, embora elas raramente, ou praticamente nunca, venham a ser utilizadas em condições normais de condução. Um respeito semelhante pelos aspectos de desempenho dos carros Mercedes-Benz surge depois de você ter a oportunidade de dirigi-los pessoalmente em uma pista com condições ideais de condução.

Penso que agora você já tem uma ideia bastante boa do que é a experiência de participar no programa de Imersão na Marca da MBUSA; vamos então tirá-lo do papel de participante e começar a analisar as lições que podem ser extraídas desta oportunidade bastante especial. Os líderes da Mercedes-Benz não procuraram criar um programa de "orientação". Esses programas provavelmente ocorrem nas concessionárias baseados em políticas e procedimentos. Em vez disso, a Mercedes-Benz dos EUA desenvolveu um lugar e um conjunto de oportunidades de aprendizagem prática que mergulham os participantes na história e riqueza de tudo o que constitui a marca Mercedes-Benz.

## TOTALMENTE COMPROMETIDO COM O CRESCIMENTO E O DESENVOLVIMENTO

Com muita frequência, funcionários e representantes de uma marca recebem pouca informação sobre o significado, propósito e aspectos excepcionalmente especiais da marca ou da desejada experiência de atendimento ao cliente na empresa em que são contratados para representar. Todos nós já presenciamos situações em que uma pessoa está vendendo torradeiras da marca A em um dia e vendendo computadores da marca B no dia seguinte. Depois de recrutar alguém vindo de outra empresa, os gerentes muitas vezes não ajudam o novo funcionário a entender a história e o legado da organização em que ele acaba de entrar. Além disso, raramente explicam a forma como querem que os clientes sejam atendidos em sua organização. Não é de admirar que a experiência do cliente seja praticamente a mesma na marca A e na marca B.

A Experiência de Imersão na Marca Mercedes-Benz representa, em uma escala relativamente grande, o que todos nós deveríamos procurar criar para os membros de nossas equipes – ou seja, um contexto que construa uma conexão ímpar com a marca e a organização como um todo e que valide a escolha de empregador feita pelos nossos funcionários. Os nossos esforços de conectar emocionalmente o nosso pessoal com a nossa marca podem também colher o benefício adicional de criar uma sensação de bem-estar psicológico. O psicólogo Martin Seligman, Ph.D., teorizou, e muita pesquisa científica tem confirmado, que a autêntica felicidade surge, em parte, do "apego ou estar a serviço de" algo maior do que si mesmo. Quer se trate de uma Experiência de Imersão na Marca ou algum outro esforço contínuo que você crie, levar a felicidade para seus funcionários é um nobre objetivo. Se você ajudar o seu pessoal a desenvolver um apego à sua marca e inspirá-los a prestar serviço aos outros de uma forma que seja consistente com as aspirações de sua empresa, você estará atendendo tanto ao seu pessoal quanto aos seus clientes. Em última análise, os líderes da Mercedes-Benz demonstram um compromisso de gerar o encantamento dos clientes através da construção do encantamento nas pessoas que representam sua marca. A

Imersão na Marca desempenha um papel importante neste processo de infusão de encantamento.

## Academia de Liderança

Muitos líderes poderiam olhar para um programa existente de sucesso e perguntar: "Como podemos tornar isso ainda melhor?". No entanto, os líderes da Mercedes-Benz dos EUA olharam para programas do tipo *coaching* do engajamento do empregado e perguntaram: "Como podemos tornar isso 'melhor ou nada'?".

Steve Cannon recebeu treinamento intensivo sobre liderança sendo cadete em West Point e durante sua carreira militar como *ranger* do exército dos EUA. Steve sabia que o *coaching* poderia ajudar os líderes a melhorar a pontuação em pesquisas com funcionários, mas não necessariamente abordaria as questões mais amplas da filosofia e capacidade de liderança. De fato, durante as sessões de *coaching* sobre o engajamento do empregado, Lior Arussy, presidente da Strativity, observou: "Estávamos descobrindo problemas que revelavam uma falta de desenvolvimento de liderança. Tivemos falhas ocorrendo com o básico da liderança, como acolher e orientar novos funcionários nas concessionárias. A título de exemplo, ficamos sabendo de uma situação em uma concessionária em que um novo manobrista começou a estacionar os carros, e poucas horas depois foi preso. O funcionário não havia passado por uma orientação e nem havia sido apresentado para ninguém na concessionária. Uma recepcionista viu esse 'estranho' andando por aí com as chaves dirigindo carros Mercedes-Benz e então chamou a polícia. Claramente estavam faltando alguns fundamentos da liderança."

Dianna du Preez, gerente geral da Academia Mercedes-Benz, foi em grande parte responsável pela criação da Academia de Liderança e explicou o raciocínio por trás disso: "Entendemos que a liderança é o principal motor da cultura de uma empresa. O envolvimento dos funcionários obviamente decorre da cultura, e funcionários engajados são fundamentais se você quiser proporcionar uma extraordinária experiência do cliente. Para verdadeiramente alcançar nossos objetivos de transformar a experiência do cliente, precisávamos nos concentrar mais intensamente nos mais de 4.000 líderes em nossas concessionárias e ajudá-los amplamente a desenvolver a si próprios e ao seu pessoal. Portanto, a Academia de Liderança foi uma iniciativa muito focada, diferente de qualquer coisa já vista no setor automotivo."

Enquanto os fabricantes de automóveis geralmente oferecem treinamento pela Internet e outras ferramentas impessoais de desenvolvimento de liderança, a Mercedes-Benz queria mudar a natureza e o nível de treinamento tanto para os líderes seniores quanto para os gerentes da linha de frente nas concessionárias da Mercedes-Benz. Dianna observou: "Temos indivíduos em toda a nossa rede de concessionárias que são altamente qualificados e que possuem um grau substancial de compreensão e treinamento de liderança. Mas, em geral, havia uma significativa falta de entendimento sobre a importância do papel que a liderança desempenha em moldar e alimentar a cultura em uma organização. Mesmo em uma sessão-piloto com o nosso Conselho de Concessionárias, houve muita conversa sobre o fato de que gerentes de vendas, gerentes de serviços ou gerentes de peças são geralmente designados porque são os melhores naquilo que fazem. O melhor consultor de peças torna-se um gerente de peças. A expectativa é que os excelentes funcionários só precisem continuar a fazer aquilo que estão fazendo, e assim também estarão capacitados a administrar pessoas e a receber um salário maior." Dianna continuou: "Infelizmente, o melhor vendedor nem sempre é o melhor gerente de vendas. Por isso que o currículo para a Academia de Liderança da Mercedes-Benz se concentra no que é preciso para ser um líder de sucesso e não em responsabilidades técnicas. Não tratamos de como vender mais carros ou de como vender mais peças. O foco está em entender o que é preciso para liderar uma grande cultura. Por exemplo, a Academia de Liderança explora como criar expectativas claras de desempenho e fazer distinções entre orientar, ser mentor e gerenciar. O nosso programa conecta o bem-estar e a motivação dos associados à concessionária com a experiência do cliente e, em última análise, com o aumento de vendas."

A Academia de Liderança da Mercedes-Benz foi desenvolvida para atender dois grupos de líderes: executivos e gerentes. Embora grande parte do treinamento seja semelhante, um foco mais estratégico e empresarial é oferecido no currículo voltado para executivos. A Academia de Liderança foi concebida para ser um processo contínuo de desenvolvimento de liderança, entregue em fases. A primeira fase, chamada "Lidere a si Mesmo", está centrada em ajudar os participantes a entender seu estilo e filosofia de liderança; já foi apresentada para mais de 600 participantes de nível executivo e mais de 3.000 gerentes desde 2014. O currículo do Lidere a Si Mesmo continuará a ser oferecido e servirá como pré-requisito para a participação em futuros cursos de treinamento para desenvolvimento de liderança. A próxima fase de treinamento planejada é chamada "Lidere Sua Equipe". Baseia-se em conhecimentos adquiridos na fase anterior e melhorará a compreensão dos participantes sobre como liderar equipes e influenciar talentos de forma eficaz. O curso seguinte ao de Liderar Sua Equipe será o "Liderar Sua Organização", que tratará de como manter o sucesso no desempenho e liderar com eficácia a organização inteira.

O treinamento Lidere a Si Mesmo envolve a conclusão de uma ferramenta de autoavaliação prévia sobre estilo de liderança, viajar para um local de treinamento em Chicago ou Dallas e dois dias de aprendizagem estruturada. Além de oferecer oportunidades de ampliar a rede de contatos, a experiência inclui uma exploração profunda do estilo de liderança predominante de cada indivíduo, com a valorização da necessidade de ser adaptável ao liderar e se comunicar com os outros. Os participantes discutem as "Lições de Liderança do Blue Angels", em uma análise sobre a mentalidade de equipes de alto desempenho como o esquadrão de demonstração aérea da elite da Marinha dos EUA. Os participantes também recebem informações e experiências que lhes mostram como expandir a energia para melhorar a produtividade, e como aproveitar ferramentas, práticas e métodos para moldar uma cultura na concessionária que impulsione tanto o envolvimento do funcionário quanto do cliente.

Os participantes do Lidere a Si Mesmo também são guiados através de um exercício que ajuda a definir a sua própria lista de crenças de liderança. Esta lista não se refere a encontrar a abordagem "certa" da liderança, e sim em encontrar os princípios de liderança que cada participante quer usar como fundamento de sua abordagem de liderança única. Como exemplo do uso de crenças para moldar uma carreira, as crenças de liderança de Steve Cannon são compartilhadas com os participantes. São elas:

- Crie uma visão convincente.

- Ouça mais do que fala.

- Faça 1.000 perguntas.

- Estabeleça padrões ridiculamente elevados.

- Seja visível... Nenhuma pessoa quer seguir alguém a quem não vê.

- A cultura come a estratégia de café da manhã.

- Seja legal!

- Sua equipe assiste a tudo o que você faz; portanto, certifique-se de que suas palavras e ações estejam alinhadas.

- O melhor *feedback* é um *feedback* rápido.

- Nunca abale a dignidade de uma pessoa.

- Esteja presente ou não apareça.

- O copo está sempre meio cheio.

No final do treinamento Lidere a Si Mesmo, cada líder assume um compromisso de 90 dias de se concentrar em uma ação específica de liderança. Para criar "parceiros de prestação de contas" para o crescimento de sua liderança, os participantes compartilham o seu compromisso com os outros em sua classe de treinamento. Os resultados da primeira fase de treinamento na Academia de Liderança têm demonstrado mudanças significativas no comportamento de liderança, com os participantes reconhecendo o valor do treinamento e de seu compromisso com os objetivos de crescimento. Do ponto de vista qualitativo, os participantes do curso para executivos fizeram as seguintes observações:

- "Eu espero que o quadro de pessoal como um todo adote o espírito do programa e o modifique para se adaptar às suas concessionárias."

- "Excelentes ideias e conjuntos de competências. Realmente me fez ter um olhar bastante introspectivo sobre como posso me tornar um líder e uma pessoa melhor."

- "Não vejo a hora de enviar toda a minha equipe de gestão."

Da mesma forma, os participantes do curso de gerentes compartilharam:

- "Estou animado para ver os efeitos disto em nossa concessionária."

- "O evento me manteve envolvido e permitiu uma reflexão objetiva. Estou ansioso para levar essas lições de volta para a minha equipe."

Drew Slaven, vice-presidente de *marketing* da MBUSA, observou que programas como o da Academia de Liderança da Mercedes-Benz são tão representativos dos esforços de mudança cultural da marca que disse: "Tenho convidado líderes de nossas agências de publicidade para participar. Além de nossos parceiros revendedores, eu quero que as pessoas que ajudam a criar nossas mensagens aos clientes se beneficiem das ofertas da Academia de Liderança, como a Imersão na Marca. Devemos oferecer oportunidades para educar todos os nossos parceiros de negócios sobre o que significa para nós ser Guiados pelo Encantamento e o que significa desenvolver habilidades de liderança na busca deste objetivo."

A Academia de Liderança Mercedes-Benz oferece *insights* sobre como cada um de nós pode desenvolver um programa contínuo de treinamento de liderança em nossas empresas. Mais importante ainda, ela demonstra que para tratar bem os clientes, devemos desenvolver líderes e fazê-los crescer. Em consonância com as palavras do consultor de gestão Peter Drucker (e uma das crenças de liderança de Steve Cannon), de que a "Cultura come a estratégia de café da manhã", a equipe de liderança da MBUSA tem investido em programas para desenvolver talentos de liderança dentro das concessionárias Mercedes-Benz.

A mudança da consultoria em experiência do cliente (descrita no Capítulo 7 e fornecida no início da jornada de transformação) para Academia de Liderança da Mercedes-Benz reflete a importância de ser proativo. O desenvolvimento de liderança não pode ser apenas reativo (por exemplo, corrigindo problemas identificados na pesquisa anual de envolvimento dos funcionários). Ele deve antecipar as necessidades dos líderes e ajudá-los a entender o que é preciso para desenvolver culturas de alto desempenho. Os grandes programas de desenvolvimento de liderança proporcionam aos participantes as ferramentas para desenvolver e motivar os membros da equipe pela excelência sustentável.

Embora talvez não seja possível para você desenvolver programas na escala da Experiência de Imersão na Marca e da Academia de Liderança, vale a pena pensar sobre como você poderia incutir a paixão por seus produtos e seu legado de marca em sua base de funcionários. Por exemplo, como você poderia proporcionar oportunidades para seu pessoal experimentar – em vez de ouvir falar a respeito – seus produtos ou os ricos componentes de sua história? O que você está fazendo para explicar o que realmente significa prestar serviços em sua empresa? Que habilidades são necessárias para assegurar que seus clientes se sintam da maneira que você quer que eles se sintam após interagir com a sua marca? Do ponto de vista de liderança, que programas você tem em andamento para fazer do desenvolvimento da liderança um processo permanente em sua empresa? Você promove pessoas com base em competência técnica ou também leva em conta o comportamento de liderança? Finalmente, você realmente acredita que sua rentabilidade sustentada esteja ligada ao atendimento do cliente? Se assim for, este atendimento ao cliente é um subproduto do grau de envolvimento de sua equipe e das competências gerais de sua liderança?

Claramente, Steve Cannon está conduzindo uma revolução na Mercedes-Benz visando influenciar os ouvidos, mentes e habilidades dos indivíduos em todas as partes e em todos os níveis da organização, tanto na Mercedes-Benz dos EUA quanto na Mercedes-Benz Financial Services e nas concessionárias. Em função disso, desde o início de programas como a Imersão na Marca, os membros da Mercedes-Benz dos EUA e da Mercedes-Benz Financial Services têm participado ao lado das equipes das concessionárias. Do mesmo modo, executivos da Mercedes-Benz, gerentes seniores e gerentes têm frequentado a Academia de Liderança Mercedes-Benz ao lado da liderança e diretores das concessionárias. Em essência, Steve e sua equipe na MBUSA entendem que a mudança efetiva de cultura não ocorre porque um decreto é enviado de cima para baixo por um fabricante, franqueador ou chefe. Ela acontece quando as pessoas em toda a organização estão em contato e adotam novas atitudes, comportamentos e habilidades. No próximo capítulo analisaremos como a Mercedes-Benz dos EUA apoiou essas iniciativas de pessoas através de melhorias no processo concebidas para modernizar o fluxo de trabalho e tornar mais fácil encantar os clientes.

## ELEMENTOS BÁSICOS PARA PROPORCIONAR O ENCANTAMENTO

➤ Nas palavras de John Maxwell: "Enquanto um bom líder mantém o ímpeto, um grande líder o aumenta."

➤ Para realmente conquistar corações e mentes dos membros da equipe, o treinamento não pode ser apenas didático; ele deve ser empírico, prático e inesquecível.

➤ A orientação ao empregado geralmente oferece uma visão básica de uma empresa ou trabalho, enquanto a imersão completa na marca normalmente requer um maior investimento para impulsionar conexão, significado, orgulho da marca e, em última análise, paixão profunda.

➤ É fundamental ajudar todos os funcionários a entender como você quer que os clientes se sintam e o que significa atendê-los bem em sua empresa.

➤ Resista ao impulso de seguir a última tendência de atendimento ao cliente ou de experiência do cliente. O sucesso decorre de possuir um modelo consistente de experiência do cliente (na Mercedes-Benz é Ouvir, ter Empatia, Agregar valor e Encantar), e não de mudar para conceitos recém-formulados.

➤ Os programas de imersão ajudam os funcionários a encontrar propósito e contexto para seu trabalho que, por sua vez, alimentam seu apego e o servir a algo maior do que si mesmos – contribuindo em suma para a autêntica felicidade.

➤ Alguns líderes perguntam: "Como podemos tornar isso melhor?". Outros líderes perguntam: "Como podemos tornar isso excelente?".

➤ A excelência na experiência do cliente depende do grau de envolvimento do funcionário. Os graus de envolvimento do funcionário, por sua vez, são determinados pela saúde de sua cultura e podem ser atribuídos à qualidade e desenvolvimento dos seus talentos de liderança.

➤ O desenvolvimento da liderança não é um fenômeno que acontece uma "única vez e pronto". Trata-se de um processo permanente que oferece perspectiva e *insights* sobre aquilo que é preciso para motivar e conduzir o desempenho humano sustentado, e as ferramentas para realizá-lo.

➤ Nas palavras de John Quincy Adams, a liderança refere-se a inspirar os outros a "sonhar mais, fazer mais e tornar-se mais."

"A inovação é o único seguro contra a irrelevância. É a única garantia da fidelidade do cliente em longo prazo".

—Gary Hamel

# 9

# Condução de Mudança Tecnológica e de Processo

◇◇◇◇◇◇◇◇◇◇◇◇◇◇◇◇◇◇◇◇◇◇◇◇◇◇◇◇◇◇◇◇◇◇◇◇◇◇◇◇◇

Um antigo princípio de gestão sugere que se você pegar pessoas boas e submetê-las a processos ruins, os processos ganharão sempre. No entanto, a alta administração da Mercedes-Benz dos EUA desafia esta crença. Na verdade, Steve Cannon e sua equipe enfatizam a importância de inspirar as pessoas a conduzir as mudanças necessárias no processo. A abordagem da liderança da MBUSA se apoia na ideia de que pessoas boas devem e irão modificar sistemas de negócios que estão fora de sintonia com o objetivo último de transformação da empresa (neste caso, entregar uma experiência do cliente de classe mundial).

Além disso, os membros da equipe devem aproveitar as melhores tecnologias disponíveis em caminhos centrados na missão. Este capítulo e o que vem a seguir analisarão as mudanças feitas na infraestrutura de execução de negócios na Mercedes-Benz dos EUA.

Nos Capítulos 7 e 8 você viu como as iniciativas para inspirar e envolver os funcionários nas concessionárias Mercedes-Benz (DaSH e pesquisas de envolvimento dos funcionários) logo evoluíram para soluções mais sofisticadas e sustentáveis (a Experiência de Imersão na Marca e a Academia de Liderança) concebidas para construir uma cultura duradoura de obsessão no cliente. Do mesmo modo, as melhorias iniciais no processo e os aprimoramentos tecnológicos descritos neste capítulo servem para facilitar os processos integrados e complexos e as soluções tecnológicas discutidas no Capítulo 10.

## Trazendo a Tecnologia e uma Experiência mais Desejável para o Showroom

Quais são as suas recordações de infância dos *showrooms* de automóveis? Para mim, o *showroom* era o fim de uma jornada ritualizada. Naquilo que se tornou um evento anual, meu pai esperava a chegada dos novos modelos Ford na concessionária. Nós entrávamos em um edifício repleto de balões, éramos cumprimentados rapidamente por um vendedor ansioso e geralmente recebíamos um folheto antes de nos aproximarmos dos novos modelos. Se meu pai estava pensando em comprar naquele ano, nós fazíamos o *test drive* dos carros, regateávamos com um vendedor (geralmente fazendo ofertas e contrapropostas rabiscadas em um pedaço de papel) e eventualmente continuávamos aquelas negociações com um gerente de vendas. Supondo que um acordo fosse concluído, nós esperávamos por um funcionário de finanças, éramos submetidos a esforços agressivos para comprar opções de serviço/manutenção, assinávamos uma quantidade enorme de documentos financeiros e finalmente recebíamos as chaves. Anos mais tarde, quando adquiri meu primeiro carro, a experiência não foi substancialmente diferente, nem tem sido na maioria de minhas compras posteriores.

Embora a experiência na concessionária tivesse se mantido relativamente constante durante décadas, houve rápidas mudanças no comportamento do cliente e nos dados demográficos dos clientes ao longo dos últimos anos. Por exemplo, a geração do milênio (alternativamente chamados de geração Y), este grupo de mais de 100 milhões de consumidores nascidos entre 1982 e 1997, foi criada com acesso instantâneo a informações e recursos onipresentes de computadores. Este segmento da população, que se espera estarem comprando 75% de todos os veículos até o ano de 2025, tem expectativas muito diferentes quanto à experiência de compra de veículos. De fato, David Barkholtz, escrevendo para a *Automotive News*, destacou que: "A geração do milênio está chegando à idade adulta. E exige um nível de transparência, conhecimentos de tecnologia e compras sem barganhas que não estavam presentes em gerações anteriores."

Esses consumidores da geração do milênio, e grande parte do resto da população, aliás, têm tido contato com transparência dos preços, transações fáceis *on-line* e experiências de varejo inovadoras e ricas em tecnologia como a Apple Store. Como resultado, ao entrarem em um mundo onde o preço é vago, o pessoal de vendas é agressivo e a tecnologia está ausente, eles ficam desiludidos, frustrados e prontos para alternativas inovadoras.

Embora em escala menor, a Tesla Motors criou uma ruptura na experiência de *showroom* de automóveis ao mudar suas concessionárias da periferia das cidades para *shopping centers*. Os projetos das lojas Tesla estão em consonância com a abordagem de varejo da Apple, incluindo telas interativas sensíveis ao toque e um modelo de venda direta ao consumidor. A resistência da indústria automobilística a esses tipos de mudanças pode ser vista nos processos judiciais instaurados contra a Tesla partindo de grupos como a Associação dos Revendedores de Automóveis do Estado de Massachusetts. Embora grande parte do objeto do litígio contra fabricantes de automóveis gire em torno da distribuição tradicional baseada em franquias de concessionárias, isto também ressalta a tensão criada com as marcas procurando atrair os clientes para longe de uma experiência de *showroom*, que às vezes é classificada abaixo de "ir ao dentista".

Logo no início, os líderes da Mercedes-Benz dos EUA perceberam que experiências de classe mundial requerem um ambiente de concessionária consistentemente atraente. A modernização de todas as concessionárias estava bem encaminhada através do programa Autohaus (discutido no Capítulo 1) antes da transformação Guiados pelo Encantamento. Em função disso, Steve Cannon e sua equipe de liderança concentraram seus esforços na modernização da tecnologia, racionalização da jornada do cliente e em facilitar o máximo possível a experiência dos clientes nas concessionárias da Mercedes-Benz.

Os esforços descritos neste capítulo foram bem recebidos pelos clientes Mercedes-Benz, como o Dr. Wendell McBurney, que destacou: "Comprei meu Classe M em 2012. Eu tinha passado quatro horas em uma concessionária Cadillac olhando o SRX e tive de fazer todo tipo de contorcionismo para levá-los a se concentrar em minhas necessidades, em vez de nas necessidades deles. Precisei conhecer o gerente de vendas e o gerente de serviços. Tive de conversar com esse e com aquele. Tive que passar por um aperto para chegar 'aos finalmentes'. Na verdade, nunca consegui chegar 'aos finalmentes'. Depois de desistir e ir para uma concessionária Mercedes-Benz, levou apenas 30 minutos para chegarmos a um acordo sobre o nosso Classe M."

Do mesmo modo, Paul David, proprietário de um Mercedes-Benz, relatou: "Minha esposa e eu passamos bastante tempo pesquisando *on-line* para comprarmos nosso carro. Como a Mercedes-Benz oferecia mais vídeos do que qualquer outro fabricante de automóveis, pudemos avaliar a tecnologia Mercedes-Benz e aprendemos muito sobre a segurança de seus veículos. De fato, no *site* da Mercedes-Benz havia vídeos reconfortantes sobre pessoas, seus carros e como a segurança dos veículos salvou-as em acidentes. Após pesquisar na Internet, fui para uma concessionária e fiz um *test drive*. Foi quando percebi que até mesmo os vídeos mais incríveis não fazem justiça aos carros."

Steve Levine, dono de um Mercedes-Benz, também gostou do volume considerável de informações que recebeu como parte de sua experiência *on-line* Mercedes-Benz, e da natureza proativa da equipe da concessionária. "Alguns meses antes de terminar meu contrato de *leasing* de meu Mercedes-Benz, o vendedor me ligou e me pediu para ir conversar. Fui para a concessionária, o vendedor mostrou alguns carros, dirigimos o modelo novo, conversamos por cerca de meia hora e duas horas depois eu saí com um carro novo. Nós basicamente trocamos as chaves. Ele me fez uma boa oferta, sem regatear e sem envolver o gerente de vendas. O vendedor tinha autorização para seguir em frente e fechar o negócio. Nunca comprei um carro tão rápido em minha vida. Esta realmente foi uma grande experiência", afirmou Steve Levine.

Antes de me lançar nos detalhes dos primeiros programas e tecnologias que geraram tais comentários elogiosos de clientes como Wendell, Paul e Steve, pode valer a pena fazer uma pausa e pensar sobre a relevância e oportunidade das experiências que você proporciona para seus diferentes segmentos de consumidores. A aparência de seu ambiente de serviços e a relevância de seus produtos atraem os *baby boomers* (os aproximadamente 78,2 milhões de consumidores nascidos entre 1945 e 1964), os da geração X (constituindo cerca de 70 milhões de clientes nascidos entre 1965 e 1981) e a geração Y (do milênio)? Você atualizou e renovou seus processos e componentes de tecnologia para atender os comportamentos de compra em mudança de todos os segmentos relevantes de consumidores, notadamente aqueles clientes que assegurarão seu sucesso em longo prazo? Você ensinou seu pessoal como entregar experiências de serviços que conectam a tecnologia com as exigências, necessidades e desejos dos diferentes segmentos de consumidores?

As marcas muitas vezes gastam uma grande quantidade de tempo, dinheiro e esforço no desenvolvimento de produtos e em *marketing* para grandes segmentos de clientes como a geração Y. Elas gastam quantias significativas em desenvolvimento de produto, publicidade e campanhas de mídia social, mas elas deixam de investir nos aspectos ambientais e de serviços ou tecnologias que fariam a experiência se conectar com os clientes, ou mesmo ficar a par com a qualidade dos produtos que vendem.

Em 2013, Erin Shea, escrevendo no *Luxury Daily* sobre o CLA da Mercedes-Benz que seria lançado em breve em 2014, observou: "A Mercedes-Benz dos EUA está abrindo a marca para um grupo consumidor mais jovem com novas promoções para seu modelo CLA, que tem um preço à vista de menos de US$30.000... A mídia social é a principal ferramenta que a Mercedes está usando para divulgar sua campanha do CLA e se comunicar com o público-alvo." Considerando que este novo "público-alvo" entraria nas concessionárias, a Mercedes-Benz dos EUA também teve de trabalhar com os revendedores para assegurar que estes oferecessem uma experiência acolhedora e relevante para tal segmento de clientes.

Drew Slaven, vice-presidente de *marketing* da Mercedes-Benz, salientou: "Se você tem um produto brilhante e o entrega com uma grande experiência do cliente, você começa a diminuir a própria necessidade de *marketing*." Drew citou a Apple como exemplo de uma empresa de produto que inovou em uma experiência do cliente relevante e tecnologicamente rica que colocou a empresa em uma posição em que "poderia fechar amanhã seu *marketing* dirigido aos consumidores e ainda vender tantos iWatches e outros produtos inovadores quanto vende agora com a publicidade. É a combinação de produto com experiências relevantes e envolventes que autenticamente o conecta aos clientes desejados".

Como você verá, o pessoal da Mercedes-Benz dos EUA assumiu o comando de mudar e melhorar um amplo conjunto de programas, processos e tecnologias voltadas para se conectar com a exigente base de clientes Mercedes-Benz. De fato, observou Dietmar Exler, vice-presidente de vendas: "Vimos duas tendências que se unem – maior disponibilidade de informação e um forte desejo por parte dos consumidores de ter acesso aos produtos sem a pressão de vendedores. Há muito tempo, você tinha uma quantidade limitada de informações disponíveis sobre carros novos, de modo que a concessionária era o lugar para ir e conhecer sobre o veículo. Hoje, tudo sobre o carro pode ser encontrado *on-line*. No entanto, uma coisa é ler sobre vantagens e características de um carro e outra bem diferente é experimentá-los. Temos gerações de pessoas querendo entrar para experimentar aquilo que leram e viram *on--line*. Eles não querem vendedores. Eles querem passar da informação para a experiência".

Enquanto o **"o quê"** dos esforços da MBUSA de levar os clientes da informação abundante para vendas e experiência de serviços sem complicações se aplica mais diretamente à indústria automobilística, o **"por quê"** e o **"como"** desses programas e tecnologias oferecem *insights* que são amplamente aplicáveis em vários tipos de negócios.

## Posicionar Pessoas para Afetar Processos

Alguns gerentes acreditam que se você quiser acelerar melhorias na entrega de experiência do cliente, então precisa contratar mais pessoas. Certamente, os grupos de trabalho geralmente pedem por "mais funcionários" para entregar um atendimento ao cliente nos níveis buscados pela alta administração. Como você viu nas decisões discutidas em capítulos anteriores, a equipe de liderança da Mercedes-Benz não considera o aumento de pessoal como passo inicial para ter sucesso com os clientes. Na verdade, conforme evidenciado pela forma como a equipe de Experiência do Cliente foi criada, os líderes da Mercedes-Benz preferiram primeiramente realinhar a equipe em torno de uma visão comum para, em seguida, maximizar o esforço voluntário da mão de obra existente através do envolvimento e da paixão pela marca. Aumentos do quadro de pessoal são considerados quando os funcionários alinhados e engajados não conseguem atender bem o volume de necessidades dos clientes.

Em dois casos específicos, a liderança da MBUSA viu necessidades específicas de apoio não atendidas que diretamente afetavam as respostas rápidas das soluções de serviços aos clientes nas concessionárias. À medida que a transformação com foco no cliente avançava, as expectativas da MBUSA em relação à rede de concessionárias quanto à experiência do cliente aumentava constantemente. Com maior volume de vendas e serviços e uma linha de produtos em expansão, os distribuidores, por sua vez, queriam que a Mercedes-Benz fornecesse respostas mais rápidas aos casos técnicos mais difíceis que surgiam em seus departamentos de serviços. Os revendedores falaram, os líderes da Mercedes-Benz ouviram e uma equipe adicional de apoio de campo foi contratada.

Harry Hynekamp, gerente da equipe de Experiência do Cliente, afirmou: "Nós ativamente buscávamos e recebíamos *feedback* de nossos revendedores e ouvimos muito claramente que não estávamos fornecendo especialistas de campo e de produtos suficientes para apoiar seus esforços para atender melhor e de forma mais eficiente os clientes." Então o que é um técnico especialista de campo? Suponha que seu carro esteja consertando e o técnico da concessionária fez tudo de acordo com as instruções de trabalho da Mercedes-Benz, mas os esforços de conserto não resolveram o problema. Nesse ponto, o técnico provavelmente pede a ajuda do supervisor da loja para solucionar o problema. Se o supervisor da loja não consegue resolver o problema, um caso técnico é aberto e atribuído a um especialista de campo da MBUSA. O especialista de campo ajuda a identificar a raiz do problema e trabalha com o técnico da concessionária para resolvê-lo. Após a conclusão do conserto, o especialista de campo repassa o que foi feito e informa ao supervisor e ao técnico sobre necessidades de recursos ou processos para tratar de problemas semelhantes no futuro.

Vamos comparar esse técnico especialista de campo com um técnico especialista do produto. Se o especialista de campo não conseguir resolver um problema, ele encaminha para um especialista do produto, geralmente um engenheiro, no escritório central da Mercedes-Benz dos EUA. Dada a natureza complexa dos problemas que procuram resolver, os especialistas do produto muitas vezes criam soluções que modificam os processos de conserto em geral utilizados em toda a rede de concessionárias. Com base no *feedback* dos revendedores e no papel importante desempenhado pelos técnicos especialistas de campo e de produto na solução das mais difíceis situações de serviços, a Mercedes-Benz dos EUA contratou mais pessoas para cada uma dessas funções. As equipes de serviço das concessionárias têm agora mais recursos técnicos, as necessidades de serviço mais desafiadoras são resolvidas mais rapidamente, os clientes ficam mais felizes e aumenta a probabilidade dos revendedores ganharem o bônus de liderança.

Nancy Rece, dona de um Mercedes-Benz, compartilhou uma situação em que sua concessionária local interagiu com membros da equipe da Mercedes-Benz dos EUA para fornecer a solução rápida que ela desejava: "Meu marido comprou um novo modelo Classe M a diesel e pegou o carro no final de novembro. Quando o motor estava frio, ele funcionava bem. Mas a meio minuto de distância de casa a coisa começava; o carro balançava e tossia por alguns minutos, mas depois de aquecer voltava a funcionar bem." Nancy relatou que seu marido entrou em contato com a concessionária para determinar a fonte dos problemas do veículo e a concessionária entrou em contato com a Mercedes-Benz dos EUA. Ela continuou contando a história: "A Mercedes-Benz dos EUA precisou trabalhar com a Mercedes-Benz na Alemanha para chegar a uma solução para o problema. Então, quando acharam que tinham uma solução, precisaram pedir autorização para a Agência de Proteção Ambiental dos EUA. Em seguida, o nosso revendedor local da Mercedes, a Mercedes-Benz de West Chester, fez a mudança em um de seus veículos para ter certeza de que o conserto funcionava. Durante o processo inteiro eles mantiveram contato conosco, certificando-se de que tudo o mais em relação ao carro estivesse bem. Eles foram muito apologéticos. E quando finalmente conseguiram fazer o conserto, os problemas foram resolvidos." Por causa da resposta inicial rápida de apoio da MBUSA, da comunicação constante com o cliente, da resolução do problema e dos gestos do serviço de manutenção, Nancy concluiu: "Poderia ter sido uma experiência muito negativa, mas o processo e a comunicação... foi bastante aceitável. Acabou sendo uma boa experiência."

Na mesma linha, a Mercedes-Benz dos EUA adicionou recursos e reforçou a capacidade de resolução de problemas de clientes em outras áreas do apoio corporativo, incluindo a Central de Atendimento ao Cliente (CAC) – o braço (e voz) da marca e da área com a qual os clientes têm interface quando entram em contato com a sede da empresa. Os líderes da Mercedes-Benz primeiramente mudaram a filosofia na CAC para empoderar os atendentes da CAC e, em seguida, acrescentaram atendentes conforme a necessidade.

Em um passado não muito distante, a Central de Atendimento ao Cliente da Mercedes-Benz dos EUA respondia às reclamações de clientes com uma carta bastante impessoal que essencialmente dizia: "Este assunto pode ser tratado de forma melhor pelo seu revendedor." Além de insatisfatoriamente omissa, tal resposta muitas vezes agravava o problema de indivíduos que já tinham levado o assunto ou preocupação para a concessionária, sem sucesso. Karen Matri, então gerente do departamento de defesa do cliente na Central de Atendimento ao Cliente da MBUSA, explicou as mudanças de perspectiva e de processo que ocorreram: "Nós paramos de enviar cartas e começamos a oferecer soluções inovadoras. Trabalhamos no desenvolvimento de nossos atendentes para analisar todos os fatos de um caso, demonstrar empatia, orientar os clientes, chegar a um acordo conforme a necessidade e gerar soluções criativas." Bill Faulk, dono de um Mercedes-Benz contou como o acompanhamento coordenado e o empoderamento deu esse retorno em termos de fidelização do cliente: "Eu liguei para o número do atendimento ao cliente Mercedes-Benz e perguntei se havia descontos ou incentivos para os contratos de *leasing* em andamento. Eles disseram que não havia. Então comecei a desabafar, dizendo que a empresa deveria fazer algo para um cliente que queria continuar a ser cliente e não lhe oferecer a mesma proposta que qualquer um vindo da rua poderia obter. Deixei por isso mesmo e desliguei o telefone. Fui para o meu revendedor e fechei negócio para carro novo, conseguindo um preço que achei bom. Foi isso. Eu deveria pegar o carro na sexta-feira. Na quarta ou quinta-feira anterior, recebi um telefonema de alguém da Mercedes-Benz oferecendo-me um incentivo de US$2.000. Ele disse que a empresa me queria como cliente por toda a vida. Quer saber? Ele está certo. Por não pouparem esforços, por terem cuidado de mim e fazerem a coisa certa, eles têm um cliente para sempre. Quando o *leasing* deste carro estiver terminando, comprarei outro. Para mim, este foi um **'momento uau'**. Quem faz isso? Quando é que um telefonema para a central de atendimento resulta em alguém do escritório corporativo ligando para você? Isto simplesmente não acontece – nunca".

Histórias como essa compartilhada por Bill refletem momentos "uau" do cliente resultantes de uma mudança de empoderamento na Central de Atendimento ao Cliente Mercedes-Benz. Embora o atendente da CAC não pudesse resolver a necessidade do cliente logo de início, ele "defendeu os interesses" de Bill internamente e teve acesso a recursos que asseguraram a fidelidade do cliente. Mas uma mentalidade de defesa do cliente e maior empoderamento do funcionário não aumenta os custos da resolução de problemas dos clientes? Em minha experiência, esses tipos de preocupações frequentemente aparecem quando as marcas procuram administrar as "zonas cinzentas" das necessidades e exigências dos clientes de uma forma inovadora. No entanto, quando ocorre uma transição eficaz, os membros da equipe de atendimento ao cliente aprendem a contrabalançar as necessidades imediatas dos clientes com os objetivos mais amplos da empresa e a prudência financeira. Os membros da equipe aprendem que a compensação monetária é uma primeira resposta apropriada, mas logo descobrem maneiras de não compensar excessivamente os clientes. Em vez disso, procuram ouvir, compreender a necessidade do cliente, orientá-lo sobre o que é realista e encontrar maneiras inovadoras de criar soluções que sejam justas para o cliente e a empresa. Brandon Newman, gerente de processos em defesa do cliente, destacou: "Recebi a responsabilidade de criativamente entregar uma excepcional experiência do cliente. Quando estou ouvindo os clientes, escutando os revendedores e buscando por soluções, sempre pondero sobre o que o cliente necessita e como posso resolver essa necessidade utilizando os recursos apropriados. Quero fazer o que é certo para o cliente e ser um bom administrador dos ativos de nossa empresa. Muitas vezes, as soluções não têm nada a ver com dinheiro – elas envolvem garantir que um cliente seja ouvido, entendido e valorizado. Quando o dinheiro está envolvido, justiça e respeito são fundamentais. O componente maior desse respeito é fechar o ciclo com o cliente. Mesmo quando os clientes não conseguem tudo o que querem, eles precisam sentir que uma solução justa foi alcançada e encerrar o problema. Ouvi-los, compreendê-los e fazer um esforço concreto para obter uma solução justa faz com que os clientes se sintam encantados."

Karen Matri observou que as mudanças de empoderamento feitas na CAC certamente superaram todo e qualquer risco aparente. "Agora vemos soluções de problemas dos clientes que são oportunas, bem pesquisadas e alinhadas. Ao orientar nossos clientes, eles entendem os nossos critérios de boa-vontade e ficam menos chateados. Decisões rápidas sobre questões menos dispendiosas geram clientes maravilhados. O mais importante é que tenho orgulho do espírito criativo de nossos atendentes da CAC. Por exemplo, quando não houve uma solução para um veículo com oito anos de uso, fora da garantia, o nosso atendente aproveitou a oportunidade para encantar o cliente doando US$50 para um abrigo de animais No-Kill porque o cão do cliente passou oito anos maravilhosos no banco de trás deste carro."

Pensando bem... uma carta dizendo: "Este assunto pode ser tratado de forma melhor pelo seu revendedor" ou um *call center* bem equipado com funcionários empoderados procurando maneiras de se conectar, ouvir, criar empatia, orientar, inovar soluções e encantar os clientes. Qual dessas experiências você prefere? E mais importante ainda, como é a experiência de seus clientes? Para verdadeiramente ter sucesso na entrega de experiência do cliente, você não pode continuar funcionando com processos que foram originalmente concebidos para tornar mais fácil para **"você"** realizar negócios. Seu pessoal deve ser incentivado e empoderado para construir processos que tornem mais fácil para os **"clientes"** serem atendidos por você.

## Processos Superiores e Consistentes

Uma mudança na direção de processos centrados no cliente levou a alterações positivas na Central de Atendimento ao Cliente. Da mesma forma, mudanças filosóficas e melhorias de processo ocorreram em toda a rede de concessionárias Mercedes-Benz com relação a outro processo essencial, o serviço de veículo emprestado ou experiência de transporte alternativo. Eu utilizo a expressão transporte alternativo para refletir a forma como o programa foi muitas vezes chamado antes de uma mudança de mentalidade ter resultado naquilo que agora é conhecido como Programa de Veículo de Cortesia Mercedes-Benz.

Antes de 2012 e da evolução do Programa de Veículo de Cortesia não havia nenhuma forma consistente e uniforme de assegurar um veículo emprestado em toda a rede de concessionárias Mercedes-Benz. Em algumas concessionárias você podia deixar o seu Mercedes-Benz no departamento de serviços e sair com outro Mercedes-Benz "emprestado" enquanto o seu veículo era consertado. Em outros casos, seu carro emprestado não era um Mercedes-Benz. Nessas situações, o carro provavelmente era de outro fabricante que o grupo revendedor representava. O processo de obtenção de seu veículo emprestado também era altamente variável; alguns revendedores tinham um balcão de aluguel de automóveis em seu departamento de serviços, enquanto outros exigiam que seus clientes se dirigissem a um balcão de aluguel em algum lugar fora da concessionária. Em alguns casos o veículo emprestado era apresentado ao cliente de uma maneira bastante profissional; limpo e lavado, com uma garrafa de água no porta-copos e um tanque cheio de gasolina. Em outras situações, o cliente recebia as chaves de qualquer carro prontamente disponível, não importando as condições em que se encontrava.

Dada a natureza inconsistente das ofertas de carro emprestado nas concessionárias Mercedes-Benz, a liderança da MBUSA decidiu desenvolver um programa de veículo de cortesia que fornecesse uma experiência do cliente muito melhor. Para fazer isso acontecer, a MBUSA precisaria exigir que seus revendedores mantivessem uma frota de Mercedes-Benz de empréstimo especificamente para este fim. Em parceria com as concessionárias, a Mercedes-Benz dos EUA utilizou recursos existentes para cobrir parte dos custos de um novo Programa de Veículo de Cortesia, e os revendedores garantiram uma amostra representativa de modelos Mercedes-Benz (tanto básicos quanto topo de linha) para sua frota de cortesia para atender qualquer tipo de viagem, assento do carro, cadeira de bebê, reboque e outros fins para os quais os clientes utilizavam seus veículos.

Para assegurar o sucesso do programa, a equipe de apoio da MBUSA desenvolveu os processos e procedimentos necessários para executá-lo de forma consistente. Essas diretrizes incluíam definir a natureza da frota que os revendedores teriam à mão, a plataforma tecnológica necessária para gerir a frota, um processo simplificado para a entrega dos veículos de cortesia aos clientes e o processo pelo qual o carro emprestado seria devolvido ao varejo (como usado) e mantido neste mercado.

As mudanças feitas no Programa de Veículo de Cortesia encantaram os clientes. Steve H., proprietário de um Mercedes-Benz, contou, por exemplo: "O departamento de serviços na Beverly Hills Mercedes é incrível. Eu levei o meu carro para uma revisão programada e eles me deram um carro emprestado que era muito melhor do que o carro que eu trouxe para o serviço. Era um Classe E novinho em folha. Além de ter sido um gesto simpático, foi também uma grande ferramenta de *marketing* para alguém que estava quase terminando os pagamentos de seu carro atual." As mudanças no Programa de Veículo de Cortesia resultaram em uma experiência mais consistente em toda a rede de concessionárias. No caso de Steve, o empréstimo também o seduziu a pensar na compra de um carro novo, o que poderia estar fora do que normalmente teria considerado.

A evolução de uma experiência de transporte alternativo extremamente variável para um Programa de Veículo de Cortesia Mercedes-Benz consistente e conveniente não teria sido bem-sucedida sem todas as peças fundamentais discutidas nos capítulos anteriores (uma visão convincente de ser um provedor de experiência do cliente de classe mundial, ações da liderança que incutiram a confiança entre a MBUSA e a comunidade de revendedores, e esforços para engajar e inspirar os funcionários, tanto na Mercedes-Benz dos EUA quanto em toda a rede de concessionárias). De forma semelhante, sem um consistente Programa de Veículos de Cortesia em funcionamento, a Mercedes-Benz dos EUA não teria conseguido assumir desafios bem mais complexos em relação aos clientes, como uma plataforma integrada de agendamento *on-line* chamada Digital Service Drive (mais detalhes sobre isso no Capítulo 10). Além disso, os líderes da Mercedes-Benz dos EUA não teriam conseguido obter êxito no fornecimento de experiências consistentes de veículo emprestado se não tivessem financeiramente investido junto com seus parceiros revendedores.

A abordagem que os líderes da Mercedes-Benz dos EUA adotaram na criação do Programa de Veículo de Cortesia se aproxima bastante de sua resposta para outro produto: manutenção pré-paga. A criação do programa de manutenção pré-paga e seus processos associados foram inspirados, em parte, por uma necessidade dos clientes que estava sendo atendida por alguns concorrentes da Mercedes-Benz que afirmavam oferecer "manutenção grátis". Em vez de correr para oferecer um programa semelhante, os líderes da Mercedes-Benz dos EUA procuraram criar uma série de ofertas e processos relacionados que estivessem em linha com sua visão geral de ser um provedor de experiência do cliente de classe mundial. Por esse filtro, o programa de manutenção pré-paga teria de responder ao desejo de escolha do consumidor, transparência de preço e opções baseadas no valor (com economia de até 30% em comparação com a compra de manutenção na hora), e pacotes que fossem personalizados para diferentes formas de dirigir dos clientes e as exigências específicas de cada veículo. Como os programas de manutenção "grátis" são grátis somente no nome (os custos de manutenção estão embutidos no preço de compra "abaixo da tabela" do veículo) e normalmente têm exclusões substanciais, os líderes da Mercedes-Benz conceberam um programa dentro de seu desejo de oferecer aos clientes um cuidado verdadeiramente livre de preocupações. Este cuidado viria deixando visível o que os clientes estavam exatamente pagando (algo que é cada vez mais importante para os segmentos de clientes mais jovens) e garantia de que os serviços cobertos não resultariam em eventuais taxas ocultas adicionais.

Os líderes da Mercedes-Benz sabiam que os clientes gostam de uma mensagem honesta sobre custos de manutenção e de um conjunto claro e robusto de opções pré-pagas de manutenção. De fato, no ano seguinte ao lançamento do programa de manutenção pré-paga da Mercedes-Benz (e todos os anos desde então), os resultados J.D. Power mostram índices de satisfação mais elevados com o programa da Mercedes-Benz dos EUA do que com as chamadas alternativas grátis. Esses resultados confirmam que a liderança da Mercedes-Benz preencheu uma lacuna para os clientes dando-lhes a possibilidade de obter opções de preços razoáveis para dirigir sem preocupações.

Do meu ponto de vista, a mentalidade e os processos envolvidos no desenvolvimento do programa de manutenção pré-paga Mercedes-Benz são muito consistentes com inovações em outros setores de atividade, como o programa Amazon Prime. Na Amazon, os clientes tradicionalmente passavam por uma contrariedade recorrente no final de cada compra – o pagamento dos custos de entrega. Assim, um programa de valor de frete "pré-pago" reduziu essa irritação recorrente e deu vantagens econômicas no preço para aqueles que faziam o pagamento prévio. Pesquisa realizada pelo Consumer Intelligence Research Partners sobre o programa Amazon Prime mostrou que o Prime não só melhorou a fidelidade do cliente, como resultou em clientes Prime gastando em média US$1.500 com a Amazon em dezembro de 2014. Isto representa US$625 a mais do que gastam os clientes que não são Prime.

Quando você olha para seu negócio, há partes da experiência do cliente que são repetitivas ou desagradáveis? Isto pode ser tão simples como fazer seu cliente repetir o nome e necessidade de serviço para cada nova pessoa que encontra em vez de ter essa informação facilmente compartilhada internamente através de um processo revisado. Além disso, como você poderia agrupar – e precificar – opções de serviços que eliminem aborrecimentos ou forneçam um nível superior de cuidados? Pense nisso como o "passe livre" em um parque de diversões, onde os visitantes podem optar por pagar mais para pular a espera e ficar na frente da fila. Como programas desse tipo poderiam aumentar a fidelidade de seus clientes e aumentar os gastos com sua empresa?

## Eu Quero Tecnologia – Eu Quero Dispositivos Móveis

Sem dúvida, os veículos Mercedes-Benz são maravilhas tecnológicas, nascidos de um legado de inovação de engenharia. Mas mesmo com todos os sistemas de ponta e de alta tecnologia que estão a bordo do Mercedes-Benz, não faz muito tempo que as concessionárias que vendiam e faziam manutenção nesses carros tinham uma verdadeira escassez de tecnologia em áreas voltadas para o cliente. Isso está prestes a mudar com o foco do pessoal corporativo em atualizar processos e tecnologias que estão fora de sintonia com as necessidades e expectativas dos clientes.

Para começar a jornada na direção de uma presença tecnológica mais consistente nas concessionárias, a Mercedes-Benz dos EUA apresentou a iniciativa Rede de Revendedores Digitais em 2010. Por este programa os revendedores precisavam comprar uma tela de monitor de alta definição e instalá-la em seus *showrooms*. O monitor era conectado à Intranet da Mercedes-Benz que permitia atualizações de vídeo sobre produtos Mercedes-Benz a serem baixados na tela. Dada a interatividade das telas sensíveis ao toque, um vendedor podia criar um veículo em conjunto com o cliente antes mesmo de ele entrar na loja ou fazer um *test drive*. Em essência, a tecnologia facilitava uma conversa a respeito das necessidades do cliente e servia para moldar um entendimento sobre o que o cliente estava buscando em um veículo Mercedes-Benz. Além disso, o vendedor podia rapidamente e de forma interativa apresentar opções de veículos que pudessem interessar ao cliente. Em essência, essas grandes telas interativas no *showroom* facilitava a avaliação das necessidades de um consumidor, o exame dos produtos e a habilidade de vender um veículo antes mesmo de fazer um test drive.

Com o surgimento da tecnologia de *tablet* em 2011-2012, a Mercedes-Benz mudou seu foco dos monitores da Rede de Revendedores Digitais para uma iniciativa de *iPad* no revendedor e aplicativos de produtos para o *iPad*. Além disso, muitas das opções de "construa o seu próprio" veículo migraram para o *site* da Mercedes-Benz dos EUA, pois o comportamento de compra dos clientes cada vez mais começava *on-line*, antes de uma visita ao *showroom*. Em apoio às tecnologias *tablet*, a MBUSA solicitou que os revendedores comprassem um determinado número de *iPads* com base em seu volume de vendas. Esses *tablets* eram usados em diversas etapas do processo de vendas. No lançamento da iniciativa *iPad*, dois aplicativos de produtos estavam disponíveis; aplicativos adicionais foram sendo disponibilizados na sequência para praticamente todos os modelos Mercedes-Benz. Os líderes da Mercedes-Benz dos EUA incentivaram as concessionárias a usar esses aplicativos para explicar as características do produto – especialmente os recursos difíceis de demonstrar ao vivo, como o Blind Spot Assist ("Assistência para Ponto Cego", em tradução livre).

As concessionárias rapidamente adotaram a tecnologia móvel, comprando bem mais *iPads* que a MBUSA havia solicitado. Resultados da pesquisa J.D. Power sugerem que os clientes valorizam significativamente o uso da tecnologia *iPad* durante a experiência de vendas de automóveis e até mesmo gastam mais dinheiro em um veículo quando são utilizados esses tipos de tecnologia.

Dado o sucesso da implantação da tecnologia de *tablet* em apoio ao processo de vendas, os líderes da Mercedes-Benz dos EUA mantêm um desenvolvimento contínuo de formas de utilizar a tecnologia móvel para melhorar as experiências do cliente ao longo de toda a sua jornada. Por exemplo, o aplicativo Mercedes-Benz USA Dealer Delivery ("Entrega do Revendedor da Mercedes-Benz dos EUA", em tradução livre), que passou por várias atualizações, foi criado para estabelecer uma abordagem consistente para explicar os benefícios da marca e características do veículo no momento em que um cliente vem pegar seu carro. As apresentações fornecidas por meio do aplicativo são específicas para o modelo e pacote de equipamentos do cliente. Um recurso de "encantamento" do aplicativo inclui a possibilidade de tirar uma foto do cliente com o seu novo Mercedes-Benz e enviar automaticamente um *e-mail* no final do processo de entrega. Este *e-mail* personalizado inclui explicações adicionais sobre as características do veículo e *links* para vídeos "Como Fazer" no *site* MBUSA.com. Esses vídeos, por sua vez, fornecem informações ainda mais detalhadas para o cliente consultar conforme a sua conveniência. Kristi Steinberg, na época gerente de departamento do desenvolvimento de negócios de varejo da MBUSA, comentou que o sucesso do aplicativo de Entrega "resultou em melhorias notáveis no nosso índice interno de experiência do cliente e em nossas pontuações no J.D. Power Sales Satisfaction Index (Índice de Satisfação de Vendas da J.D. Power). A tecnologia certa disponível no momento certo implantada pelas pessoas certas foi uma fórmula vencedora para nós."

Esta combinação de ter a "tecnologia certa disponível no momento certo implantada pelas pessoas certas" continua a evoluir nas concessionárias da Mercedes-Benz. Por exemplo, os líderes da MBUSA estão buscando maneiras de integrar perfeitamente soluções tecnológicas apropriadas durante as experiências dos clientes de financiamento e serviços. Como as soluções complexas de serviços integrados serão discutidas em detalhes no próximo capítulo, oferecerei apenas mais um exemplo de como a tecnologia *tablet* e o aplicativo de financiamento e seguro (F&I, na sigla em inglês) foram implantados para agilizar e enriquecer a jornada F&I nas concessionárias da Mercedes-Benz.

Greg Gates, na época gerente sênior de *marketing* na Mercedes-Benz Financial Services, descreveu a ideia por trás do aplicativo F&I: "Nossos clientes tinham vidas ocupadas e a última coisa que queriam fazer é sentar e esperar que um gerente financeiro fique disponível. Quando criamos o aplicativo no iPad, queríamos valorizar o tempo dos nossos clientes, fornecer-lhes informações úteis e dar-lhes algo divertido – ou pelo menos diferente – para usar enquanto de outra forma ficariam esperando. Em vez de tomar o tempo do cliente para responder perguntas verbais que podemos recolher digitalmente, o gestor F&I pode mais eficazmente elaborar opções financeiras que melhor se adaptem à necessidade do cliente." Com a introdução do aplicativo, os clientes recebiam *iPads* (com um menu de conteúdo e formulários digitais relacionados com o F&I). Depois de fornecer digitalmente as informações financeiras necessárias, o cliente se dirigia para a sala de um gerente financeiro que havia recebido e analisado as informações e podia personalizar empréstimos, *leasing*, pagamentos e outras opções de forma ágil. Em um curto período de tempo, a Mercedes-Benz passou de possuir uma limitada tecnologia voltada para o cliente em suas concessionárias, para ser o fabricante reconhecido pela J.D. Power como líder do setor no uso de *iPads* e outras ferramentas tecnológicas com mais frequência tanto em vendas quanto em serviços.

A implementação de novos produtos, processos e tecnologias é sempre repleta de desafios, não sendo o menor deles o de continuamente atualizar e aprimorar as plataformas tecnológicas. Como era previsível, muitos dos processos e interações tecnológicas na Mercedes-Benz continuam a evoluir e provavelmente serão substituídos por uma nova geração de inovações. Sabiamente, os líderes da Mercedes-Benz aproveitam inovações de processo e tecnologia consistentes com a orientação dada por Tim O'Reilly, o especialista em computadores que popularizou a expressão **código aberto.** Tim sugere: "O que a nova tecnologia faz é criar novas oportunidades para realizar um trabalho que os clientes querem que seja feito." Na Mercedes-Benz, a tecnologia de experiência do cliente não está lá por causa da tecnologia em si; ela está presente para gerar encantamento a consumidores cada vez mais conhecedores de tecnologia.

Quando você analisa o seu negócio, pessoas boas estão à mercê de processos ruins, ou o seu pessoal foi incentivado e empoderado para conduzir mudanças centradas no cliente? Os seus clientes passam pela experiência de soluções mais personalizadas e maior facilidade de fazer negócios com você? Você atualiza suas tecnologias voltadas para o cliente para permanecer relevante e fazer o trabalho que os seus clientes querem que seja realizado?

## ELEMENTOS BÁSICOS PARA PROPORCIONAR O ENCANTAMENTO

➤ A inovação é o seu único seguro contra a irrelevância.

➤ Quando pessoas boas encontram processos ruins, os processos ruins não devem vencer. Quando as pessoas observam a visão de uma mudança transformadora compartilhada por líderes seniores e são incentivadas a modificar processos e aproveitar a tecnologia, a mudança bem-sucedida é alcançável.

➤ Os processos de entrega de serviços muitas vezes mudam mais lentamente do que os consumidores. Avalie quão bem seus programas de serviços e produtos atendem as necessidades das novas e antigas gerações de consumidores.

➤ Antes de pensar em atualizações tecnológicas, você avaliou a atração básica de seu ambiente físico?

➤ Aumentar o quadro de pessoal não resulta necessariamente em melhoria das experiências do cliente. No entanto, em alguns casos, a melhoria das experiências do cliente não pode ser alcançada sem contratar mais pessoas nas funções de serviço e apoio.

➤ Muitas vezes o maior impacto na experiência do cliente não ocorre em função de mais pessoal, mas sim por causa de uma mudança de perspectiva que permita que os funcionários existentes sejam empoderados para inovar soluções em resposta às zonas "cinzentas" da necessidade do cliente.

➤ Funcionários bem treinados e empoderados contrabalançam as necessidades dos clientes com os objetivos mais amplos da empresa e a prudência financeira, criando assim ganhos tanto para o cliente quanto para a empresa.

➤ Tecnologias eficazes voltadas para o cliente educam, envolvem e agilizam os processos de serviços.

➤ Analise os seus processos de serviços do ponto de vista de seus clientes para identificar aborrecimentos recorrentes encontrados por eles. Considere dar-lhes a oportunidade de pagar antecipadamente os custos a fim de eliminar alguns desses aborrecimentos. Utilize o Amazon Prime ou a manutenção pré-paga da Mercedes-Benz como exemplos para alimentar a sua criatividade.

➤ Você está adicionando tecnologia pelas razões certas? Você vê a tecnologia como criando novas oportunidades para realizar trabalhos que seus clientes querem que sejam feitos?

sos veículos, devendo também representar as pessoas
s deles guiados pelo **encantamento** não é apenas uma f
m caminho, uma promessa, uma crença. É um **compror**
criar **relacionamentos** positivos. De fazer as pessoas sor
e deixá-las com um sentimento de total **confiança**. guiados
antamento significa tratamento pessoal **excepcional**.
brete de que a jornada nunca está completa. Que há sempre

*"A complexidade que funciona é construída a partir de módulos que funcionam perfeitamente, em camadas uns sobre os outros."*

—Kevin Kelly

s deles guiados pelo **encantamento** não é apenas uma
m caminho, uma promessa, uma crença. É um **compro**
criar **relacionamentos** positivos. De fazer as pessoas so

# 10

# Integração de Processos em Soluções para Toda a Empresa

Se você foi um fã do seriado de televisão *Seinfeld*, provavelmente deve se lembrar de uma cena em que dois dos principais personagens do programa, Jerry e Elaine, se aproximam de um balcão de aluguel de automóveis para pegar um carro de tamanho médio. O atendente da locadora confirma a reserva de Jerry, mas diz que não há carros de tamanho médio disponíveis. Jerry fica confuso e explica que ele fez uma reserva e que uma reserva deveria deixar um carro de tamanho médio disponível. Depois de algumas brincadeiras adicionais,

Jerry resume a situação em poucas palavras observando que embora a empresa seja ótima para fazer uma reserva, "simplesmente não sabem como segurar um carro para atender a reserva".

Muitas falhas na experiência do cliente – como a reserva sem carro de Jerry – resultam de organizações, lacunas de processos ou sistemas tecnológicos que não estão integrados para ajudar os clientes a passar pelas etapas do negócio. Os sistemas de reserva *on-line* de aluguel de carro podem funcionar perfeitamente, mas quando o veículo não está disponível o cliente não se importa se foi fácil reservar o carro *on-line*.

Este capítulo analisa uma série de maneiras pelas quais os líderes da Mercedes-Benz fizeram melhorias na experiência do cliente – não tentando cuidar de um ponto problemático específico durante uma transação, mas alinhando pessoas, processos, tecnologia e sistemas. É através deste esforço que a Mercedes-Benz tem proporcionado interações simplificadas com os clientes.

Da minha perspectiva como consultor de experiência do cliente, os tipos de plataformas humanas e de tecnologia integradas discutidas neste capítulo representam as melhores abordagens para a excelência na experiência do cliente. Embora existam inúmeros exemplos que poderiam ser discutidos, este capítulo analisará como grupos de pessoas na Mercedes-Benz se reúnem para oferecer experiências harmoniosas e agradáveis.

O filósofo e historiador Bertrand Russell observou que é saudável "colocar um ponto de interrogação em coisas que por muito tempo são tidas como certas". Ao trabalhar com os líderes da Mercedes-Benz dos EUA tive a oportunidade de colocar alguns pontos de interrogação durante sua jornada de transformação da experiência do cliente. Algumas das perguntas que fiz em 2013 repercutiram fortemente em Gareth Joyce, vice-presidente de serviços ao cliente, e sua equipe.

Especificamente, pedi para Gareth analisar as melhorias que haviam sido feitas até agora e determinar quais delas produziram mais do que um progresso incremental. Considerando que os líderes da MBUSA buscavam o futuro da experiência dos clientes, como eles poderiam administrar a marca de forma fundamentalmente diferente, inovadora, nova ou pioneira?

Quando se tem a sorte de fazer aos líderes certos as perguntas certas no momento certo, é incrível como surgem soluções criativas. No entanto, nunca tinha visto em minha carreira de consultor a magnitude de inovações que foram desencadeadas na MBUSA. Grande parte do restante deste livro analisa iniciativas fundamentalmente diferentes – e inovadoras – como o MB Select e o Digital Drive Service.

## MB Select

Tylden Dowell, ex-especialista em experiência do cliente na Mercedes-Benz dos EUA, descreve o MB Select como um grupo de iniciativas originalmente criadas a partir da premissa: "A resposta é sim; agora, qual é a pergunta?". O MB Select foi iniciado no outono de 2013 para apoiar o lançamento de dois veículos: o CLA, que passou a ser o novo carro mais acessível para a marca Mercedes-Benz e o redesenhado carro-chefe, o Mercedes-Benz Classe S. Os principais componentes do MB Select eram: (1ª) uma força-tarefa multifuncional que se reunia diariamente durante períodos críticos de lançamento de veículos para de forma proativa acompanhar, monitorar e resolver (dentro de 24 horas) qualquer problema que pudesse afetar negativamente a experiência dos clientes e (2ª) uma provisão de recursos monetários que foi disponibilizada para "encantar" os clientes após a compra de um CLA ou Classe S.

Os participantes da equipe multifuncional de "resposta rápida" representavam praticamente todos os aspectos do negócio automotivo; estavam incluídos o presidente e CEO Steve Cannon, o vice-presidente de vendas Dietmar Exler, o vice-presidente de serviços ao cliente Gareth Joyce, assim como representantes de vendas, profissionais de finanças e seguros, participantes das concessionárias, equipe de apoio técnico de campo e indivíduos da equipe de Experiência do Cliente. Apesar de seus vários cargos, os membros da equipe atuavam como iguais. Do ponto de vista de processo, o grupo se reunia todos os dias durante o período de lançamento do veículo. O grupo acompanhava de perto as mensagens em mídias sociais, pesquisas com clientes e dados do departamento de serviços, analisando quaisquer problemas que viessem à tona repetidamente nesses veículos recém-lançados. Quando os problemas surgiam, o grupo não procurava atribuir culpas e sim tentava encontrar soluções; para esse fim, os participantes deveriam pesquisar os problemas que tocassem suas áreas e fornecer respostas para seus colegas de equipe na reunião do dia seguinte. As decisões eram tomadas rapidamente com base em informações colhidas de todas as formas disponíveis a partir de dados, *feedback* dos clientes e contribuições dos revendedores e representantes de campo da Mercedes-Benz.

Um excelente exemplo de como a equipe de resposta rápida atuava e dos resultados gerados por ela, está na resposta corporativa à ausência no CLA dos "pedais de chão em alumínio escovado e borracha antiderrapante". Listado como um acessório do pacote de opções da Edição 1, os pedais de chão acrescentavam um toque esportivo ao interior do veículo, condizente com seu estilo exterior característico. A equipe de resposta rápida ficou sabendo que os primeiros veículos CLA da Edição 1 não tinham, de fato, os pedais emborrachados, embora o acessório aparecesse listado nos adesivos do para-brisa. Os adesivos estavam incorretos.

Em lançamentos do passado, quando o estilo dos pedais do veículo não fosse uma questão de segurança (e os pedais emborrachados do CLA não eram), uma postura mais reativa poderia ter sido considerada apropriada. Os primeiros compradores sem os pedais emborrachados que estavam esperando provavelmente receberiam um pedido formal de desculpas e algo como um vale presente iTunes em função da inconveniência. No caso em questão, no entanto, a equipe de resposta rápida utilizou todos os recursos dentro da empresa para garantir que dali em diante, todo adesivo incorreto do CLA fosse substituído por um correto. Além disso, a equipe encontrou uma solução viável para o número muito pequeno de indivíduos que adquiriram veículos da Edição 1. Em vez de uma solução de reparação como um vale presente iTunes, a equipe assegurou um suprimento de pedais emborrachados (que era uma característica da versão AMG do CLA) e os instalou nos veículos afetados. Utilizando o conhecimento coletivo, a velocidade de resposta e a desenvoltura dos membros da equipe, uma frustração generalizada dos clientes foi evitada e uma reparação relevante foi alcançada.

Além de desenvolver soluções ágeis para os problemas que surgissem, a equipe de resposta rápida conseguia reunir diferentes partes do negócio automobilístico. Os líderes da Mercedes-Benz conseguiam reagir com agilidade ao *feedback* de clientes e revendedores. Os participantes da equipe de resposta rápida não estavam representando os seus departamentos corporativos – eles estavam representando as necessidades imediatas de clientes do CLA e do Classe S.

Hoje em dia nos negócios, muitos atrasos de serviços aos clientes acontecem porque os funcionários temem a punição por qualquer problema que ocorra quando buscam uma solução para o cliente. Muito tempo é gasto justificando as ações e evitando a culpa. A desconfiança corporativa permeia cada área de trabalho – como se as pessoas em outro departamento fossem menos responsáveis ou tivessem uma falta de compromisso. Os líderes têm uma oportunidade de quebrar esses silos geográficos ou departamentais através do desenvolvimento de equipes multifuncionais com o objetivo comum de encontrar soluções rápidas e eficazes para o cliente. A sua empresa consegue eliminar os silos que ocorrem naturalmente e que interferem na resposta sistêmica rápida? Você observa os funcionários justificando e defendendo suas ações através de longos tratados por *e-mail*, ou o seu pessoal fica acima do jogo de achar culpados para rápida e coletivamente se concentrar em soluções que melhorem a experiência do cliente ou a reparação do problema?

O segundo componente fundamental do MB Select era fazer com que os recursos financeiros ficassem disponíveis para atender as necessidades dos clientes do novo CLA e Classe S. Steve Cannon explicou a lógica por trás desta parte importante da solução integrada: "Eu estava voltando da Alemanha depois de fazer reuniões com alguns dos engenheiros de produto do Classe S. Eles disseram que em todos os produtos, poderia haver alguns problemas iniciais. Então, comecei a pensar em como poderíamos enfrentar esses problemas ocasionais no lançamento do **melhor automóvel do mundo** e assegurar aos revendedores e clientes que nós na MBUSA temos verdadeiramente o compromisso de fornecer a melhor jornada de experiência do cliente. Ao longo dos anos, temos ouvido de clientes e revendedores que eles queriam que os problemas fossem resolvidos imediatamente e não ficar esperando por respostas vindas da escala hierárquica da Mercedes-Benz dos EUA. Assim, o MB Select seria uma forma de nós, coletivamente, tentarmos aprimorar nossas ações. Por que não dar aos revendedores o poder de fazer imediatamente a coisa certa para um cliente do Classe S em vez de levar duas semanas para resolver um problema conosco? Isso nos levou a criar um pacote de boa vontade para o lançamento do Classe S e também para o do nosso CLA."

O "pacote de boa vontade" a que Steve Cannon estava se referindo era uma alocação de recursos financeiros voluntários significativos para serem aplicados em cada automóvel Classe S e CLA. Os revendedores poderiam utilizar esses recursos fornecidos pela Mercedes-Benz dos EUA – sem condições preestabelecidas – caso a caso, para responder imediatamente à necessidade de um determinado cliente e/ou para melhorar a experiência geral do cliente. Embora os revendedores tivessem que documentar a utilização desses recursos, nenhuma permissão era exigida e nenhum pedido de reembolso era questionado. Em essência, os revendedores recebiam o poder de arbítrio e autoridade para utilizar os recursos da empresa, quando necessário, para enriquecer a experiência dos compradores do CLA e do Classe S.

A menos que seu negócio esteja estruturado de forma diferente do meu, você deve estar se perguntando de onde vinham todos esses recursos. Como você deve se lembrar, mencionei no Capítulo 3 as economias feitas pelo processo de planejamento estratégico de Gareth Joyce ao realinhar os recursos associados com o programa Roadside Assistance. As economias resultantes desta mudança de escopo foram canalizadas para o MB Select. Outros esforços de redução de custos associados com a eficiência na entrega de peças também disponibilizaram recursos para o programa MB Select. Recursos (e orçamentos) são finitos, de modo que grandes líderes encontram diferentes maneiras de utilizar seu pessoal e dinheiro para poder maximizar a rentabilidade, a sustentabilidade e a fidelidade do cliente.

Dados os benefícios da equipe de resposta rápida e do pacote de boa vontade, ambos os programas foram ampliados muito além dos lançamentos do CLA e do Classe S. Por exemplo, a equipe de resposta rápida é agora reunida para cada lançamento Mercedes-Benz, mas também se reúne entre os lançamentos para tratar de problemas relativos aos veículos existentes. A equipe ouve constantemente a opinião dos clientes nas mídias sociais e solicita informações dos revendedores e da equipe de campo. Do mesmo modo, a alocação de recursos financeiros discricionários da MBUSA foi ampliada para todos os veículos Mercedes-Benz.

O MB Select tem sido aceito positivamente pelos revendedores, conforme ficou evidenciado pelos comentários de indivíduos como Pat Evans, gerente de serviços da Mercedes-Benz de Virginia Beach, que observou: "O MB Select é um programa maravilhoso, permitindo-nos total liberdade para usar os recursos designados para fazer as coisas certas para os clientes, para lhes iluminar o dia ou para surpreendê-los. Podemos utilizar o MB Select para consertar um carro ou para resolver inconvenientes – sejam eles causados por nós ou não. Em essência, o MB Select nos ajuda a fornecer o mais alto nível de cuidados e a exceder as expectativas dos clientes."

O gerente geral da Mercedes-Benz de Alexandria, Pete Collins, compartilhou um exemplo de como os recursos de boa vontade do MB Select foram utilizados em sua concessionária como parte da resolução de uma situação bastante infeliz: "Nós tivemos um cliente que estava em trânsito. Ele havia comprado um novo *coupé* Classe C em sua cidade na Flórida. Durante uma viagem interestadual, seu motor começou a fazer um barulho estranho e ele trouxe o carro para nós em Alexandria, na Virgínia. Nós liberamos um veículo de cortesia e nosso técnico de serviços fez um teste na estrada para tentar reproduzir a reclamação do cliente. Durante este teste na estrada, nosso técnico sofreu uma batida na lateral do carro do cliente. O para-choque dianteiro foi arrancado do carro novo que o cliente havia comprado há menos de uma semana. Como você pode imaginar, ele ficou compreensivelmente furioso. Depois de o acalmarmos, ele disse que não queria mais esse veículo específico. Embora seu contrato de *leasing* já estivesse em vigor, tentei achar um veículo em nossa concessionária que pudesse substituir o do cliente, mas não conseguimos encontrar um para atendê-lo. Acabamos ampliando o prazo de uso do nosso veículo de cortesia, consertando o carro danificado colocando um para-choque totalmente novo e embarcando-o de volta para a Flórida, onde o revendedor trocou os veículos para o cliente. O MB Select oferece apoio aos revendedores para fazer a coisa certa e nos incentiva nas concessionárias a colocar o nosso dinheiro na equação em parceria com o investimento que a MBUSA fez no programa."

As formas inovadoras com que os clientes ficam encantados pelo programa MB Select são narradas e compartilhadas mensalmente por toda a comunidade de revendedores. Periodicamente, as "melhores dentre as melhores" histórias de satisfação do cliente são selecionadas e reconhecidas. Aqui estão alguns exemplos:

"O GLK da nossa cliente recentemente deixou-a na mão na via expressa. Acontece que ela estava com quase nove meses de gravidez e a caminho do seu chá de bebê. Nós imediatamente enviamos dois motoristas e entregamos um carro emprestado para ela, lá mesmo na via expressa. A cliente ficou encantada ao encontrar, no veículo emprestado, uma sacola de presente da Mercedes-Benz cheia de roupas de bebê, cobertores e um ursinho de pelúcia que havíamos rapidamente pegado na loja de presentes da concessionária. Também enviamos uma cesta de doces para seu chá de bebê para que todos os convidados aproveitassem! Nossa cliente afirmou que agora é uma cliente fiel, por toda a vida, de nossa concessionária e da Mercedes-Benz."

"Um cliente novo recentemente entrou em nossa área de serviços com um problema, e nós lhe fornecemos um transporte alternativo. Eu notei uma cadeira de bebê no banco de trás e o vendedor me informou que o nosso cliente tinha um filho de quatro anos de idade que amava a Mercedes-Benz tanto quanto o seu pai. Nós consertamos o veículo e lhe devolvemos antes do feriado de Natal. Pegamos uma Mercedes-Benz vermelha de brinquedo no setor de Acessórios, embrulhamos o presente e o colocamos sob a árvore no *showroom*. Quando o nosso cliente veio pegar o carro, nós lhe contamos que havia algo para seu filho sob a árvore. Ele ficou visivelmente emocionado."

"Recentemente ajudamos um novo cliente com uma luz de verificação do motor em seu CLA. Ela se acendeu apenas dois dias depois do carro sair da concessionária. Quando o veículo estava em conserto, aconteceu de conversarmos sobre este cliente específico com o vendedor. Descobrimos que o cliente tinha perguntado sobre a estrela da Mercedes-Benz iluminada na grade frontal do radiador de seu CLA; não estava disponível no estoque no momento da compra. Decidimos fazer um pedido especial da estrela e a instalamos no carro. Entregamos o CLA de volta para o nosso cliente ao anoitecer, com a estrela iluminada enquanto ele se aproximava. Seu rosto brilhava mais do que a estrela! Ele ficou muito feliz com o fato de termos nos lembrado de seu interesse pelo acessório e por termos instalado como uma surpresa. Agora temos um cliente para sempre!"

As concessionárias pegaram os recursos do MB Select e os aumentaram com recursos próprios para "fazer a coisa certa" para os clientes. Através do MB Select, a liderança da MBUSA enfatizava que conseguir clientes Mercedes-Benz para a vida toda é bem mais importante do que simplesmente gerar lucro nas transações de hoje.

Embora não seja facilmente monetizado, investir na fidelidade do cliente através de programas/iniciativas como o MB Select pode, às vezes, produzir resultados imediatos. Ocasionalmente, as histórias surgem por toda a rede de concessionárias. Um exemplo é um novo comprador do Classe S que teve a porta riscada em um estacionamento. Ao trazer o carro para a concessionária, ele imaginou que seria cobrado pelo conserto. Além de ser usado para consertar a porta, o dinheiro do MB Select serviu para comprar itens com logo da Mercedes-Benz que foram colocados no veículo após a conclusão do conserto. Pouco tempo depois de ter ficado "encantado" com o padrão inesperado do serviço, este homem veio e comprou outro Classe S para a sua esposa.

O objetivo final do MB Select, no entanto, não é incentivar vendas de curto prazo, e sim o de proporcionar uma experiência de classe mundial condizente com o luxo e a engenharia dos produtos fornecidos pela marca. No contexto dessa experiência, os custos de curto prazo devem ser encarados como investimentos em fidelização em longo prazo. Diz o provérbio: "Você tem que concretizar com atos aquilo que você diz". O dinheiro investido no MB Select é uma evidência de que a MBUSA está investindo em ações que apoiam as aspirações da empresa de proporcionar uma **experiência de classe mundial**.

Mesmo que você não tenha recursos substanciais para gastar na melhoria da experiência do cliente, pequenos investimentos podem fazer a diferença. Como inspiração, pense nos hotéis independentes que oferecem um mapa aos hóspedes com os restaurantes próximos e recomendações da equipe, ou lojas de varejo que oferecem aos clientes uma bebida de cortesia enquanto compram. Caso tenha um mecanismo para rastrear os padrões de fidelidade e compra de seus clientes, você pode ajustar os investimentos na melhoria de seu serviço e na correção das falhas de serviços aos gastos comprovados dos clientes. Exemplos desses tipos de investimentos incluem clientes fiéis de lavagem a seco recebendo entrega grátis em casa ou compradores fiéis de uma galeria de arte sendo convidados para uma exposição exclusiva. Se um investimento na satisfação do cliente é uma prova do compromisso assumido pela empresa de ser centrada no cliente, que prova você pode apontar no caso de sua empresa?

## mbrace

No Capítulo 9, falamos como a Amazon eliminou pontos problemáticos e aumentou os gastos dos clientes ao desenvolver o programa Amazon Prime. De modo semelhante, a Amazon foi elogiada em 2013 por criar um recurso de conversa ao vivo nos *tablets* Kindle Fire através de uma função que a empresa chamou de "Mayday". Em uma análise feita pela *PC Magazine* sobre o Mayday, Sascha Segan elogiou a rica integração de tecnologia de ponta com componentes de serviços humanos: "O Mayday é o recurso mais chamativo dos novos *tablets*. Ao apertar um botão no menu de opções, você pode iniciar uma conversa em vídeo com um representante do pessoal de suporte da Amazon que tem a possibilidade de controlar o seu *tablet*". Sascha seguiu descrevendo como o pessoal de suporte da Amazon pode pressionar botões virtuais e entrar no *tablet* do cliente. Além disso, esses representantes fazem mais do que responder às perguntas dos clientes. Eles frequentemente atuam alimentando a descoberta do cliente ao fazer sugestões de livros para ler e aplicativos para emprestar no Kindle Fire. De acordo com Sascha, a Amazon estabeleceu como meta "não mais de 15 segundos de tempo de espera para qualquer pessoa que solicitar assistência Mayday". O Mayday está em consonância com um tipo de integração homem/tecnologia desenvolvida pela Mercedes-Benz chamada mbrace.

Aproveitando os avanços em telemática (um campo interdisciplinar que inclui telecomunicações, segurança na estrada, engenharia elétrica e ciência da computação), os veículos Mercedes-Benz permitem a comunicação para além de um simples "pedido de socorro" ou botão de resposta de emergência, incluindo um conjunto de produtos que fornecem um verdadeiro serviço tipo recepção de hotel (*concierge*). Embora alguns veículos Mercedes-Benz já viessem equipados com tecnologia mbrace (segurança, emergência e assistência em viagem) desde 2009, atualizações foram introduzidas no modelo 2013 para implantar uma nova geração tecnológica e garantir que todos os veículos Mercedes-Benz pudessem ter o mbrace como um **recurso gratuito** durante os primeiros seis meses após a compra.

Em seu formato básico, o mbrace propicia aos clientes a segurança de saber que um agente especialmente treinado da Mercedes-Benz irá rapidamente enviar um técnico da empresa para atender às necessidades de assistência na estrada. Este mesmo agente pode acionar o pessoal de emergência em resposta ao toque do botão pelo motorista ou como resultado de funções de notificação automática de acidentes embutidas no sistema de telemática.

Historicamente, os proprietários receberam acesso gratuito a uma série de serviços de assinatura mbrace, assim como a aplicativos da Mercedes-Benz que lhes permitia utilizar as funções telemáticas a partir de seus *smartphones*. Este serviço (chamado mbrace Plus) foi projetado para integrar a tecnologia telemática com o apoio de concierge pessoal 24 horas por dia, 365 dias por ano. O serviço de assinatura mbrace Plus foi descrito melhor na narrativa apresentada no vídeo *on-line* promovendo-o:

> "Uma das grandes vantagens de se hospedar em um hotel de luxo é o pessoal da recepção. Não seria bom levar esse serviço com você? Com o mbrace Plus, o pessoal de assistência está apenas a um toque de botão de distância. O botão em seu Mercedes-Benz o conecta a um especialista do cliente mbrace pronto para atender qualquer pedido, desde planejar uma viagem até uma noite especial. Nós fazemos tudo – reservas de viagens, ingressos para um evento, uma mesa em um novo restaurante da moda – seu agente pessoal mbrace pode fazer isso acontecer. Podemos até baixar instruções diretamente para o sistema de navegação de seu carro. O seu *concierge* também é um assistente pessoal com muitos recursos, ajudando-o com quase tudo o que você precisa. E caso não tenham a resposta para sua pergunta, eles vão pesquisar e retornam para você. E com o aplicativo móvel mbrace, você ainda tem acesso aos serviços do *concierge* em seu *smartphone*. Com o mbrace Plus você tem as conexões certas. Basta pedir, e o mbrace Plus entrega".

Seja telefonando para receber assistência na estrada, relatar um acidente para um atendente da Mercedes-Benz ou apertar o botão em seu Mercedes-Benz para que um atendente faça uma reserva e baixe instruções para o sistema de navegação do carro, todas as soluções tecnológicas facilitam o cuidado humano. Por exemplo, se um cliente simplesmente escolher usar um aplicativo Roadside Assistance Mercedes-Benz em um *smartphone* em vez de confiar no sistema de telemática a bordo do carro, este cliente tem assegurada uma resposta rápida na estrada oferecida por um técnico certificado pela Mercedes-Benz. O proprietário do carro também pode localizar um revendedor. O aplicativo usa o serviço de localização para encontrar o cliente, e uma vez feito o contato, fornece a confirmação de que um técnico está a caminho. O aplicativo oferece ajuda rápida e precisa e cria um tratamento mais eficiente para os pedidos de assistência na estrada. Esta plataforma rica em tecnologia essencialmente reinventou a experiência do cliente na Roadside Assistance da Mercedes-Benz. Do mesmo modo, ao utilizar a tecnologia para se conectar com um agente da Mercedes-Benz, este cliente está interagindo com um indivíduo que foi selecionado por seu talento em serviços e que assimilou a cultura de gerar o encantamento do cliente no contexto da experiência da marca desejada pela Mercedes-Benz. O cliente Mercedes-Benz não está falando com um funcionário de *call center* no exterior que se limita às palavras em um *script*. Da mesma forma, o técnico que está sendo enviado é da concessionária Mercedes-Benz, não de uma empresa terceirizada.

Todos os veículos rotineiramente consertados em revendedores autorizados Mercedes-Benz podem se beneficiar do Roadside Assistance Mercedes-Benz. Além do serviço de cortesia, o mbrace permite que os clientes (ajudados pela telemática) selecionem o grau de cuidados que atende melhor às suas necessidades. Charlie DeFelice, dono de um Mercedes-Benz, descreveu vários exemplos de benefícios decorrentes de sua opção mbrace: "Por causa do mau tempo, nossas estradas têm sido prejudicadas. Eu usei o mbrace três vezes nos últimos três meses, sempre por causa de um pneu furado. Na primeira vez, eu tinha acabado de sair de um avião e chovia muito forte. Houve um acidente de trânsito afetando o meu caminho habitual, de modo que precisei fazer um desvio e então tive que me arrastar até uma zona industrial com meu pneu furado. Apertei o botão mbrace e o agente perguntou minha localização. Eu lhe disse que não tinha a menor ideia. Eles me localizaram através do GPS e me disseram para ficar dentro do carro que o técnico logo chegaria. E assim foi". Um mês depois, Charlie caiu num buraco a caminho de uma reunião de negócios. Ele conseguiu entrar em contato com um agente do Roadside Assistance Mercedes-Benz através do mbrace e teve o pneu trocado enquanto participava da reunião. Finalmente, contou Charlie: "Um mês depois, em um domingo, minha esposa e eu estávamos nos dirigindo para um jantar de negócios e uma reunião social em Manhattan. Chovia muito e entrei em um buraco na Oitava Avenida. Mais uma vez o indicador dizia 'avaria no pneu dianteiro direito'. Eu pensei que isto arruinaria a minha noite e que ficaria todo sujo por trocar o pneu. Então me lembrei de que tinha o mbrace. Apertei o botão e parei em um estacionamento. Dei o nome do estacionamento e do manobrista responsável e o representante do mbrace me informou que eles cuidariam de tudo. Quando voltei após o jantar, o Roadside Assistance tinha trocado o pneu. Toda vez que precisei utilizar esse serviço, ele superou minhas expectativas e me tornou mais fiel à Mercedes-Benz."

Em agosto de 2015, a Mercedes-Benz atualizou o sistema mbrace mais uma vez. Com novas melhorias na telemática, a última versão do mbrace oferece todos os recursos de segurança e conectividade das versões anteriores junto com uma maior capacidade de não apenas interagir com o veículo remotamente – bloquear e desbloquear, dar a partida, aquecer ou refrigerar a partir de um aplicativo móvel ou *site* – como também permitindo uma maior capacidade de receber assistência direta da concessionária do proprietário do veículo e, assim, inspirar um conteúdo de marca personalizado. Com o lançamento da nova tecnologia mbrace, a MBUSA investiu ainda milhões de dólares para dar aos proprietários de veículos novos cinco anos de acesso grátis ao mbrace com a opção de comprar uma assinatura de conteúdo ainda mais completo.

Eu suspeito que seus clientes não sejam especificamente diferentes daqueles atendidos pela Mercedes-Benz dos EUA. Eles ficam cada vez mais **fiéis** quando suas tecnologias os ajudam a resolver os problemas sozinhos, se o desejarem. E essas tecnologias envolvem ainda mais os clientes quando a ferramenta agiliza o contato com o pessoal de atendimento nas ocasiões em que seus clientes necessitam de assistência humana. Você não precisa ser uma marca luxuosa icônica para utilizar tecnologia relevante para aprofundar seu relacionamento com os clientes. Então, o que especificamente você está fazendo para superar as expectativas tecnológicas daqueles a quem sua empresa presta serviços?

## Premier Express

Gareth Joyce, vice-presidente de serviços ao cliente, compartilhou sucintamente um aspecto importante dos esforços de integração de serviços na Mercedes-Benz dos EUA: "Sim, nós estamos no negócio de tecnologia automotiva superior. Mas igualmente importante, nós estamos no negócio de cuidar dos clientes e de respeitar seu tempo. Todas as peças iniciais em nossa transformação centrada no cliente – tais como o desenvolvimento de uma abordagem uniforme para o nosso programa de carro emprestado por cortesia ou melhorar o empoderamento de nossos atendentes na Central de Atendimento ao Cliente – eram elementos constitutivos. O Premier Express e, em última análise, o nosso Digital Service Drive, representam nossa disposição e capacidade de assumir uma das questões mais difíceis na entrega de serviços: uma jornada verdadeiramente eficiente e harmoniosa para nossos clientes, que esteja em consonância com seu estilo de vida."

A Mercedes-Benz não foi rápida em entrar na onda do serviço "expresso". Na verdade, segundo Harry Hynekamp, gerente geral da experiência do cliente na MBUSA: "Nós chegamos tarde à festa no que se refere ao serviço expresso, em parte devido às percepções internas do que significava fornecer luxo. Alguns acreditavam que os nossos clientes poderiam não associar o serviço rápido com o serviço de luxo. No entanto, a demanda do consumidor e o volume de nosso negócio de serviços nos obrigaram a repensar as opções de serviços acelerados e a encontrar uma maneira de oferecer um atendimento rápido e personalizado, incluindo uma plataforma expressa de alta qualidade. Quando os seus negócios de serviços crescem rapidamente, com novas expectativas de crescimento até 2020, você tem que pensar sobre o fornecimento de abordagens operacionais aceleradas para seus clientes e revendedores."

O Premier Express foi desenvolvido para proporcionar este tipo de serviço acelerado e eficiente. Esta abordagem de fornecimento de serviço rápido sem agendamento oferece manutenção básica que pode ser concluída em menos de 30 minutos. O programa, testado em 2014, teve seu lançamento nacional no primeiro trimestre de 2015. Frank Diertl, gerente geral do desenvolvimento de negócios de pós-venda, e sua equipe conceberam o programa de serviços Premier Express e ajudaram centenas de revendedores a implantá-lo em suas concessionárias. Deste o primeiro programa-piloto do Premier Express, a MBUSA tem constatado uma maior retenção de clientes do serviço. Embora nem toda essa melhoria possa ser atribuída exclusivamente ao Premier Express, ele é claramente um importante fator contribuinte.

Conforme sugeriu Gareth, a verdadeira justificativa de negócio por trás do Premier Express é um foco específico em respeitar o tempo dos clientes para que eles não procurem os serviços de manutenção de rotina em empresas nacionais de serviço rápido que não oferecem técnicos certificados pela Mercedes-Benz ou peças genuínas Mercedes-Benz. Para fazer o Premier Express funcionar, os líderes da Mercedes-Benz definiram um novo modelo de pessoal e processo de fluxo de trabalho. As concessionárias que oferecem o Premier Express têm equipes de dois técnicos que se dedicam a serviços de manutenção básica. Os clientes podem chegar sem agendamento e ter esses serviços concluídos no período de 30 a 70 minutos, dependendo do modelo do veículo, do intervalo de manutenção e se o cliente deseja uma lavagem gratuita do carro.

Mudanças no fluxo de trabalho podem ser desafiadoras e caras, mas os resultados do Premier Express da Mercedes-Benz mostram um aumento da satisfação do cliente e uma consistente capacidade de prestar serviços dentro dos parâmetros de tempo prometidos aos clientes. Além disso, com a implantação do Premier Express, o fluxo de trabalho de manutenção ficou mais eficiente e rentável, pois os técnicos mais avançados (e caros) da Mercedes-Benz foram reservados para os casos de consertos mais difíceis (e caros) e não foram utilizados em tarefas de serviço de manutenção de rotina. Colocando em outro contexto, o Premier Express é uma economia de tempo para os consumidores, exatamente como os pedidos *on-line* e o pagamento móvel no Starbucks. Ao invés de esperar na fila para fazer o pedido, marcas como a Starbucks utilizam uma interface homem/tecnologia que permite aos clientes fazer os pedidos e pagar antecipadamente usando seus dispositivos móveis. Utilizando o Premier Express ou o pedido e pagamento móvel do Starbucks como exemplos, pense nos serviços expressos que você poderia oferecer aos seus clientes em resposta a solicitações de rotina.

Através da racionalização do fluxo de trabalho, os custos da concessionária são mais bem geridos (pense em menos empréstimos necessários), resultando em ofertas de preços que tornam mais competitivos os serviços das concessionárias com menos prestadores de serviços caros de fora da rede Mercedes-Benz. Eu pergunto, que benefícios de redução de custos você poderia obter a partir da criação de eficiências semelhantes?

O Premier Express dá aos clientes a opção de maior velocidade do serviço, ajuda os revendedores a obter maior rentabilidade reduzindo os custos, e atrai os consumidores que podem ter se afastado do departamento de serviços das concessionárias. A cada cliente mantido ou recuperado, as concessionárias Mercedes-Benz têm a oportunidade de construir e manter relações por toda a vida. Em essência, cada interação de serviço bem elaborada e bem executada tem menos a ver com uma troca de óleo específica e mais com futuros veículos, peças e serviços que serão adquiridos por este mesmo cliente fiel. Naturalmente, os clientes fiéis também terão amplas oportunidades para fortalecer o seu relacionamento com os departamentos de serviços na medida em que procurarem cuidados e manutenção para suas futuras aquisições.

## Digital Service Drive

O Digital Service Drive é o auge da integração de processos, tecnologia e serviços humanos de ponta da MBUSA. Foi concebido não apenas para estabelecer padrões sobre o que deve envolver os componentes específicos da experiência de serviço Mercedes-Benz, como também para integrar tecnologicamente vários aspectos da experiência geral de serviço do cliente. Antes do Digital Service Drive, por exemplo, embora muitos revendedores afirmassem ter "agendamento *on-line*", isso poderia significar desde plataformas modernas de agendamento com integração móvel e capacidade de emissão de mensagens de texto, até garantir que o número de telefone do departamento de serviços estava no *site* da concessionária para que os clientes pudessem ligar e fazer um agendamento. Os principais elementos do programa Digital Service Drive são:

- **Agendamento** *on-line* **de serviços.** Os clientes têm a oportunidade de agendar as necessidades de serviços de seu veículo e deixar acertado um veículo de cortesia a qualquer momento utilizando um *smartphone* ou um computador. Eles também podem atualizar automaticamente as informações do cliente antes de se dirigir ao serviço programado.

- *Tablets* **de unidade de serviço.** O uso de *iPads* e da tecnologia Digital Service Drive permite que um consultor de serviço complete as anotações, o histórico do veículo, a inspeção externa, coleta de informações do cliente e os processos do contrato de empréstimo no *tablet* do consultor. Todas essas atividades ocorrem na unidade de serviço sem que o cliente tenha que sair de seu veículo.

- **Notificação de** *status* **enviada automaticamente pelo método de comunicação preferido do cliente.** O cliente recebe atualizações sobre o processo de serviço e um resumo do trabalho sendo concluído em uma linguagem fácil de entender.

- **Pagamento flexível.**

  - **Pagamento** *on-line*. Este recurso permite que os clientes utilizem seus dispositivos para fazer pagamento de autoatendimento, encaminhando faturas finais de peças e serviços através de texto e *e-mail*. Também permite que os clientes paguem em qualquer lugar e em qualquer momento que seja conveniente para eles.

  - **Caixa ativo de serviço.** Os consultores de serviço podem concluir o processo de pagamento na unidade de serviço através de seus *tablets* e do serviço de pagamento da empresa. Os clientes não precisam mais ir até o caixa (ou esperar em fila) para pagar.

Da perspectiva de um revendedor, o Digital Service Drive (como o Premier Express) resulta em maior satisfação do cliente, proporcionando aos clientes opções e oferecendo ferramentas de ponta que projetam uma imagem profissional para a concessionária ao mesmo tempo em que demonstra seu investimento em experiências de varejo cada vez mais ricas em tecnologia. Do ponto de vista do cliente, o Digital Service Drive significa simplesmente facilidade, conveniência e o uso mais produtivo de seu tempo na concessionária.

A jornada da Mercedes-Benz para o Digital Service Drive é amplamente baseada em atender as mudanças nas expectativas dos consumidores. Frank Diertl, gerente geral de desenvolvimento de negócios de pós-venda, observou: "O Digital Service Drive foi concebido para atender as necessidades dos clientes que interagem com marcas através da tecnologia e para oferecer-lhes ferramentas que se encaixam na maneira como eles levam suas vidas no dia a dia. Esses consumidores escolhem marcas baseados na forma como essas empresas lhes permitem interagir tecnologicamente. Nem todo cliente se enquadra neste grupo de maior tecnologia, mas sua proporção aumenta. Hoje, muitos clientes estão a procura de conforto e de um aplicativo que facilite este conforto. Nossa base de clientes está mudando bem diante de nossos olhos. A Zappos, o Starbucks e até mesmo a Domino's Pizza estão definindo as expectativas de ambiente de varejo pelas quais os nossos clientes nos julgam. Além de querer acompanhar a forma como as outras marcas integram pessoas, processos e tecnologia, também queremos ser um líder nesta área. O Digital Service Drive é inovador e estabelece uma nova referência em nosso setor. O programa está em perfeita consonância com o comportamento e investimentos necessários para verdadeiramente ser um provedor de experiência do cliente de classe mundial."

Isso nos leva a uma pergunta importante: os seus investimentos e comportamentos estão em consonância com os dos líderes da experiência do cliente de classe mundial? A essa altura, deveria estar evidente que a Mercedes-Benz dos EUA só decifrou o código da entrega de experiência do cliente **no momento em que** os seus líderes estabeleceram isso como uma prioridade. O próprio fato de estar lendo este livro sugere que isto também seja uma prioridade para você. Transformar a sua prioridade em ação provavelmente envolverá a integração de tecnologia, processos e serviços humanos, de forma muito parecida como a Mercedes-Benz fez com o MB Select, mbrace, Premier Express e o Digital Service Drive.

Ao longo deste livro, você viu o enorme esforço que todos que representam a marca Mercedes-Benz nos EUA têm feito para alcançar uma transformação para a obsessão no cliente. Embora tendo aludido aos resultados desta transformação no Capítulo 1, o próximo capítulo fornece um relato detalhado dos ganhos específicos financeiros e de clientes que a Mercedes-Benz tem obtido a partir desta incansável jornada Guiados pelo Encantamento. Em essência, o próximo capítulo responde à pergunta: **"Esta grande empreitada vale o esforço despendido?"**

## ELEMENTOS BÁSICOS PARA PROPORCIONAR O ENCANTAMENTO

➤ Os provedores de experiência do cliente de classe mundial vão além de fazer melhorias nas transações nos principais pontos de contato com o cliente. Na verdade, eles desenvolvem plataformas integradas, humanas e de tecnologia, para tornar a experiência do cliente o mais harmoniosa possível.

➤ Um dos aspectos mais importantes de produzir soluções envolvendo toda a empresa para os desafios dos clientes é forçar o pessoal a sair de seus silos para equipes multifuncionais em contato frente a frente que respondam rapidamente às necessidades dos clientes.

➤ "Equipes de resposta rápida" saudáveis buscam o *feedback* de todos os principais *stakeholders* e antecipam possíveis novos problemas antes que eles assumam uma proporção de crise. Ainda mais importante, os participantes dessas equipes têm a tarefa de contornar a procura de culpados e eliminar a posição defensiva na busca de soluções viáveis e ágeis para os clientes.

➤ Criar clientes para a vida toda é bem mais importante do que gerar lucro na transação de hoje.

➤ A experiência do cliente bem-sucedida geralmente envolve excelente tecnologia, processos simplificados e pessoas apaixonadas. Os líderes de marcas que proporcionam excelentes experiências do cliente devem trabalhar constantemente para reunir esses fatores de sucesso a fim de respeitar o tempo e facilitar a vida para seus clientes.

➤ A cada cliente mantido ou recuperado, você tem a oportunidade de construir e manter relações por toda a vida com os clientes, o que permite que sua empresa crie fluxos sustentados e sustentáveis de receita e lucro.

➤ Frequentemente, quando o fluxo de trabalho é redesenhado em torno das necessidades dos clientes, eficiências são alcançadas. Essas eficiências, por sua vez, resultam em reduções de custo que tornam o seu negócio mais competitivo enquanto, ao mesmo tempo, também beneficiam os clientes.

➤ Cada vez mais os consumidores estão escolhendo as marcas baseados na forma como elas utilizam a tecnologia. Em essência, muitos clientes buscam por interações confortáveis através de tecnologia, de um aplicativo. Eles procuram marcas e empresas que ajustam o serviço ao seu estilo de vida móvel e ocupado.

*"Muito esforço, muita prosperidade."*

—Eurípides

# 11

# Sucesso Alcançado

Você viu os esforços abrangentes e coordenados dos líderes da Mercedes-Benz dos EUA ao defenderem a entrega consistente de experiência do cliente de classe mundial. Você deve estar se perguntando: "Com todo esse esforço, esses líderes alcançaram seu objetivo? Onde está a prova de que este investimento em grande escala da liderança em capital, tempo e dinheiro está dando retorno para a Mercedes-Benz dos EUA em termos de vendas e lucros? Esta transformação 'Guiados pelo Encantamento' está realmente resultando em encantamento para os clientes? Como a Mercedes-Benz está medindo seu progresso centrado no cliente?".

Trazendo isso para mais perto de sua empresa, você deve estar pensando: **"Como eu poderia avaliar a qualidade dos esforços de melhoria da experiência do cliente em meus negócios?"**

Líderes como Steve Cannon relutam em cantar "vitória" em sua agenda de transformação, pois veem muitas oportunidades de crescimento à frente (ver Capítulo 12 para mais detalhes sobre o futuro da mudança centrada no cliente na MBUSA). No entanto, como alguém que tem observado e tem feito parte da transformação, fica claro para mim que os líderes da MBUSA e os parceiros revendedores fizeram uma mudança cultural radical e uma enorme mudança na forma como os clientes experimentam a marca.

Neste capítulo, vou mostrar o que é o sucesso do "Guiados pelo Encantamento" da Mercedes-Benz a partir da perspectiva de medições internas da experiência do cliente feitas pela MBUSA, assim como de indicadores de empresas de pesquisa externas. Você também verá como a mudança transformadora é avaliada qualitativamente através de percepções de mudança de membros das equipes das concessionárias, da Mercedes-Benz dos EUA e da Mercedes-Benz Financial Services. O antigo astro da NBA e atual senador dos EUA, Bill Bradley, disse uma vez: "A ambição é o caminho para o sucesso e a persistência é o veículo para chegar lá." Steve Cannon e sua equipe de liderança claramente propuseram alcançar um objetivo ambicioso – ser o melhor provedor de experiência do cliente, dentre todos – e a persistência deles permitiu "chegar" a uma experiência do cliente de classe mundial na Mercedes-Benz.

## Amplos Objetivos Vinculados à Entrega de Experiência do Cliente

Como você deve se lembrar do Capítulo 3, a equipe de liderança de Steve Cannon iniciou sua agenda de transformação da experiência do cliente em conjunção com uma visão de longo prazo sobre o sucesso empresarial. Os líderes da MBUSA buscavam ser a marca automotiva mais admirada, maximizar a fidelidade do cliente, liderar todas as marcas luxuosas em vendas de veículos novos, ser mais rentável no mercado Daimler e aumentar o engajamento dos funcionários.

Inegavelmente, muitos fatores estão envolvidos em alcançar o sucesso na admiração da marca, rentabilidade, fidelidade do cliente, predominância nas vendas e engajamento dos funcionários. Alguns desses fatores incluem qualidade e desejo pelo produto, tecnologia avançada, *marketing* criativo e gestão fiscal geral. No entanto, cada um dos KPIs da Mercedes-Benz também é afetado, pelo menos em parte, pela qualidade das experiências dos clientes ao entrarem nas concessionárias Mercedes-Benz.

Ao longo deste capítulo compartilharei provas da forte admiração que os clientes sentem pela marca Mercedes-Benz e demonstrarei a forte lealdade desses clientes (como atesta o prêmio Polk de Fidelidade Automotiva e outros reconhecimentos dos especialistas do setor). Mas vamos também falar um pouco sobre a força de vendas da MBUSA e os níveis de envolvimento dos funcionários que a empresa tem sentido durante este período de transformação.

Os números oficiais de vendas de veículos novos de luxo em 2012 mostraram que a Mercedes-Benz dos EUA (274.134 veículos) e seu principal concorrente, a BMW da América do Norte (281.460 veículos), registraram aumentos de dois dígitos e vendas recordes quando comparado com 2011. Em 2013, a Mercedes-Benz superou a BMW e ganhou o título de vendas de automóveis de luxo nos EUA com 14% de crescimento nas vendas em relação a 2012, terminando o ano quebrando o recorde com 312.534 veículos vendidos (comparado a 9% de aumento para a BMW, com 309.280 veículos). Em 2014, a vitória na batalha pelo primeiro lugar nas vendas voltou para a BMW, com ambas as marcas continuando a experimentar crescimento e a bater recordes de vendas (339.738 veículos BMW e 330.391 veículos Mercedes-Benz).

A Mercedes-Benz ainda não estabeleceu o volátil domínio nas vendas de automóveis de luxo, mas desenvolveu uma posição de liderança em um setor lotado de montadoras de carros especiais, incluindo Lexus, Audi, Jaguar, Infiniti, Land Rover, Cadillac e Lincoln. Permanentemente, uma estreita margem tem separado a Mercedes-Benz e a BMW do primeiro lugar em vendas de carros de luxo nos EUA.

Dietmar Exler, vice-presidente de vendas da Mercedes-Benz dos EUA, colocou em perspectiva a competição para vender o maior número de carros na categoria de luxo: "Os clientes não decidem comprar um carro nosso porque vendemos mais automóveis que a BMW em um determinado ano. Ganhar a batalha de vendas é algo que interessa somente aos jornalistas que cobrem o setor automobilístico e aos executivos em nossas respectivas empresas. Nós nos preocupamos com vendas fortes. Os clientes, por sua vez, se preocupam com a qualidade dos veículos e a natureza do atendimento que recebem daqueles que representam a nossa marca."

O serviço e atendimento que os clientes recebem se traduz em lucratividade no âmbito dos revendedores e tem um impacto positivo na Mercedes-Benz. Harald Henn, vice-presidente de finanças e controladoria da Mercedes-Benz dos EUA, observou: "Temos dados convincentes mostrando que o nível de envolvimento dos clientes está positivamente correlacionado com a lucratividade dos revendedores. Embora seja um pouco mais difícil vincular esta correlação de volta à Mercedes-Benz dos EUA, o nosso plano de negócios projeta um crescimento no topo de linha de 10% por ano no futuro previsível. Parte deste crescimento vem de nosso compromisso com uma cultura de serviço e um grau de comprometimento dos funcionários que está muito acima da média nacional."

A Mercedes-Benz dos EUA é incomparável na indústria automobilística quando se trata de comprometimento dos funcionários e grau de envolvimento e outros indicadores da saúde da força de trabalho. Ao longo da transformação da experiência do cliente a MBUSA recebeu vários prêmios por sua cultura no ambiente de trabalho e sua base de funcionários altamente engajados. Em 2014, a Mercedes-Benz apareceu pelo quinto ano consecutivo na lista das "100 Melhores Empresas para Trabalhar" da revista *Fortune* e foi reconhecida também por outros avaliadores do ambiente de trabalho. Em maio de 2014, por exemplo, a Mercedes-Benz classificou-se em quarto lugar entre as grandes empresas na lista anual da NJBIZ de "Melhores Lugares para Trabalhar em NJ". Em sua resposta a esta colocação, Steve Cannon aludiu às sinergias que ocorrem quando os números das vendas, o envolvimento dos funcionários e a experiência do cliente são prioridades estratégicas. "Estamos há quatro meses em outro ano de recorde nas vendas na MBUSA, e isso não seria possível sem o dedicado time de colaboradores em nossa sede em Montvale e nos escritórios regionais em Parsippany e Robbinsville. Sua paixão pelo produto e o foco absoluto em encantar nossos clientes são centrais para o nosso negócio, e uma grande cultura no ambiente de trabalho é fundamental para o sucesso contínuo", declarou Steve Cannon.

Além de seu progresso em vendas e KPIs dos funcionários, a MBUSA também tem melhorado em outras áreas. Conforme medido pelas ferramentas internas do Indicador da Experiência do Cliente (CEI) que analisamos no Capítulo 5, a MBUSA tem feito progressos invejáveis na satisfação do cliente tanto nas interações de vendas quanto de serviços.

Especificamente, na comparação da média nacional de referência de 2013 no CEI de vendas com a média nacional de 2015, você veria um aumento considerável (uma pontuação de referência na faixa de 950 contra uma pontuação atual na faixa de 970, de um total possível de 1.000). Do mesmo modo, a média nacional das pontuações CEI de serviços aumentou em cerca de 20 pontos de 2013 a 2015.

Essas melhorias substanciais nos principais indicadores em tempo real da satisfação do cliente e do envolvimento sugerem que os esforços em termos de funcionários, processos e tecnologia descritos ao longo deste livro estão tendo um efeito significativo sobre como os clientes pensam e se sentem a respeito do atendimento que recebem enquanto compram ou fazem a manutenção de seus veículos. Essas constatações internas representam o *feedback* de um grande número de clientes Mercedes-Benz e são consistentes com os resultados externos e elogios de empresas importantes de avaliação da experiência, incluindo a J.D. Power and Associates.

## A Transformação Captada por Medições Externas

Para ser franco, o desempenho nos estudos da J.D. Power há muito tem sido uma pedra no sapato para os líderes da Mercedes-Benz dos EUA. Conforme mencionado no Capítulo 5, embora os resultados da J.D. Power representem **indicativos** de satisfação nas vendas e serviços, a liderança da MBUSA está ciente da importância dos *rankings* da J.D. Power nas mensagens de *marketing* dos concorrentes da empresa. Na categoria de luxo, a Mercedes-Benz dos EUA não estava contente com o que Steve Cannon se referiu como um "humilhante 22º lugar" em 2007 ou até mesmo um "medíocre 6º lugar" no meio do bloco em 2012.

Embora a transformação "Guiados pelo Encantamento" não tivesse como objetivo ser o 1º lugar nos estudos de satisfação da J.D. Power, os *rankings* da J.D. Power deveriam corroborar o progresso em outros indicadores de experiência do cliente. Este tipo de corroboração é importante no contexto onde a MBUSA quer ser considerada de forma confiável uma provedora de experiência do cliente de classe mundial.

A ansiedade era alta no final de 2014, quando a J.D. Power estava prestes a divulgar os resultados de seu estudo do Índice de Satisfação de Vendas (SSI). A Mercedes-Benz tinha se classificado em 6º lugar em 2012 (no início da transformação "Guiados pelo Encantamento") e em 5º lugar em 2013. Os resultados de 2014 seriam um medidor adequado do progresso em função do mapeamento dos pontos de contato, estratégias de escuta do cliente em tempo real, investimento no desenvolvimento da cultura, melhorias de processo e intervenções tecnológicas. Ao invés de eu mesmo contar os resultados, deixarei que o anúncio por escrito de Steve Cannon para os revendedores Mercedes-Benz descreva o quadro:

"Parabéns ao grupo de revendedores nº 1 do país! Estou muito orgulhoso de anunciar que pela primeira vez em 24 anos a Mercedes-Benz conquistou o primeiro lugar no *ranking* do Índice de Satisfação de Vendas da J.D. Power em 2014. Tudo o que posso dizer é **'UAU... vocês conseguiram!'**... Em nome de toda a equipe executiva e de cada membro da equipe MBUSA, obrigado por abraçarem o nosso objetivo de ser a marca número um em experiência do cliente no mundo! Este é mais um passo ao longo desta caminhada conjunta. Todos os membros da equipe em suas concessionárias ganharam este prêmio para a Mercedes-Benz e estamos extremamente gratos por sua dedicação e determinação. Mais importante ainda, obrigado por encantarem os nossos clientes a cada vez, todas as vezes, sem exceções!... Partindo do 5º lugar no ano passado, a nossa melhora de 33 pontos de um ano para o outro é a maior no setor e a maior elevação de um ano para o outro na história da MBUSA. Com uma vantagem significativa de 12 pontos em relação à marca classificada em segundo lugar, abrimos uma diferença impressionante à frente da concorrência. Mostramos uma forte melhoria em 100% das categorias de pesquisa e esta foi realmente uma vitória inspiradora! Embora estejamos orgulhosos por esta grande conquista e esperemos que vocês a comemorem plenamente com suas equipes, não vamos tirar o pé do acelerador. À medida que ganhamos força, nossos concorrentes continuarão a trabalhar cada vez mais para nos alcançar e nossos clientes continuarão a merecer **'O Melhor ou Nada.'"**

A vitória no índice de Satisfação de Vendas da J.D. Power de 2014 não foi a única verificação independente da transformação na experiência do cliente que estava ocorrendo nas concessionárias Mercedes-Benz em todos os EUA. De fato, a Mercedes-Benz terminou em primeiro lugar no estudo automotivo do Índice Norte-Americano de Satisfação do Cliente (ACSI) de 2014, pelo segundo ano consecutivo. Analisando os diversos setores de atividade, a Mercedes-Benz também empatou no estudo do ACSI de 2014 com The Ritz-Carlton Hotel Company (o melhor desempenho no setor altamente competitivo de hotelaria). Além disso, o desempenho da Mercedes-Benz nas pesquisas ACSI de 2013 e 2014 foi comparável ao de conceituadas empresas de serviços como a Amazon, Nordstrom, Apple e Starbucks.

Esses resultados no ACSI refletem um reconhecimento plurianual dos clientes de que a Mercedes-Benz estava entregando as experiências mais satisfatórias no setor automobilístico. Eles também confirmam que a Mercedes-Benz estava realmente proporcionando uma satisfação do cliente de "classe mundial" quando comparado com líderes estabelecidos de experiência do cliente independentemente do setor de atividade.

Outros resultados de pesquisas corroboram as constatações do ACSI referentes à fidelidade dos clientes Mercedes-Benz. Os prêmios Polk de Fidelidade Automotiva, concedidos pela IHS Automotive, são baseados no comportamento dos clientes que voltam a comprar da mesma marca, conforme dados do registro estadual de automóveis e de operações de *leasing*. Em essência, as marcas que

SUCESSO ALCANÇADO

ganham os prêmios Polk de Fidelidade Automotiva têm a maior porcentagem de famílias que permanecem fiéis à marca quando voltam a comprar no mercado. Na categoria luxo, a Mercedes-Benz foi a vencedora do prêmio Polk de Fidelidade Automotiva em diversas categorias em 2013 e 2014.

Muitos dos fatores que levam os proprietários de Mercedes-Benz a permanecerem fiéis à marca estão claramente vinculados à facilidade para dirigir, estilo, qualidade e segurança dos veículos, assim como à experiência de ser dono. No entanto, pesquisa de especialistas em retenção de clientes como o grupo Accenture sugere que a fidelidade é muitas vezes perdida em função da maneira como as pessoas são tratadas durante as interações de vendas e serviços, e não como resultado de problemas com o produto. Um relatório da Accenture intitulado "Maximização da Retenção de Clientes" destacou: "As causas das perdas de clientes podem ser difíceis de rastrear. Elas podem estar em experiências negativas associadas com qualquer uma das múltiplas interações. Para melhorar e manter a retenção de clientes ao longo do tempo, as empresas devem melhorar a experiência do cliente em todas essas interações." A agenda de transformação "Guiados pelo Encantamento", com sua forte ênfase na melhoria da experiência do cliente em todos os pontos críticos de interações, certamente contribuiu para reduzir o abandono da marca causado por interações negativas e reforçou o tipo de fidelidade reconhecida pelos prêmios Polk de Fidelidade.

Melhorias na excelência em vendas e serviços na Mercedes-Benz são ainda mais validadas pelo reconhecimento de muitos outros envolvidos na avaliação do setor automobilístico. Por exemplo, as concessionárias Mercedes-Benz tiveram a classificação mais elevada nos EUA no Índice de Satisfação de Clientes Prospectivos (PSI) da Pied Piper pelo sétimo ano consecutivo. A Pied Piper diferencia o PSI de outros estudos através do uso de "falsos" compradores que relatam suas experiências com o processo de venda. O processo de venda, tal como definido pela Pied Piper, é uma série de etapas específicas que a pesquisa Pied Piper tem correlacionado com as vendas em geral. Da mesma forma, em 2014, a Mercedes-Benz foi eleita a melhor marca de automóvel para serviços pela Women-Drivers.com, mostrando ao mesmo tempo melhorias constantes no Índice de Serviço ao Cliente J.D. Power (mais detalhes sobre o CSI no Capítulo 12, quando analisarmos o futuro da elevação da experiência do cliente na Mercedes-Benz).

Quando seus KPIs, vendas gerais, indicadores internos de experiência do cliente e os resultados de todos avaliadores independentes demonstram que a experiência do cliente está melhorando, seu trabalho está sendo um sucesso com os clientes e outros *stakeholders*. Para a Mercedes-Benz dos EUA, isto significa clientes encantados que fielmente compram mais veículos e com satisfação fazem os serviços de manutenção desses veículos nas concessionárias Mercedes-Benz!

## A Transformação Como Ouvida Qualitativamente Através da Voz do Cliente

Embora o reconhecimento e as melhorias quantitativas sejam uma confirmação da transformação da experiência do cliente Mercedes-Benz, uma análise mais rica do significado desta transformação pode ser obtida através das opiniões e avaliações qualitativas dos clientes e outros *stakeholders*. Muitas dessas histórias refletem atos substanciais, quase heroicos, de excelência de serviço que são consistentes com o compromisso de ser o melhor provedor mundial de experiência do cliente. Essas ações também são semelhantes às histórias que regularmente encontro de clientes de marcas como The Ritz-Carlton Hotel Company, onde os funcionários e funcionárias do The Ritz-Carlton fazem de tudo para ajudar aqueles para quem prestam serviços (por exemplo, desmontando uma máquina de lavar industrial para procurar o anel de um hóspede que poderia ter sido perdido em lençóis lavados recentemente).

No caso da Mercedes-Benz, esses esforços em grande escala muitas vezes envolvem vários membros da equipe da concessionária fazendo muito mais do que o esperado por um cliente. Alexander Bastos, proprietário de uma Mercedes-Benz, apresentou um desses exemplos: "Eu vinha dirigindo de Dallas para New Hampshire e estava chegando perto de Memphis quando ouvi um barulho preocupante. Era uma sexta-feira, por volta de 4 horas da tarde. Telefonei para o revendedor Mercedes em Memphis e fui informado que fechavam às 5 horas, mas para eu ir que eles me esperariam." Além de ficar surpreso com o fato de que o departamento de serviços permaneceria aberto apenas para ele, Alexander explicou as ofertas extras de serviço que ocorreram quando o problema do barulho foi diagnosticado. "O técnico descobriu que o freio de emergência estava ativado, e como o meu carro tem uma enorme potência e torque, o freio de emergência acabou sendo totalmente destruído", relatou Alexander Bastos

Embora avaliando que Alexander poderia dirigir o carro com segurança até o seu destino em New Hampshire e consertá-lo lá, a concessionária em Memphis decidiu agir e atender Alexander de uma forma que pareceu extraordinária para ele. "Primeiro eles me arrumaram um quarto para passar a noite em Memphis, pois já estava no final do dia. Além de me dar a opção de consertar o meu carro o mais rápido possível naquela concessionária, eles também me ofereceram a possibilidade de enviar o meu carro para New Hampshire, se eu me sentisse mais seguro pegando outra forma de transporte". Alexander resumiu seu encantamento com a preocupação extraordinária da concessionária de Memphis perguntando: "Que outra revendedora de automóveis ficaria aberta até depois do horário, arrumaria um quarto de hotel e faria de tudo para uma pessoa se sentir confortável e bem atendida em sua necessidade de consertar o carro e viajar? Todos os aspectos desta experiência de serviço foram nada menos que espetaculares." Talvez ficar aberto até mais tarde teria sido suficiente para impressionar Alexander. Certamente colocá-lo em um hotel superou suas expectativas. Mas ao ouvir, mostrar empatia e agregar valor com opções como transportar o seu carro, o pessoal da concessionária em Memphis teve como objetivo **encantá-lo!**

Na maior parte das vezes, o encantamento do cliente é gerado por gestos que não envolvem muito custo ou esforço – atos que refletem uma disposição de dizer sim para uma necessidade do cliente quando a maioria dos outros prestadores de serviço não responderia ou simplesmente diria não. A proprietária de um Mercedes-Benz, Donna Pompeo, relatou uma dessas situações: "Quando levei meu carro para conserto, esqueci meus protetores de ouvido de pele no banco de trás. Eles não eram muito caros – custavam cerca de US$50. Mas quando peguei o carro de volta, os protetores não estavam mais lá. Perguntei ao revendedor se era possível que tivessem caído quando tirei meus pertences de dentro do carro. Eu realmente não esperava muito com esta minha pergunta, mas para minha grata surpresa, recebi um cheque pelos protetores auriculares. Eu não acho que isto teria acontecido em outros tipos de concessionárias de automóveis." Em que situações você poderia dizer sim para seus clientes, a custo reduzido, de forma a surpreendê-los, sobretudo levando em conta o padrão de atendimento que eles esperariam de outros prestadores de serviços em seu setor?

Muitas vezes os clientes não estão buscando um sim para um pedido concreto ou material. Eles simplesmente querem que o pessoal de serviço lhes dedique total atenção durante o tempo em que passam em sua empresa. Em função dos esforços de transformação da liderança, clientes Mercedes-Benz como Paul David estão cada vez mais compartilhando histórias sobre a qualidade da atenção dos funcionários das concessionárias. "O meu vendedor passou quase uma hora apenas repassando todos os recursos do carro. Eu diria que nunca havia recebido este tipo de detalhes ou tratamento

## SUCESSO ALCANÇADO

das 25 marcas de automóveis que comprei durante a minha vida. É incrível como uma abordagem paciente, experiente, completa e profissional pode fazer tanta diferença". Quando *concierges* de produtos e membros da equipe são contratados por sua capacidade de atender os outros e são treinados na experiência que você quer que forneçam, eles podem produzir momentos de serviço diferentes de tudo o que os clientes possam ter encontrado antes.

As cartas de clientes enviadas ao escritório central da Mercedes-Benz tendem cada vez mais a ser positivas e demonstram como não apenas **cuidar** dos clientes, mas também se **preocupar** com eles pode produzir um efeito em várias gerações. Foi exatamente o que ocorreu com a carta enviada por Bruce Tanzi:

"Cara Mercedes-Benz:
 Eu queria escrever e agradecer ao pessoal fantástico que cuida da assistência na estrada. Eles fizeram com que eu me tornasse um cliente para sempre [mesmo estando ainda dirigindo um 2000 (modelo) como carro de todos os dias]. Eu estava viajando com minha filha de quase 17 anos de idade quando o carro falhou na faixa expressa da Broad Street em Filadélfia, no Estado da Pensilvânia. Estávamos a oito quadras do estádio e Filadélfia não é minha cidade natal.
 Perdido no sul de Filadélfia e 30 minutos atrasado para o jogo Filadélfia/Red Sox, o pessoal da Roadside Assistence veio em meu socorro. Eles foram educados, cordiais e muito prestativos. Além de organizar tudo sem nenhuma preocupação, o técnico do guincho foi totalmente incrível e profissional. A concessionária Cherry Hill (que não é a minha revendedora habitual) foi fabulosa. Não tenho palavras para descrever como é ótima a sensação de saber que vocês têm uma equipe tão excepcional ao seu lado, especialmente quando envolve

a presença de uma jovem motorista. Ela agora tem o número (800) FOR-MERCEDES em seu celular, e eu me sinto muito bem com isso. Mais uma vez obrigado por se preocuparem com os clientes, indo além do esperado. Embora possa haver uma máquina de dirigir definitiva, tenho certeza de que só existe uma equipe de serviço definitiva – Obrigado Mercedes!".

Quando o seu cliente usa o *slogan* do concorrente (neste caso, "A Máquina de Dirigir Definitiva" da BMW) no sentido de elogiar o serviço de sua organização, e quando ele afirma ter sido conquistado **"para sempre, como cliente"**, você sabe que seus esforços de transformação estão no **caminho certo**!

## Conquistar Corações e Mentes Significa Mudanças de Atitude e de Comportamento

Platão disse certa vez: "O comportamento humano flui de três fontes principais: **desejo**, **emoção** e **conhecimento.**" Os líderes da Mercedes-Benz dos EUA desencadearam um desejo em toda a empresa e no pessoal de varejo de encantar seus clientes. Esses líderes ajudaram os membros da equipe a compreenderem os benefícios emocionais de lutar pela excelência da experiência do cliente, especialmente no que se refere a ter um trabalho com um propósito mais definido. Além disso, os líderes forneceram as ferramentas e o conhecimento necessários para encantar os clientes através de pessoas, processos, produtos e tecnologia.

Este fluxo de desejo, emoção e conhecimento foi posto em marcha para efetuar a mudança de comportamento centrado no cliente no âmbito das concessionárias. Como você tem visto ao longo deste capítulo, a transformação está sendo confirmada por uma mudança positiva em dados quantitativos e na opinião qualitativa dos clientes.

Mas será que os membros das equipes das concessionárias consideram que estão tendo um comportamento diferente?

No Capítulo 10 eu falei sobre a parte do programa MB Select em que a Mercedes-Benz dos EUA fornece recursos voluntariamente para os revendedores encantarem os clientes. Naquela discussão, analisei como o programa serviu para realçar o fato de não pensar apenas no custo das transações, mas também no valor de investir recursos para alimentar a fidelidade de longo prazo. Em muitos aspectos, o MB Select serviu como um trampolim para atos de boa vontade e de mudança de comportamento, levando a organização não só a considerar como a priorizar em cada transação o valor potencial de um cliente para a vida toda.

Seguem três exemplos dos tipos de comportamento de encantamento e de construção de fidelidade relatados por revendedores Mercedes-Benz:

> "O nosso cliente adquiriu dois veículos Classe S 2014 no último mês. Ele trouxe um dos veículos novos porque o compartimento de óculos do painel de controle suspenso não estava ejetando; a peça foi pedida em 21 de outubro, com previsão de chegada em 15 de novembro. Durante um telefonema de acompanhamento referente à previsão de chegada da peça, o cliente mencionou que jogaria golfe no Miami Beach Golf Club no dia seguinte. Um colega nosso da Mercedes-Benz de Coral Gables foi enviado para comprar um vale-presente de US$500 no clube de golfe. Este vale pode ser usado para quaisquer serviços oferecidos no Miami Beach Golf Club. O vale foi entregue pessoalmente ao cliente em sua casa junto com um pedido de desculpas pela inconveniência e pelo fato de a peça ainda não estar disponível. O cliente ficou encantado com a atenção aos detalhes e com o sincero pedido de desculpas que rece-

beu em nome da Mercedes-Benz de Coral Gables pelo inconveniente."

"O sr. Y trocou seu S550 2013 por um S550 2014 em sua concessionária, Astorg Motors, neste outono e ficou animado com o carro novo. Infelizmente, precisou viajar durante 75 minutos para concluir a transferência de seu antigo contrato Sirius Radio para o novo Classe S 2014. Sem ser notado, o gerente geral viu o sr. Y andando pela butique de acessórios enquanto esperava a conclusão do primeiro serviço em seu carro novo. O sr. Y passou algum tempo olhando os tapetes de chão e depois experimentou um colete Mercedes-Benz, mas não comprou nada. Depois que o sr. Y saiu da butique de acessórios, o gerente geral pegou os tapetes e o colete e procurou o Classe S no setor de serviços para colocar o colete no banco de passageiro e instalar os tapetes. Ao receber o carro limpo, o cliente encontrou dentro de seu novo Classe S os dois acessórios que havia visto na butique. Ele ficou tão comovido que saiu do carro e voltou para a concessionária para agradecer... Ele chamou o vendedor e disse: 'Vocês são incríveis; por isso evito entrar em dois outros revendedores no meu caminho, dando preferência para sua concessionária!'".

"Muitos de nossos clientes ficam frequentemente pressionados pelo tempo quando deixam o seu Mercedes-Benz para fazer algum serviço. Eles correm para entrar, descrever seus problemas e preocupações para o consultor, finalizar o contrato do carro emprestado e voltar para suas vidas ocupadas. Raramente conseguem parar em nossa lanchonete para tomar um café ou comer alguma coisa. Para fornecer o **efeito Uau!**, implantamos o Café Expresso. Trata-se de um carrinho repleto de sanduíches embrulhados, doces, pães variados, frutas e café. Assim, enquanto espera o consultor ou o coordenador de transportes, o cliente pode escolher qualquer coisa do carrinho para comer no caminho. Um fluxo harmonioso ininterrupto é o Uau deste serviço de café".

Quando a sua marca é representada por indivíduos que agem de forma consistente não apenas para satisfazer seus clientes, mas para provocar um "Uau!" e encantá-los, você reuniu um grupo de elite de provedores de experiência do cliente. A diferença entre experiências "boas" e "ótimas" dos clientes muitas vezes se resume à qualidade da execução para fornecimento de um valor prático e emocional. É raro os líderes inspirarem os membros de sua equipe a consistentemente executarem experiências do cliente satisfatórias, inesquecíveis e emocionalmente envolventes. De fato, a maioria das empresas se esforça para entregar nada mais do que níveis de satisfação razoáveis pontuados com intermitente satisfação do cliente.

## Dados, Opinião do Cliente, Mudança de Comportamento e uma Mão de Obra "Encantada"

Conforme evidenciado pelos prêmios que a MBUSA tem conquistado por criar ambientes de trabalho positivos e inspiradores, a liderança da MBUSA continua a concentrar o seu foco no engajamento. Da mesma forma, as melhorias observadas no Capítulo 7 sugerem que o processo de condução das pesquisas de envolvimento dos funcionários e de oferecer *kits* de ferramentas para impulsionar o engajamento está produzindo resultados positivos mensuráveis no âmbito das concessionárias. Além das melhorias quantitativas no engajamento dos funcionários e os prêmios de agências externas, vamos ver o que os funcionários corporativos da Mercedes-Benz estão dizendo sobre como o "Guiados pelo Encantamento" os afetou:

"Eu começo cada dia pensando em como posso fazer a diferença tanto para meus clientes quanto para meus colegas. Toda interação que temos é com um cliente!"

"A expectativa do cliente é elevada – sempre foi assim com a nossa marca. Nossos clientes estão agora recebendo a experiência que esperam."

"A noção de que devemos Ouvir, criar Empatia, Agregar valor e Encantar nossos clientes define a nossa existência."

"Não há como encantar um cliente sem que você mesmo esteja encantado. Tenho orgulho de trabalhar para esta empresa e sentir que minha equipe chega encantada todos os dias e pronta para fazer a diferença."

"Steve Cannon reconhece que entregar uma experiência do cliente compatível com nossos veículos exige uma dedicação de todos nós – em cada nível hierárquico e em cada departamento da MBUSA. Em minha função como instrutor, tenho visto os temas sobre experiência do cliente presentes em todo o nosso currículo. Como membro da equipe MBUSA, observo que trabalhamos incluindo os mesmos níveis elevados de cuidados dedicados ao cliente quando lidamos um com o outro. A qualidade do atendimento ao cliente está se tornando parte de nosso DNA e não é mais considerado apenas como de competência de nossos agentes da Central de Atendimento ao Cliente ou de nossos parceiros revendedores."

O impacto positivo da iniciativa de mudança "Guiados pelo Encantamento" está sendo sentido não apenas no escritório central e entre o pessoal de campo, mas também em todas as áreas das concessionárias (nas funções que diretamente lidam ou não com os clientes). Isto é exemplificado pelos seguintes comentários dos funcionários das concessionárias:

> "Sempre achei que nós fazíamos um excelente trabalho no atendimento aos clientes, mas nos últimos anos percebi que fizemos muitas coisas que facilitaram a vida para nós. Agora sei o que significa colocar o cliente no centro da experiência."

> "É fácil para qualquer um dizer que se preocupa em encantar os clientes, mas a Mercedes-Benz tem trabalhado para transformar essas palavras em realidade para nós na concessionária e para os nossos clientes. Fico feliz por ser desafiado a trazer encantamento para todos os clientes, todas as vezes."

> "As coisas são diferentes em minha concessionária. Faço trabalho administrativo e nunca pensei em mim mesmo como um provedor de experiência do cliente, mas tenho uma perspectiva completamente nova agora. É meu trabalho ouvir, ter empatia, agregar valor e encantar a todos em meu edifício."

Quando programas de mudança cultural fincam raízes em uma organização, seu impacto pode muitas vezes também ser sentido por outros parceiros de negócios. Por exemplo, os funcionários da Mercedes-Benz Financial Services relataram:

"Temos nosso próprio foco centrado no cliente na MBFS, mas claramente Steve Cannon e sua equipe na MBUSA levaram o atendimento ao cliente a um patamar tão elevado que mudaram a forma como nossa equipe encara e estabelece a interação com o cliente."

"É impossível não ficar inspirado para melhorar a forma como você se relaciona com clientes e colegas ao ver o firme compromisso estabelecido na Mercedes-Benz dos EUA. Eles elevaram as apostas e como somos seus parceiros na prestação de serviços aos nossos clientes em comum, tivemos que aumentar as apostas também."

Até mesmo fornecedores como Lior Arussy destacaram: "O grau de entusiasmo pela excelência da experiência do cliente agora é muito diferente do que em meu primeiro envolvimento com a marca. Ele é estimulante." Como alguém que tem trabalhado com líderes seniores da Mercedes-Benz dos EUA, eu também posso atestar a natureza infecciosa de seu entusiasmo obcecado pelo cliente.

O sucesso, porém, pode gerar complacência e pode dar a sensação de que a jornada do cliente está chegando ao fim. Antes que você pense que os líderes da Mercedes-Benz estão satisfeitos com o seu progresso, vamos olhar para o futuro. No Capítulo 12 você verá as ambiciosas metas elevadas que os líderes definiram para o futuro das experiências "Guiados pelo Encantamento" centradas no cliente em toda a Mercedes-Benz. Mais importante ainda, você terá a oportunidade de ver como pode garantir que o sucesso não prejudique a sua motivação por uma jornada contínua com foco no cliente.

## ELEMENTOS BÁSICOS PARA PROPORCIONAR O ENCANTAMENTO

➤ O sucesso na experiência do cliente é quantitativa e qualitativamente mensurável. O retorno sobre os seus investimentos de tempo e recursos deve ser encontrado em indicadores-chave de desempenho, indicadores internos de experiência do cliente, avaliações externas de satisfação do cliente, histórias de clientes e funcionários, e nas percepções internas de seu pessoal.

➤ O verdadeiro sucesso na entrega de experiência do cliente requer uma disposição para procurar tendências nos diversos conjuntos de dados, tanto internos quanto externos.

➤ A fidelidade do cliente é frágil e muitas vezes é perdida não em função de problemas com o produto, mas como resultado da forma como as pessoas são tratadas durante as interações de vendas e serviços.

➤ Em consonância com a pesquisa da Accenture, é importante buscar as causas das perdas de clientes, muitas das quais provavelmente estão ligadas às experiências negativas do cliente em um ou vários pontos importantes de contato entre o cliente e sua marca.

➤ Uma cultura de excelência da experiência do cliente costuma produzir histórias de clientes sobre atos de serviços heroicos ou relativamente simples. As histórias heroicas muitas vezes envolvem esforços em grande escala baseados no trabalho em equipe de muitos funcionários trabalhando com eficácia para fazer bem mais do que é esperado por um cliente. Os atos de serviços simples muitas vezes se restringem a pessoas isoladas dizendo sim para uma solicitação do cliente quando ele normalmente esperaria ouvir como resposta um "não" ou um "não pode ser oferecido como cortesia".

➤ Grandes líderes são colecionadores de histórias, e eles compartilham livremente histórias de excelência de serviços (heroicas ou simples) por toda a organização para inspirar suas equipes a agir.

➤ Pense em formas de baixo custo de dizer sim para exigências, necessidades e desejos dos clientes quando eles não esperam uma resposta favorável.

➤ Grandes líderes ajudam sua equipe a pensar além do custo das transações de serviços e desenvolver uma mentalidade de investimento em serviços que alimente a fidelidade de longo prazo.

➤ Quando a sua marca é representada por indivíduos que agem de forma consistente não apenas para satisfazer seus clientes, mas para provocar um "Uau!" e encantá-los, você reuniu um grupo de elite de provedores de experiência do cliente.

➤ Mudar para uma verdadeira cultura centrada no cliente deve produzir maior engajamento de sua força de trabalho e mudar a forma como as pessoas pensam e se sentem em relação à sua marca.

➤ O impacto de sua cultura afetará outros *stakeholders* e parceiros que interagem com sua marca.

➤ Marcas obcecadas no cliente nunca descansam! O comportamento do consumidor e a tecnologia estão sempre evoluindo. Os líderes devem redefinir os objetivos estratégicos de curto e longo prazo para entregar experiências relevantes àqueles a quem prestam serviços.

> "Sem crescimento e progresso contínuos,
>
> palavras como melhoria, realização e sucesso
>
> não têm significado algum."
>
> —Benjamin Franklin

# 12

# Quão Bom Pode Ser o Bom?

◇◇◇◇◇◇◇◇◇◇◇◇◇◇◇◇◇◇◇◇◇◇◇◇◇◇◇◇◇◇◇

Um artigo na edição de fevereiro de 2015 do *Automotive News* começava com: "O CEO Steve Cannon da Mercedes-Benz dos EUA diz que a marca pretende incentivar os revendedores a melhorar os processos de venda, mesmo com a Mercedes tendo alcançado o primeiro lugar no *ranking* de marcas de luxo" no estudo Índice de Satisfação de Vendas (SSI) da J.D. Power em 2014. O artigo prosseguiu citando Steve dizendo que continuaria a fornecer programas inspiradores para os revendedores de melhor desempenho e exigir que os revendedores de desempenho menor investissem seu próprio dinheiro em "treinamento no processo para se sair melhor". Especificamente, esta abordagem de "inspirar" o melhor e "exigir" dos outros envolve a expectativa de que os revendedores que estão tendo desempenho inferior terão de pagar consultores da J.D. Power para ajudá-los na criação de planos de ação, no desenvolvimento de habilidades no processo de vendas e serviços e no engajamento em atendimento ao cliente e *follow-up*. Harry Hynekamp, gerente geral da experiência do cliente, observou: "Esta abordagem é essencialmente uma tentativa de ajudar esses revendedores a ganhar mais dinheiro através da estrutura de margem e do bônus de liderança. Queremos assegurar que esses revendedores consigam acompanhar o grupo que apresenta desempenho superior na rede."

A necessidade de progresso contínuo é especialmente importante para a área de serviços das concessionárias Mercedes-Benz, cujo desempenho é medido em parte pelo Índice de Atendimento ao Cliente (CSI) da J.D. Power. Conforme sugerido no Capítulo 11, as concessionárias Mercedes-Benz têm feito um progresso constante no CSI. Esta melhoria, porém, não tem acompanhado os aumentos substanciais obtidos no *ranking* do SSI.

Para os períodos de serviços medidos durante o mandato de Steve Cannon como presidente e CEO, a Mercedes-Benz dos EUA ocupou as seguintes classificações no estudo CSI da J.D. Power: 10º em 2013, 8º em 2014 e 7º em 2015. Este último *ranking* gerou a seguinte reação de Steve, que vem de uma carta para os diretores e gerentes gerais das concessionárias Mercedes-Benz: "(Esses) resultados continuam a refletir um impulso positivo à medida que nossos esforços nos deslocam para cada vez mais perto de nosso objetivo final, o 1º lugar." Steve também colocou em perspectiva as melhorias relacionadas aos serviços da Mercedes-Benz no estudo CSI ao observar que a pontuação geral alcançada pela Mercedes-Benz "não é significativamente diferente da empresa classificada em 5º lugar, perdendo essa classificação por apenas 4 pontos de um máximo possível de 1.000".

Quando se olha de perto os resultados mais recentes da pesquisa CSI, surgem muitos outros aspectos positivos. Por exemplo, a Mercedes-Benz melhorou na maioria das categorias medidas. Steve observou: "Especificamente, a classificação em consultor de serviços passou de 9º lugar para 6º (um ponto abaixo dos quatro primeiros)." As pontuações para clientes recebendo serviços de manutenção de rotina (68% de todas as interações nos departamentos de serviços Mercedes-Benz) subiram de 8º para o 3º, e as avaliações de clientes de serviços de conserto passaram de 9º para 7º. No caso de transações de vendas, os clientes consideraram a Mercedes-Benz como líder do setor no uso da tecnologia de *tablet* durante a experiência de serviço.

O resultado da comparação lado a lado com a BMW, o principal concorrente da Mercedes-Benz nos EUA, também foi animador. Conforme ressaltou Steve: "A Mercedes-Benz se distanciou significativamente da BMW, com quem estávamos empatados em 2014, e que declinou ano após ano."

Outra vitória na pesquisa mais recente do CSI foi que pela primeira vez em 17 anos, as pontuações da Mercedes-Benz superaram a média das marcas de luxo. Esses dados, juntamente com um terceiro lugar na versão do J.D. Power de um Net Promoter Score (que mede a probabilidade de um cliente recomendar uma marca) reflete um impulso importante na caça da Mercedes-Benz dos EUA pelo primeiro lugar em um estudo de serviço da J.D. Power.

Gareth Joyce, vice-presidente de serviços ao cliente da Mercedes-Benz dos EUA, colocou os resultados J.D. Power em uma perspectiva muito mais ampla: "Ficou evidente no CSI, como em muitas pesquisas do setor, que os clientes sentem que a nossa experiência de serviço está melhorando. Também sabemos que a pesquisa de serviço J.D. Power tem a memória muscular mais longa de todos no mercado. Em essência, é o mostrador que se move mais lentamente. Portanto, não estou preocupado com a nossa colocação atual, pois os resultados refletem o período de 12 meses para trás em uma jornada onde estivemos agressivamente melhorando o comportamento em serviços em toda a rede de mais de 370 concessionárias com mais de 28.000 pessoas fazendo mais de 2,2 milhões de transações por ano. Sabemos que os nossos resultados CSI levarão um tempo para ser plenamente reconhecidos."

Possivelmente, a melhor notícia de todas para a Mercedes-Benz dos EUA relativamente às percepções futuras dos clientes de serviços (e os resultados CSI correspondentes) cai nas áreas em que os dados J.D. Power indicam que a marca tem a maior oportunidade de melhoria da experiência. Essas áreas incluem a facilidade de agendamento, respeitar o tempo do cliente ao longo da jornada de serviço, fornecer atualizações do *status* do conserto e simplificar o processo de pagamento através do consultor de serviços. Steve Cannon acredita que: "As iniciativas estratégicas da Mercedes-Benz dos EUA com foco em **pessoas**, **processos** e **tecnologia** abordam especificamente cada uma dessas áreas de oportunidade. Muitas iniciativas, como a de Imersão na Marca, pesquisas de envolvimento dos funcionários, Premier Express e Digital Service Drive, foram executadas rapidamente e estão apenas surgindo no mercado. Consequentemente, os benefícios desses programas para os clientes aparecerão em futuras pesquisas."

Gareth Joyce está especialmente satisfeito com a velocidade de execução de soluções no âmbito de toda a empresa que está ocorrendo na Mercedes-Benz dos EUA e na rede de concessionárias e citou o Premier Express como exemplo. "Para 2014 temos o compromisso ambicioso de ver o Premier Express implantado em metade de nossas concessionárias dentro de um período de 12 meses. De fato, conseguimos implantá-lo em mais de 180 lojas. Esta realização reflete a forma como a nossa cultura mobiliza a nossa visão de ser 'Guiados pelo Encantamento'. Alguns concorrentes tentaram programas semelhantes com sucesso muito limitado."

Da perspectiva de Gareth, as competências centrais exigidas para a execução rápida de uma estratégia de experiência do cliente são uma significativa vantagem da Mercedes-Benz para o futuro. "Quando falo sobre execução", explicou Gareth, "refiro-me a um grau de compromisso e de sucesso que é mensurável. Embora algumas de nossas lojas tivessem hesitado nas primeiras iniciativas, os líderes nessas empresas estão vendo a melhoria significativa na experiência do cliente e nos lucros para os seus colegas revendedores que foram os primeiros a adotar. Por exemplo, com o Premier Express, os revendedores que foram os primeiros a abraçar o programa conseguiram usá-lo com sucesso como forma de desenvolver jovens técnicos na rede. A área do Premier Express oferece um ambiente em que você pode recrutar técnicos com excelente atitude e depois treiná-los rapidamente. O Premier Express exemplifica como podemos entregar uma experiência do cliente mais relevante, fornecer uma plataforma rentável para os revendedores e recrutar grandes talentos, mesmo em um ambiente com uma escassez de técnicos nos EUA." Ao desenvolver programas atraentes que oferecem ganhos aos clientes, ganhos aos revendedores e ganhos à marca, a implantação e o alinhamento à marca são rapidamente alcançados.

A implantação rápida também está em jogo no próximo lançamento do Digital Service Drive da Mercedes-Benz. Gareth observou: "Para acompanhar marcas como Starbucks ou Mandarin Oriental, tivemos de desenvolver uma presença digital mais forte. Em apenas nove meses, construímos uma plataforma para nossos revendedores que não existia antes. Há muitos provedores de soluções tradicionais de tecnologia que atuam no espaço automobilístico há anos. Mas para alcançar o grau de integração perfeita que desejamos, tivemos de encontrar fornecedores empreendedores para rapidamente desenvolver a solução que necessitávamos e queríamos. Do nosso ponto de vista, o Digital Service Drive provou aos nossos revendedores que podemos formar parcerias para desenvolver software que atende à evolução das necessidades de seus clientes." No futuro, uma parcela da margem da concessionária estará ligada à capacidade do revendedor de entregar os benefícios de serviços associados à tecnologia Digital Service Drive.

Para alimentar ainda mais a mudança em áreas que são mais relevantes aos clientes (e que têm o maior impacto no *ranking* CSI da marca), a equipe de Experiência do Cliente continua a aprimorar seus processos de medição interna [a ferramenta Indicador de Experiência do Cliente (CEI) descrita no Capítulo 5]. Harry Hynekamp explicou: "Começamos de um patamar em termos de nosso próprio mecanismo interno de pesquisa. Então, em 2015 reajustamos as perguntas que fazemos aos clientes e mudamos os pesos que dávamos a perguntas específicas para ajudar nossas concessionárias a vincular seus esforços de melhoria às áreas de necessidade do cliente. Em essência, nossos ajustes ajudarão os revendedores a colocar o foco nos aspectos que os clientes estão nos dizendo que podemos melhorar. Estas áreas incluem coisas como acelerar a realização de nosso contato de acompanhamento (*follow-up*). No início, o nosso ciclo de medição de *feedback* nos ajudou a cuidar de oportunidades mais fáceis de colher. Agora temos de reorientar o foco e mudar o peso de nossas perguntas da pesquisa para assumir desafios maiores que produzirão melhorias importantes na experiência do cliente em nossas medições internas e externas. Em suma, queremos criar experiências melhores para os nossos clientes."

Nesse avanço, além de realçar um conjunto diferente de comportamentos-alvo, os líderes da Mercedes-Benz dos EUA também estão melhorando o processo pelo qual buscam o *feedback* do cliente. Como você deve recordar, o processo atual envolve a vinda do cliente para vendas e serviços e depois o recebimento de um *e-mail* de agradecimento avisando-o que será enviada uma pesquisa pela MBUSA. Harry Hynekamp explicou como o processo será modificado no futuro: "A primeira mudança ocorre sob a premissa de que 'só podemos consertar aquilo que sabemos'. Como alguns clientes não apresentam os problemas voluntariamente ou não nos querem 'incomodar' com problemas pequenos, precisamos deixá-los saber que estamos aqui para ajudá-los e que queremos nos redimir se algo estiver faltando. Assim, introduziremos um segundo *e-mail* mais curto seguindo o rastro de nossa pesquisa inicial. O *e-mail* fará quatro perguntas: 'Notamos que você tinha um problema; o revendedor fez um acompanhamento com você?'. Sim ou não. 'Ele resolveu o problema?'. Sim ou não. 'Você tem a intenção de indicar esse revendedor para alguém da família ou para um amigo?'. Sim ou não. Esta é uma pergunta para calcular o Net Promoter Score (NPS). E finalmente, 'Há mais alguma coisa que podemos fazer por você?'"

No futuro, a Mercedes-Benz dos EUA também dobrará a porcentagem da margem do revendedor diretamente ligada ao desempenho conforme medido através do *feedback* do cliente. Este *feedback* será uma combinação de resultados do indicador interno com novos pesos (o CEI), um cálculo do Net Promoter Score relatado pelos clientes e as respostas do cliente sobre se seus problemas foram efetivamente resolvidos. Basicamente, as futuras margens das concessionárias refletirão a excelência nas transações, fidelidade e defesa da marca (*advocacy*), conforme relatado pelos clientes. Harry Hynekamp observou: "Queremos que parte da nossa recompensa às concessionárias seja baseada no processo total. Ao introduzir este 'modelo de redenção' estamos dando foco e benefícios adicionais para os nossos revendedores que tenham um processo robusto para atender completamente as necessidades dos clientes." Harry descreveu a evolução dos aspectos de desempenho na experiência do cliente da remuneração das concessionárias como uma abordagem em degraus: "Nossa primeira margem baseou-se totalmente em pesquisas e no sucesso durante as transações dos clientes. Agora misturamos com o acompanhamento do relacionamento e formas para recompensar a recuperação de clientes que tiveram um mau atendimento inicial. Isto leva para o terceiro degrau, que introduziremos em algum momento no futuro. Este degrau será um verdadeiro indicador da fidelidade e da defesa da marca pelo cliente. Também ampliaremos nossos indicadores de desempenho. Hoje contamos apenas os carros novos na margem. Isso mudará para incluir também as vendas de carros usados com garantia e sem garantia. Esses clientes são tão importantes para nós quanto os compradores de carros novos."

Quando Harry fala em degraus, eu penso na excelência da experiência do cliente como algo muito parecido com o salto em altura no atletismo. Quando você salta 2,18 metros, a barra é erguida para 2,20 metros e você é desafiado a melhorar ainda mais o seu desempenho. A Mercedes-Benz dos EUA estabeleceu metas para comportamentos específicos e utiliza dados para medir as melhorias em relação a essas metas. Uma vez desenvolvidos hábitos de serviços para atender a essas metas de desempenho, novas metas são desenvolvidas para ampliar a capacidade de toda a empresa de atender e superar as expectativas dos clientes. A barra é erguida novamente para incluir indicadores adicionais para saúde do relacionamento e recuperação de clientes com mau atendimento inicial. Então, o universo de produtos abrangidos é expandido.

Drew Slaven, vice-presidente de *marketing*, acrescentou a seguinte perspectiva sobre a busca incessante da excelência: "Se alguém me perguntasse, 'Quando você saberá que cumpriu sua missão de experiência do cliente?' eu diria, 'Se você espera que este trabalho seja concluído, então você não entende esse trabalho'. Isto não é algo que tenha uma linha de chegada. Não é um programa. É uma mentalidade." Você está erguendo a barra e aprimorando a mentalidade de seu pessoal? Você está alterando suas metas de experiência para constantemente melhorar a experiência do cliente que você fornece em sua empresa? Você continuamente aperfeiçoa a forma como solicita opiniões dos clientes e mede a satisfação, envolvimento e fidelidade nas transações e no relacionamento?

Dentre as novas abordagens táticas que estão programadas para ampliar e melhorar a experiência do cliente nos próximos anos na

Mercedes-Benz incluem-se o treinamento e desenvolvimento de competências, o retorno do *Mercedes-Benz Way* e uma mudança para uma verdadeira estratégia de gestão do relacionamento baseada no cliente. Para ajudá-lo a entender como essas estratégias avançadas poderiam ajudar sua empresa, vamos analisar cada uma delas em detalhes.

## Melhor Treinamento e Desenvolvimento de Competências

A Mercedes-Benz dos EUA tem investido fortemente no Centro de Imersão na Marca e na Academia de Liderança. A equipe de aprendizagem e desempenho tem encabeçado os esforços para desenvolver cada um desses programas inovadores. No futuro, a oferta da empresa enfatizará fortemente um currículo completo de desenvolvimento de carreira ou uma CDA (academia de desenvolvimento de carreira), e a equipe evoluirá para o que será chamado de "Academia Mercedes-Benz".

Como as experiências excepcionais dos clientes são alimentadas por equipes de trabalho engajadas, bem informadas e qualificadas, o pessoal da Academia Mercedes-Benz irá reescrever as descrições de funções para todos os principais cargos na rede de concessionárias. Cada funcionário receberá um caminho de aprendizagem para obter uma certificação básica, uma certificação de estrela e, finalmente, uma certificação de mestre em sua categoria de trabalho. A cada trimestre os funcionários das concessionárias terão que cumprir exigências de revisão da certificação para ajudá-los a se manter atualizados no conhecimento de produtos e para aumentar as habilidades que necessitam para poder proporcionar experiências de clientes de classe mundial. A Mercedes-Benz está apostando em um sucesso ainda maior quando passa de uma organização que oferece treinamento, em que muitas informações saem do conjunto de concessionárias, para uma organização de aprendizagem que fornece certificados com base em habilidades, onde as competências são definidas e os indivíduos crescem na direção de obter uma habilidade certificada. Esta mudança na aprendizagem e no desenvolvimento deve, em última análise, maximizar o engajamento dos funcionários das concessionárias ajudando os indivíduos a ir além de simplesmente realizar o trabalho, capacitando-os a dominar uma profissão e abraçar uma carreira significativa, estando bem equipados com conhecimento do produto e habilidades para entrega da experiência do cliente.

Além de manter a ênfase da marca no treinamento, a MBUSA está totalmente comprometida com especialistas em produtos. Como muitos estudos têm mostrado que o desejo dos clientes que mais se destaca é trabalhar com um prestador de serviços que seja altamente preparado, a Mercedes-Benz dos EUA tem investido em "*concierges* de produtos". Especificamente, o programa *concierge* de produto, que foi anunciado por Steve Cannon no Encontro Nacional de Revendedores de 2014, envolve o treinamento de vários dias de funcionários selecionados das concessionárias. Os aproximadamente 1.600 *concierges* de produtos treinados durante o primeiro ano do programa irão fornecer demonstrações sólidas e personalizadas de produtos antes da compra e da entrega (na concessionária, em casa ou até mesmo no local de trabalho do cliente), caminharão pelas áreas de serviços nas concessionárias respondendo dúvidas dos clientes, conduzirão os testes de defeitos e treinarão outros membros da equipe do revendedor – fornecendo grande parte de suas informações sobre o produto usando aplicativos do *iPad*.

Steve Cannon observou: "O *concierge* do produto começou com a Mercedes-Benz dos EUA e se tornou uma iniciativa mundial para a Daimler. Um de nossos concorrentes criou um cargo semelhante e chama seu pessoal de **'gênios do produto'**. Para mim, gênio do produto é uma afirmação sobre o indivíduo, não sobre o cliente. Em essência, é como se estivesse dizendo: 'Olhe para mim. Sou mais inteligente que você. Sou um gênio'. O nome **concierge do produto** transmite algo completamente diferente. *Concierge* tem o significado de: 'Estou a seu serviço. Como posso ajudar?'. Para mim, esta pequena diferença em como vemos os nossos *concierges* de produtos é indicativo da mentalidade e da cultura que estamos tentando levar para toda a organização."

No futuro será necessário um treinamento importante para auxiliar os membros da equipe na identificação de oportunidades para ajudar os clientes a fazer transições suaves para frente e para trás do mundo digital para um ambiente físico. Em alguns casos, esta jornada envolverá transições para um cliente que escolhe o produto *on-line*, mas compra em uma loja física. Em outros casos, o fluxo será na direção oposta, com compras *on-line* sendo atendidas em um ambiente de tijolo e argamassa após a venda. Ao analisar o seu negócio, você considera que os seus funcionários estão bem treinados para fornecer uma experiência harmoniosa na medida em que os clientes se movem do *on-line* para as experiências na loja? Quanto do seu futuro sucesso na experiência do cliente está ligado a maximizar o conhecimento de seu pessoal sobre o produto e a dar-lhes condições para desenvolver competências essenciais voltadas para o cliente? Você é uma organização que treina transferindo conhecimento ou uma organização de aprendizagem que constrói competências?

## O Retorno da *Mercedes-Benz Way*

Como você deve recordar do Capítulo 7, os líderes da Mercedes-Benz dos EUA queriam em 2013 fazer mais do que ser excelentes em proporcionar experiências. Eles queriam definir um jeito Mercedes-Benz (*Mercedes-Benz Way*) de entregar experiências de vendas e serviços. Na busca do *Mercedes-Benz Way*, os líderes procuraram marcas que eram famosas por experiências dos clientes com características exclusivas (incluindo o Mandarin Oriental Hotel Group e a Nordstrom) e produziram um vídeo sobre a experiência proporcionada por essas marcas. Este vídeo de referência foi o início de um esforço realizado pelos líderes da Mercedes-Benz para definir um estilo exclusivo Mercedes-Benz de execução da experiência do cliente. Em pouco tempo, ficou claro que era muito cedo no processo de transformação para definir o *Mercedes-Benz Way*. Como resultado, os líderes redirecionaram suas energias para melhorar a prestação básica de serviços.

Dado o progresso na melhoria da experiência do cliente que ocorreu nos anos seguintes, os líderes da Mercedes-Benz estão novamente estudando uma forma exclusiva de experiência do cliente da marca Mercedes-Benz. Um dos primeiros passos neste processo envolveu rever todas as histórias de satisfação do cliente que os líderes têm recebido no passado recente. As melhores histórias são então traduzidas para o formato de vídeo para demonstrar o que significa proporcionar vendas e serviços extraordinários do jeito Mercedes-Benz (*Mercedes-Benz Way*). Além de incluir o que aconteceu do ponto de vista do cliente, esses vídeos trazem também como os líderes das concessionárias estão conduzindo o jeito Mercedes-Benz de encantar os clientes.

Um exemplo representativo do *Mercedes-Benz Way* envolveu um casal da Califórnia. A esposa trouxe um carro para revisão e mencionou ao consultor de serviços: "Se, durante o conserto do carro, vocês encontrarem um brinco no chão, por favor, me avisou." Além de realizar a solicitada revisão mecânica do carro, o consultor de serviços e um técnico da Mercedes-Benz tiraram os bancos do carro para procurar o brinco. A cliente surpresa, depois de receber o brinco de volta, irrompeu em lágrimas. Acontece que os brincos tinham sido um presente especial de seu marido e tinham um importante valor sentimental. O vídeo permitirá que a MBUSA compartilhe este tipo de história em vários locais para todas as vezes e em todos os lugares inspirar **todos** os que representam a marca a tentar criar este tipo de experiência do cliente.

Gareth considera a capacidade de definir o jeito Mercedes-Benz de excelência da experiência do cliente como um sinal do sucesso da transformação. "Alguns anos atrás sentamos com nossos revendedores e dissemos, 'Vamos criar um *script* do que acreditamos seja a *Mercedes-Benz Way*'. Depois de dois dias de workshop com alguns revendedores, chegamos a um resultado do trabalho que consideramos como não sendo bom o suficiente para chamarmos de *Mercedes-Benz Way*". Gareth acrescenta: "Você precisa ter processos e tecnologias que deem aos seus clientes uma experiência consistente, e você precisa ter os corações de seu pessoal engajados por trás de um objetivo antes de poder falar sobre sua experiência especial. Isto é que estava faltando. Mas todos nós queríamos a melhor experiência do cliente; criamos taticamente a Academia de Liderança, a Experiência de Imersão na Marca, a pesquisa de envolvimento dos funcionários, a consultoria para o envolvimento dos funcionários, o programa Drive a Star Home, e muito mais. Todas essas coisas tinham como objetivo apoiar a nossa visão – a de ser Guiados pelo Encantamento. Quando recentemente comecei a rever essas histórias de nossos clientes nos contando sobre suas experiências, percebi que elas são o *Mercedes-Benz Way*. Foi neste momento que eu soube que fizemos a diferença".

Considerando que o primeiro programa de treinamento para toda a empresa, o Driven to LEAD, ocorreu nas fases iniciais da transformação Guiados pelo Encantamento, os líderes da Mercedes-Benz dos EUA estão buscando desenvolver uma futura rodada de treinamento com foco exclusivo sobre o que significa proporcionar experiências do cliente do jeito Mercedes-Benz. Este treinamento provavelmente abordará o que seria o *Mercedes-Benz Way* em termos dos comportamentos que os clientes vivenciarão. Ele proporcionará oportunidades de aprendizagem para ajudar a melhorar a compreensão das exigências, necessidades e estilos de vida dos clientes. Além disso, provavelmente incluirá um foco no aumento da conscientização dos funcionários das concessionárias sobre o impacto que cada indivíduo provoca ao interagir com os clientes. O treinamento ressaltará, para todos os membros da equipe, o poder e os recursos que possuem para pessoalmente proporcionar o encantamento, seja em pequena ou grande escala.

Você definiu a experiência única do cliente que sua empresa oferece? Você investiu nas ferramentas operacionais e culturais necessárias para tornar esta experiência uma realidade? Quais são as histórias que seus clientes contam sobre sua excelência em vendas e serviços? Será que essas histórias oferecem insights sobre o que torna a sua experiência única?

## Desenvolvimento de um "Verdadeiro" Sistema de Gestão do Relacionamento com o Cliente, Serviço Digital e o "Registro de Ouro"

Eu tive muitas conversas com líderes seniores sobre o futuro da excelência da experiência do cliente na Mercedes-Benz dos EUA e considerei o "Serviço Digital" e o "Disco de Ouro" (uma expressão usada na MBUSA para descrever a evolução para um verdadeiro sistema de gestão do relacionamento com o cliente) como a visão mais animadora e inspiradora do que será possível para a marca. Antes de compartilhar esta visão é importante notar que todos os sucessos com pessoas, processos e tecnologias até agora têm sido os elementos essenciais para tornar possível esta visão digital/humanizada/futurística.

Vamos começar por entender a mudança básica do rastreamento de veículo/cliente que será necessária para posicionar a experiência do cliente Mercedes-Benz do futuro. Atualmente, a Mercedes-Benz dos EUA tem a maioria de seus processos de dados ligada a um número de identificação do veículo (VIN, da sigla em inglês). Este VIN rastreia um produto, não um cliente. Num futuro próximo, a empresa mudará para um modelo semelhante ao da Apple, em que o ID Apple rastreia um cliente individual e cria um registro de todos os produtos e serviços associados ao cliente.

Quando o identificador do cliente se juntar aos VINs, a Mercedes-Benz dos EUA estará mais bem posicionada para tirar proveito dos novos recursos de telemática que em breve estarão a bordo dos veículos Mercedes-Benz. Esta tecnologia produzirá comunicações poderosas entre o cliente, a concessionária, a MBUSA e a marca.

Steve Cannon explicou como este *link* de comunicação dinâmica será um divisor de águas para a experiência da marca. "Nossas ambições de transformação não são apenas para a nossa cultura, mas para uma combinação de cultura, processos e tecnologia. Todos esses componentes estarão funcionando harmoniosamente e em conjunto para os nossos clientes. Assim, no futuro, você verá uma intersecção mais significativa do carro e do estilo de vida de cada cliente individual. Com a telemática, o carro conectado e a capacidade de personalizar, atualizar remotamente e transportar serviços para dentro do carro, o nosso relacionamento com os clientes ficará muito mais robusto." Especificamente, observou Steve: "Iremos saber como os clientes estão usando seus veículos, a rapidez com que acumulam quilômetros ou queimam suas pastilhas de freios. Este conhecimento nos permitirá ser proativos ao cuidar deles e de seus carros. O futuro vai permitir uma conexão muito mais forte entre o ID único do cliente e a forma como um revendedor se envolve com este cliente."

Esta conexão estreita também permitirá que o revendedor faça pacotes personalizados dos serviços no carro para facilitar a vida de cada cliente. Do ponto de vista de Steve: "As grandes marcas de clientes têm um foco obsessivo no cliente. É mais fácil demonstrar esta obsessão quando você tem contato regular com o seu cliente.

Por exemplo, o barista do Starbucks tem a possibilidade de vê-lo todas as manhãs e pode envolvê-lo com um sorriso ou encantá-lo por conhecer o seu nome, lembrando-se de sua bebida ou personalizando o pedido. A marca constrói o envolvimento do cliente, em parte, através de sua frequência de contato com ele. Na Mercedes-Benz não temos esse tipo de frequência. Vendemos um carro e prestamos serviços com pouca frequência. Daqui para frente teremos uma ligação que nos conectará diretamente aos nossos clientes e que poderá até mesmo antecipar suas necessidades de uma forma que nunca fizemos antes. O seu carro comunicará os problemas para o seu revendedor, e seu revendedor poderá convidá-lo para vir até a concessionária para fazer a manutenção ou reparos necessários. Para correções mais fáceis, conseguiremos atualizar remotamente o *software* em seu carro, do mesmo modo que você recebe a atualização mais recente para seu *iPhone*. Todas essas possibilidades tecnológicas estão chegando. Mas caso não tenha uma cultura obcecada sobre a forma de cuidar do cliente, você não conseguirá maximizar o retorno sobre esses investimentos em tecnologia."

Gareth Joyce captou a visão de futuro da tecnologia de experiência de serviço digital obcecada no cliente da Mercedes-Benz: "Cada revendedor terá muitos dados disponíveis para ajudá-los a avaliar e gerar fidelidade. As concessionárias saberão rapidamente quantos carros você possuiu no passado, seu histórico de serviços e que revendedores você visitou. Adicionado a isso, saberemos a experiência que você está tendo com seus carros e com sua concessionária, pois as pesquisas de indicadores internos serão anexadas ao seu registro. Além disso, saberemos quando você está com pouco combustível e poderemos enviar informações sobre o posto de gasolina mais próximo. Se detectarmos que seu pneu está murchando, poderemos enviar o Roadside Assistance antes mesmo de você perceber que tem um problema."

Gareth enriqueceu seu exemplo nos pedindo para imaginar uma situação no futuro em que "dados de diagnóstico vêm do carro para a concessionária, alertando-a para a sua necessidade de serviço, e você é convidado – através do carro – a agendar o serviço. Com base no diagnóstico que recebemos de seu carro, temos uma compreensão do que será preciso para resolver sua necessidade, de modo que poderemos solicitar antecipadamente as peças e saber que conseguiremos executar o trabalho na data em que você agendou o serviço. Você vem para a área de serviços. Não precisamos fazer o diagnóstico porque já possuímos os dados. Você entra e sai rapidamente, com seu veículo de cortesia pronto e esperando, se necessário. Neste ponto, teremos criado mais do que um Digital Service Drive. Teremos criado um canal digital que se integra perfeitamente com a entrega física dos serviços disponíveis em sua concessionária".

Embora a imagem de um futuro em que os automóveis Mercedes-Benz comunicam as necessidades, preferências e padrões de uso de nossos serviços tenha muito apelo, ela não é isenta de desafios ou preocupações. Como é que serão tratadas as questões de privacidade? Será que eu quero que a Mercedes-Benz saiba para onde viajo? Será que eu vou querer a empresa tentando vender produtos para mim com base em meus interesses? A Mercedes-Benz está preparada para lidar com essas questões pela forma com que aborda todas as suas considerações atuais de negócios – com um respeito centrado nos desejos e no conforto dos clientes. Os clientes "optarão" (*opt-in*) pelas tecnologias do futuro, de forma muito parecida com que hoje os usuários do *smartphone* dão permissão aos serviços de localização solicitados por muitos aplicativos. Gareth observou: "A informação é solicitada por meio do aplicativo para que o fornecedor possa atendê-lo em função de sua localização. Os aplicativos verificam seu paradeiro em segundo plano; hoje os clientes estão acostumados com isso. Em nosso caso, evoluiremos num ritmo que os clientes vão aceitar. Devemos primeiramente criar uma visão atraente para um produto e serviço que acreditamos venha a agregar mais valor à vida dos nossos clientes e, em seguida, podemos avaliar os obstáculos e o ritmo. Isso tudo resultará em um verdadeiro sistema de gestão do relacionamento com o cliente (CRM, da sigla em inglês). Digo isso propositadamente porque muitas empresas falam em CRM, mas francamente, não é CRM. Em sua forma mais verdadeira, o CRM é uma atividade contínua executada o dia todo, todos os dias, de um modo significativo para o cliente. Ele agrega valor em suas vidas. Nós não chegamos lá ainda, mas caminharemos para este destino no futuro."

A experiência de vendas e serviços digitais soa como algo atraente para você como consumidor de bens e serviços automobilísticos? Mais importante ainda, você tem uma visão igualmente convincente para a sua entrega futura de experiência do cliente? Você está disposto a construir esta experiência de uma forma e a um ritmo que correspondam aos desejos de sua base de clientes em evolução?

## Mudança da Sede

A equipe corporativa da Mercedes-Benz dos EUA terá o desafio de continuar a impulsionar a marca na direção de um encantamento ainda maior do cliente enquanto passa por uma mudança de sua sede de Montvale, em Nova Jersey, para Sandy Springs, na Geórgia. Ao anunciar a nova instalação moderna sendo construída em um terreno de 50.000 metros quadrados com fácil acesso ao aeroporto Hartsfield-Jackson de Atlanta, Steve Cannon observou: "A Mercedes-Benz é uma marca nobre que requer uma sede nobre. A nossa ambição é ser mais do que apenas uma grande companhia de automóveis. Queremos estar entre as melhores empresas do mundo, e Atlanta servirá como uma base perfeita para fomentar esta ambição no futuro."

Como sempre ocorre em grandes mudanças de sede, muitos membros da equipe corporativa da Mercedes-Benz dos EUA não se mudaram de Nova Jersey. Assim, a liderança da MBUSA selecionou novos funcionários baseados na provável adequação cultural e os orientou para a importância de fornecer excelentes experiências do cliente. Durante todo esse tempo, os líderes buscaram manter a dinâmica do progresso alcançado até aquele momento. Harald Henn, vice-presidente de finanças e controladoria da Mercedes-Benz dos EUA, declarou: "Uma mudança de sede como a nossa pode afetar gravemente uma empresa, mas estou vendo como os nossos investimentos em pessoas e na cultura dão retorno. O grau de envolvimento de nosso pessoal e a sua mentalidade com foco no cliente resultam em uma transição mais suave."

Inicialmente, os funcionários da Mercedes-Benz dos EUA estão trabalhando em escritórios temporários enquanto a sede permanente da empresa é concluída. Esta sede permanente, em si mesma, está em consonância com o compromisso da marca com a excelência da experiência. Da mesma forma que se esperava que as concessionárias modernizassem seu espaço físico em conformidade com o projeto Autohaus, o crescimento e desenvolvimento de seu pessoal e a atualização de sua infraestrutura tecnológica para permanecer relevante aos clientes, assim também deve fazer a Mercedes-Benz dos EUA ao modernizar a sua aparência, infraestrutura tecnológica e natureza inspiradora da sede corporativa. Por baixo da estética, a nova sede da Mercedes-Benz dos EUA estará totalmente equipada para lidar com as necessidades tecnológicas futuras da marca e servir como o lugar certo para assegurar que "Guiados pelo Encantamento" tenha um impacto duradouro.

## ELEMENTOS BÁSICOS PARA PROPORCIONAR O ENCANTAMENTO

➤ Ao tentar deslocar a organização inteira na direção da mudança desejada, muitas vezes é uma questão de "inspirar os melhores" e "exigir do resto".

➤ As competências centrais necessárias para o sucesso futuro em qualquer setor de atividade inclui a velocidade de projeto e implantação do programa em conjunto com a capacidade desses programas de atender as necessidades relevantes dos clientes e as necessidades de rentabilidade de seus *stakeholders*.

➤ As marcas centradas no cliente constantemente aperfeiçoam os indicadores internos que utilizam para medir e recompensar a excelência da experiência do cliente. Esses aperfeiçoamentos incluem aumentar o peso dos comportamentos mais importantes, investir dinheiro em recompensas pelo desempenho, melhorar o momento e os métodos para o *feedback* do cliente e ampliar a quantidade de produtos sobre os quais são solicitadas informações dos clientes.

➤ Os clientes querem interagir com prestadores de serviços altamente preparados. Organizações obcecadas pelo cliente e que pensam no futuro fomentam incansavelmente as habilidades de conhecimento do produto e experiência do cliente.

➤ As empresas estão mudando de uma mentalidade de treinamento para uma mentalidade de aprendizagem. A transição envolve a oferta de competências e conhecimentos passíveis de certificação que melhorarão a vida de funcionários e clientes.

➤ Para diferenciar a empresa, você deve definir sua experiência única do cliente. As histórias de seus clientes oferecerão *insights* sobre como a sua marca difere na entrega de experiência.

➤ Reunir e compartilhar histórias de excelência da experiência do cliente envolvendo a sua marca ajuda a inspirar sua equipe a fornecer esse nível de cuidados para cada cliente, todas as vezes.

➤ Para verdadeiramente gerenciar os relacionamentos com os clientes, você deve conseguir rastrear seu negócio a partir da perspectiva de cada cliente, não apenas sob a perspectiva de identificadores de produtos, unidades de manutenção de estoque ou códigos universais de produtos.

➤ Nas palavras de Steve Cannon: "As grandes marcas de clientes têm um foco obsessivo no cliente", e "É mais fácil demonstrar esta obsessão quando você tem contato regular com o seu cliente."

➤ Deixar sua empresa preparada para o futuro envolverá a criação de um quadro convincente sobre os benefícios de uma experiência do cliente que integre tecnologia e prestação de serviços humanos. Também exigirá que você avance o uso de tecnologia em um ritmo que esteja em consonância com o conforto e os desejos de seus clientes.

> "A ação é a chave fundamental para todo sucesso."
>
> —Pablo Picasso

# Conclusão:
# Trilhando o Seu
# Caminho para a
# Satisfação do Cliente

A premissa fundamental deste livro é que muitas empresas não se desenvolviam em uma plataforma centrada no cliente. Muitas grandes empresas alcançaram o sucesso com uma estratégia centrada no produto – criando produtos inovadores, estabelecendo canais eficazes de distribuição, mantendo preços altamente competitivos e executando o seu trabalho de acordo com padrões de alta qualidade. Outras empresas adotaram uma abordagem de serviços e tentaram agregar valor às suas ofertas de produtos entregando-os de forma consistente e precisa. Em nosso mercado atual, porém, as estratégias tradicionais baseadas em produto e serviços são muitas vezes insuficientes.

Vivemos em uma época em que os consumidores têm níveis sem precedentes de escolha e em que as opiniões dos clientes sobre produtos e marcas têm um amplo alcance. Consequentemente, a era do cliente com poderes provavelmente levou sua marca (e certamente levou a Mercedes-Benz dos EUA) a agressivamente buscar uma abordagem de negócios verdadeiramente obcecada pelo cliente. Nesse sentido, o que você está fazendo?

Felizmente, a amplitude das informações apresentadas neste livro irá ajudá-lo com os vários componentes de sua evolução centrada no cliente. Alguns clientes podem encontrar valor nos processos para o mapeamento para a jornada do cliente, enquanto outros podem se beneficiar da compreensão de como a Mercedes-Benz criou sua Experiência de Imersão na Marca. Seja como for, tomei a liberdade de reunir 20 perguntas fundamentais que você pode usar para avaliar e diagnosticar o seu progresso em gerar encantamento para seus clientes. Espero que você separe um tempo para pensar em cada uma das perguntas e as utilize para desencadear a discussão com sua equipe:

1. O que você aprendeu sobre seus pontos fortes, fracos, oportunidades e ameaças em relação à entrega de excelência na experiência do cliente?

2. Qual é a sua visão convincente para a melhoria da entrega de experiência do cliente e como é a adesão a esta visão por parte de todos os principais *stakeholders*?

3. Como a excelência da experiência do cliente conduz à rentabilidade e sustentabilidade? Que promessas você fez aos indivíduos de sua organização sobre as formas com que irá ajudá-los a tornar esta excelência uma realidade?

CONCLUSÃO: TRILHANDO O SEU CAMINHO PARA A SATISFAÇÃO DO CLIENTE

4. Que recursos você implantou para construir a confiança e gerar melhorias na experiência do cliente em cada ponto de interação com a sua marca?

5. Como você está racionalizando e melhorando a jornada de seus clientes em todos os canais?

6. Quais são suas ferramentas de *feedback* do cliente em tempo real? Como você está usando essas ferramentas para responder aos problemas individuais do cliente e melhorar os processos voltados para o cliente?

7. Como você tem ligado os indicadores de desempenho centrado no cliente com a prestação de contas e o desenvolvimento dos membros de sua equipe?

8. O que você tem feito para alinhar os indicadores de desempenho centrado no cliente com os indicadores-chave de desempenho de sua empresa?

9. Quais programas você desenvolveu para conquistar corações e mentes de seu pessoal na busca de grandiosidade na experiência do cliente?

10. Como você está medindo ativamente o envolvimento dos funcionários e fornecendo aos líderes as ferramentas necessárias para que possam melhorar o ambiente de trabalho dos subordinados?

11. Que melhorias de processo você fez para eliminar pontos problemáticos para os clientes e aumentar a satisfação do cliente?

12. Como a tecnologia está sendo utilizada para simplificar a experiência do cliente proporcionada por você?

13. Que medidas você tomou para contemporizar a experiência do cliente tornando-a relevante para os segmentos atuais e futuros de clientes?

14. Com que eficácia você está integrando soluções de alta tecnologia para os clientes com cuidados humanos compassivos?

15. Em que indicadores você se baseia para avaliar o sucesso de seus esforços voltados para o cliente?

16. Como seus indicadores do cliente misturam dados internos e externos? Que avaliações baseadas no relacionamento e nas transações você está usando?

17. Como você rotineiramente melhora seus processos ouvindo os clientes?

18. De que maneira você está ajustando as metas comportamentais da excelência da experiência do cliente para refletir as necessidades de seus clientes?

19. Como você tem transmitido a sua visão convincente sobre a futura experiência ideal do cliente?

E, finalmente,

20. Qual será o impacto duradouro de sua liderança voltada para a experiência do cliente?

CONCLUSÃO: TRILHANDO O SEU CAMINHO PARA A SATISFAÇÃO DO CLIENTE

Embora as informações constantes neste livro devam ajudá-lo a lidar com as primeiras 19 perguntas, a última questão – sobre o **"impacto duradouro"** – ainda precisa ser respondida pelos líderes da Mercedes-Benz dos EUA. Em parte, a resposta está faltando por causa da relativa novidade da mudança. No entanto, a forma como os líderes da MBUSA pensam e falam sobre seu impacto desejado provavelmente se mostrará útil quando você analisar seriamente os efeitos duradouros que deseja alcançar de seus esforços voltados para a experiência do cliente.

## Dinastia, Sustentabilidade e Legado

Quando perguntado sobre como ele avalia o sucesso da Mercedes-Benz dos EUA em sua transformação centrada no cliente, Steve Cannon é rápido em apontar para observações diretas do modo como os membros de sua equipe se comportam durante as interações com revendedores. "'Guiados pelo Encantamento' está começando a redefinir o nível de expectativa para praticamente tudo o que fazemos. Seja no Encontro Nacional de Gerentes de Peças e Serviços, no Encontro Nacional dos Revendedores Mercedes-Benz, ou apenas em um evento de gestão executiva, o nosso pessoal está levando a sério o 'Guiados pelo Encantamento'. Vejo os milhares de pessoas em toda a nossa organização comprometidos em melhorar o desempenho quando se trata de entregar experiências extraordinárias a todos a quem prestam serviços. Este compromisso não se limita apenas aos programas que lançamos, como o Digital Service Drive ou a Academia de Liderança. Quando comparo a forma como executamos e conduzimos os eventos com revendedores antes e depois da era do 'Guiados pelo Encantamento', percebo um aumento incrível em nossa atenção aos detalhes. Os membros de nossa equipe estão obcecados em como fazer as coisas da melhor maneira possível para os participantes. Os membros da equipe Mercedes-Benz dos EUA perguntam agora como podemos tornar os eventos ainda mais voltados para os clientes. Eles olham para pequenas coisas, como a adequação e a qualidade do serviço de café em um evento. Agora, tudo o que fazemos é visto como sendo um exemplo para os nossos revendedores, em que devemos dar-lhes uma prova viva do que aspiramos como marca. As pessoas estão se responsabilizando pelo 'Guiados pelo Encantamento' e tal compromisso está levando a grandes impactos que se acumulam em toda a empresa."

Além de suas observações sobre as ações e esforços coletivos de seu pessoal, Steve Cannon analisou como essas ações obcecadas pelo cliente estão chegando aos consumidores: "Temos alguns departamentos aqui na sede que têm interações diretas com os clientes. Obviamente, isto inclui departamentos como a Central de Atendimento aos Clientes e atividades de *marketing* como o patrocínio de torneios de tênis como o Aberto dos EUA e o Masters. Mas a maior parte do que fazemos na sede é voltada aos revendedores. São os nossos revendedores que acabam tendo o impacto mais direto sobre os nossos clientes. Nossos parceiros revendedores e a MBUSA estão nisso juntos, e vemos o sucesso de nossos esforços nos dados de *feedback* dos clientes, assim como nas pesquisas de terceiros. Eu, porém, sou mais afetado quando ouço histórias diretamente de nossos clientes." Uma dessas histórias que causou impacto em Steve é a seguinte:

"Levei minha SUV Mercedes com alta quilometragem para uma revisão muito necessária. Eu esperava ver uma versão mais recente do mesmo velho centro de consertos da Mercedes. Rapaz, eu fiquei surpreso. A porta da garagem de serviço abriu em um segundo. Entrei e fui imediatamente recebido por um consultor de serviços. Precisei de alguns minutos para descrever os problemas com meu veículo que tinham se acumulado ao longo dos últimos 18 meses. Nesse interim, eles fizeram um diagnóstico eletrônico em meu carro, verificando programação e outras coisas. Uau! Em qualquer outra concessionária eu ainda estaria parado esperando que alguém me recebesse. Meu carro desapareceu e ao mesmo tempo veio outro emprestado. E eu estava fora já em meu caminho depois de seis ou sete minutos. Foi um grande início, mas será que continuaria assim? Poucas horas depois, recebi uma mensagem de texto dizendo que eles me ligariam em breve. Após algumas conversas chegamos a um acordo sobre os consertos necessários e o custo. Eles até falaram de um conserto que não seria necessário. Hmmm. Isto me deixou US$200 a mais no bolso. Dois dias depois, recebi uma mensagem e uma ligação dizendo que o carro estava pronto. Eles me deram a opção de pagar a fatura *on-line* e receber o carro em meu escritório trazido pelo manobrista, o que recusei. Eu queria voltar à concessionária. A fatura final foi ligeiramente menor do que o valor estimado. Isto nunca aconteceu antes. Tudo correu perfeitamente e eu estava em meu caminho depois de agradecer ao consultor de serviços. Toda essa experiência fez com que eu me tornasse um cliente para sempre."

Steve acrescentou: "Com todos os dados objetivos me dizendo que estamos no caminho certo, ainda gosto de ouvir os clientes afirmando que a maneira como foram tratados fez com que se tornassem clientes para sempre. É pela crescente quantidade de depoimentos consistentes que eu sei que estamos fazendo o que nos propusemos a fazer - ser o melhor provedor de experiência do cliente, independentemente do setor de atividade."

Steve Cannon também mede o impacto do 'Guiados pelo Encantamento' olhando para fora dos EUA. Como a excelência da experiência do cliente é uma alta prioridade para a empresa controladora da MBUSA, a Daimler AG, a implantação mundial de ideias lançadas nos EUA (como os *concierges* de produtos) é uma evidência da ampla influência dos líderes de experiência do cliente da MBUSA. A abrangência do impacto de Steve também se expandiu para a liderança regional, pois ele agora é responsável pelas operações na região da América do Norte, o que inclui o Canadá e o México.

Steve destacou que quando se trata do assunto experiência do cliente para a Mercedes-Benz no mundo todo: "A MBUSA tem tido o papel de ser ágil. Procuramos reunir um impressionante grupo de trabalho abrangendo tecnologia, pessoas, treinamento, liderança, cultura e sistemas para que os líderes da Mercedes-Benz em todo o mundo possam pegar emprestado ideias de nós para melhorar a experiência do cliente em seus mercados." Tim Reuss, presidente e CEO da Mercedes-Benz do Canadá, concorda, observando que Steve Cannon e sua equipe na MBUSA: "Criaram o modelo de experiência do cliente a ser seguido por outros países. Embora cada país tenha necessidades específicas de seus clientes para atender, a MBUSA lidera o caminho fornecendo a abordagem mais integrada, com visão de futuro, para a excelência da experiência do cliente."

Ao se comunicar com as concessionárias sobre o progresso que a Mercedes-Benz dos EUA tem feito na transformação da experiência do cliente, Steve Cannon compartilhou: "Estamos orgulhosos por continuarmos a fazer progressos. Não tiraremos o pé do acelerador. À medida que ganharmos força, nossos concorrentes continuarão a trabalhar cada vez mais para nos alcançar e, principalmente, nossos clientes continuarão a merecer o melhor. Juntos, permaneceremos firmes e determinados na construção de uma vantagem competitiva sustentável e de uma dinastia."

Surgindo das vitórias observadas no Capítulo 11, incluindo vendas no mercado interno, resultados SSI da J.D. Power, conclu-

## CONCLUSÃO: TRILHANDO O SEU CAMINHO PARA A SATISFAÇÃO DO CLIENTE

sões ACSI, *rankings* Pied Piper e conquistas de fidelidade Polk, o tema de uma "dinastia" tem sido levantado por Steve em reuniões com vários líderes. De fato, no Encontro Nacional de Revendedores em 2014, Steve refletiu sobre os recentes sucessos centrados no cliente: "Há muitas maneiras de interpretar a nossa realização conjunta. Para alguns, poderia significar **'missão cumprida'**. Alguns poderiam dizer: 'Já não era sem tempo'. Eu gosto de pensar nisso como uma prévia das próximas atrações. Agora que sabemos o que podemos fazer quando trabalhamos juntos, é hora de construirmos uma dinastia! Quem vem à mente quando se fala em construir uma dinastia? Talvez os Yankees ou os Celtics. Que tal Crimson Tide, com três títulos nacionais em cinco anos? Para mim, só se pode usar a palavra **dinastia** quando você consegue demonstrar uma excelência continuada. Quando vencer se torna um hábito. Quando você consegue vencer seus adversários mesmo eles sabendo as jogadas que você usará! Eu acho que o momento nunca foi melhor para nós construirmos uma dinastia aqui nos EUA. Este deveria ser o nosso objetivo."

O grito de guerra por uma dinastia pode parecer um pouco audacioso, mas o mesmo poderia ser dito da ideia de que uma marca centrada no produto como a Mercedes-Benz pudesse se tornar tão obcecada pelo cliente que viria a ser líder mundial na entrega de experiência do cliente. Por trás do conceito de uma dinastia está a capacidade de liderança e uma percepção profunda da natureza humana.

Por mais difícil que seja ter sucesso na mudança de cultura em um mercado altamente competitivo como o de automóveis de luxo, pode ser mais difícil ainda mantê-la. As pessoas podem ser incentivadas a conseguir uma vitória de curto prazo como o primeiro lugar em vendas ou lutar por uma conquista como ser o primeiro no estudo do Índice de Satisfação de Vendas da J.D. Power, mas sugerir que eles façam o trabalho duro necessário para alcançar novamente esta vitória (e de novo, e mais uma vez) muitas vezes não é tão inspirador como assegurar aquela primeira vitória. Existe algo de especial e diferente sobre bandas de *rock* como os Rolling Stones, que produzem décadas de sucessos, comparadas com as "de um único sucesso". A chamada para ação de Steve é uma exortação inspiradora para o sucesso contínuo reservado à elite das "dinastias de vitória".

Em minhas conversas com Steve ficou claro que ele espera que a Mercedes-Benz dos EUA seja uma dinastia de vitórias no que se refere à experiência do cliente. Mas será que seu legado desejado de excelência na experiência do cliente continuará depois de seu período como líder da organização? Steve observou: "Eu acredito que agora estabelecemos com sucesso o 'Guiados pelo Encantamento' na organização de tal forma que sua dinâmica sobreviverá a mim. A realidade, naturalmente, é que se qualquer organização perder o controle sobre as conversas centradas em torno de seus clientes, ela começará a se mover para trás."

Dietmar Exler, vice-presidente de vendas, também enfatizou a importância de ajudar os funcionários a permanecerem centrados no cliente: "Estou orgulhoso do que alcançamos, e percebo que muitas de nossas melhorias de processo foram a parte mais fácil da jornada. Tornar os processos melhores é intuitivo. Nós precisávamos oferecer uma experiência de vendas sem complicações e fornecer uma área de serviço expresso. É muito mais difícil gerenciar o **capital humano** e manter o foco de nosso pessoal. O sucesso nessas frentes está na base de uma dinastia."

Gareth Joyce, vice-presidente de serviços aos clientes, tem um ponto de vista semelhante sobre o legado da liderança da Mercedes-Benz e a manutenção de uma cultura de obsessão no cliente: "Já fizemos um grande progresso, e também sabemos que ainda há muito trabalho pela frente. Estamos muito satisfeitos por termos começado uma nova discussão sobre a nossa marca, não apenas ligada à excelência do produto, mas que analisa a forma como procuramos ser um líder em experiência do cliente."

## CONCLUSÃO: TRILHANDO O SEU CAMINHO PARA A SATISFAÇÃO DO CLIENTE

Gareth lembrou sua equipe que **nunca houve um livro escrito sobre a Mercedes-Benz** ser um líder em excelência na experiência do cliente, até agora. Portanto, ele me pediu para envolver sua equipe de gestão em discussões sobre como tal livro, em parte, moldaria seus respectivos legados. No final de minha discussão com a equipe, Gareth observou: "Ao entrarem em uma livraria e encontrarem este livro nas prateleiras, vocês saberão que seus esforços estão influenciando as experiências dos clientes bem além da indústria automobilística. Esses leitores, muitos dos quais são líderes empresariais, e nossos próprios clientes estarão procurando saber se mantemos a nossa paixão e compromisso com nossa visão ou se esta é apenas uma breve temporada de excelência na experiência do cliente para a marca Mercedes-Benz." Do meu ponto de vista, a Mercedes-Benz dos EUA está posicionada para construir uma dinastia da excelência na experiência do cliente.

Steve, Dietmar e Gareth forneceram dessa maneira lições fundamentais sobre como deixar um legado. Em essência, eles nos ajudam a perceber que os líderes não devem apenas declarar a sua visão da excelência na experiência do cliente, mas também tomar medidas para transformar esta visão em realidade, em nome daqueles a quem servem. Os líderes devem olhar para seu pessoal e vê-los demonstrar uma obsessão com os detalhes que fazem a diferença entre "as boas" e "as melhores" experiências do cliente. Em última análise, o impacto do extraordinário atendimento ao cliente deve ser ouvido nas histórias que nossos clientes compartilham e veem nos dados obtidos a partir de pesquisas com clientes.

O grande autor da área de negócios, Stephen Covey, sugeriu: "Há certas coisas que são fundamentais para a realização humana. A essência delas é captada na frase 'viver, amar, aprender, deixar um legado'... a necessidade de deixar um legado é a nossa necessidade espiritual de ter um senso de significado, propósito, convergência pessoal e contribuição."

Que você possa pisar fundo no pedal do acelerador de forma a ajudá-lo a viver, amar, aprender e gerar um legado de encantamento de seus clientes, do seu pessoal e de todos aqueles a quem você influencia!

# Glossário

**American Customer Satisfaction Index (ACSI – "Índice Norte-Americano de Satisfação do Cliente").** O único indicador nacional, para todos os setores, de satisfação do cliente nos EUA. Este estratégico indicador nacional se baseia em avaliações do cliente sobre a qualidade dos bens e serviços adquiridos nos EUA que tenham sido produzidos por empresas nacionais e estrangeiras com substancial participação no mercado dos EUA. O ACSI mede a qualidade da produção econômica como um complemento das medidas tradicionais da quantidade de produção econômica através de pesquisa com aproximadamente 70.000 clientes sobre os produtos e serviços que mais utilizam. As informações da pesquisa servem como dados para um modelo econométrico usado como referência para a satisfação do cliente em mais de 300 empresas de 43 indústrias e 10 setores econômicos, assim como um grande número de agências e departamentos federais e dois serviços municipais de elevada utilização.

**Autohaus.** O nome do projeto global, identidade corporativa e padrão de instalações para concessionárias da Mercedes-Benz. Ele é definido por uma estética moderna que faz uso de construção de aço e vidro para proporcionar o máximo de transparência, abertura e funcionalidade. Esses atributos estão refletidos no fluxo harmônico de todas as funções em contato com o cliente dentro do revendedor, o que aumenta a eficiência geral da equipe da concessionária e cria um ambiente convidativo e profissional. Os elementos do projeto Autohaus também mostram os produtos em um ambiente compatível com a marca e otimizam a conveniência do cliente. A aplicação do padrão Autohaus nas

GLOSSÁRIO

instalações da Mercedes-Benz nos EUA produziu uma "aparência" uniforme que é coerente com o DNA da marca Mercedes-Benz.

**Guias de Melhores Práticas (também chamados de Guia de Melhores Práticas de Experiência de Vendas e Guia de Melhores Práticas de Experiência de Serviços).** Uma ferramenta criada pela MBUSA para ajudar os revendedores a melhorar as experiências de vendas e serviços. Os guias foram desenvolvidos para se alinhar com os processos que afetam o Indicador de Experiência do Cliente (CEI) da MBUSA que, por sua vez, está relacionado com os pontos de contato e melhores práticas que têm o maior impacto na satisfação geral do cliente.

**A Experiência de Imersão na Marca.** Inspirada pelo Museu Mercedes-Benz e pelos Centros da Marca no mundo todo, é um programa que pretende conectar os corações e mentes dos funcionários corporativos e das concessionárias com a marca Mercedes-Benz. A Imersão na Marca se baseia em três princípios: (1º) os padrões da marca, (2º) o legado da marca e (3º) oferecer a melhor experiência do cliente. Os participantes viajam para o Centro de Imersão na Marca perto da fábrica Mercedes-Benz U.S. International em Vance, no Estado do Alabama, e participam de uma variedade de aulas, passeios e eventos dirigindo veículos Mercedes-Benz ao longo de dois dias completos.

**Central de Atendimento ao Cliente (CAC).** A área da MBUSA responsável por interações de recebimento e emissão de contatos e mensagens com os clientes. A equipe da CAC serve como tábua de salvação para todos os clientes Mercedes-Benz, prestando serviços que vão desde o envio de assistência rodoviária até consultas sobre produtos e solução de reclamações dos clientes. A CAC também abriga a equipe de defesa do cliente, especializada em ajudar os proprietários de veículos e os revendedores com questões de serviço obscuras e/ou difíceis.

# GLOSSÁRIO

**Indicador de Experiência do Cliente (CEI – também conhecido como CEI Serviços e CEI Vendas).** Pontuações acumuladas de satisfação do cliente conforme medido pelas pesquisas do Programa de Experiência do Cliente (CEP, na sigla em inglês), preenchidas pelos clientes após interações de vendas e serviços nas concessionárias Mercedes-Benz. As pesquisas colocam questões sobre aspectos específicos da experiência dentro da concessionária através de uma combinação de perguntas de sim/não e escala de 10 pontos.

**Programa de Experiência do Cliente (CEP).** Um dos principais pilares da abordagem da MBUSA para a gestão da experiência do cliente. O Programa de Experiência do Cliente, ou CEP, foi desenvolvido em 2013 para obter *insights* sobre as experiências de vendas e serviços dos clientes da Mercedes-Benz no âmbito da concessionária. No coração do programa está uma pesquisa que mede a experiência do cliente (quantitativa e qualitativamente) nas transações com os revendedores. Os *insights* obtidos com as pesquisas, em última análise, servem de orientação para a melhoria do desempenho do revendedor e as pontuações CEP afetam os bônus de desempenho das concessionárias.

**Gestão do Relacionamento com o Cliente (CRM).** Um sistema ou processo para gestão das interações de uma empresa com clientes prospectivos, atuais e futuros. Geralmente envolve o uso de tecnologia para organizar, automatizar e sincronizar vendas, *marketing*, atendimento ao cliente e comunicação e suporte técnico.

**Programa de Satisfação do Cliente (CSP).** Até 2013, o programa proprietário de pesquisa de satisfação do cliente da MBUSA. Foi o precursor do Programa de Experiência do Cliente (CEP).

## GLOSSÁRIO

**Pesquisas de Envolvimento dos Revendedores.** Uma pesquisa anual com todos os funcionários das concessionárias, conduzida pela MBUSA com o objetivo de entender o sentimento do funcionário da revendedora. Os resultados são usados para identificar oportunidades de melhoria e conduzir mudanças, assim como para acompanhar o impacto da liderança e o progresso ao longo do tempo. Esta pesquisa é fundamental para medir a capacidade de uma concessionária para manter o pessoal motivado e envolvido.

**Margem do Revendedor.** A diferença entre o preço de varejo sugerido pelo fabricante (MSRP, na sigla em inglês) e o custo verdadeiro da concessionária. A margem é dividida em componentes fixos e variáveis conforme acordo negociado entre o conjunto de concessionárias e a MBUSA. A parcela fixa é a diferença entre o MSRP e o que a maioria dos consumidores chamaria de "custo do revendedor" ou "fatura". A componente variável é mantida em reserva pela MBUSA e paga ao revendedor como bônus trimestral com base no desempenho da concessionária em relação a metas específicas financeiras, experienciais e operacionais.

**Rede Digital de Concessionárias.** Uma das primeiras iniciativas da MBUSA com foco na experiência do cliente. Lançada em 2010, a rede permitia que a MBUSA fizesse facilmente o *upload* de novos conteúdos em monitores de alta definição nos *showrooms* das concessionárias, permitindo que os clientes pesquisassem "virtualmente" os recursos e configurassem os veículos. O aspecto interativo e atualizado do monitor facilitava uma conexão mais tecnologicamente envolvente entre o cliente e o vendedor, permitindo que ambos fizessem a **"cocriação"** de veículos de acordo com as especificações, características e opções preferidas pelo cliente.

GLOSSÁRIO

**Digital Service Drive (DSD).** Uma iniciativa de serviços que representa a integração final de pessoas, processos e tecnologia. Ela utiliza tecnologia de ponta para proporcionar aos clientes uma experiência harmoniosa em todos os pontos de contato de serviços. Ela estabelece os melhores padrões do mercado para agendamentos convenientes *on-line*, *check-in/check-out* eficiente do veículo por meio de *tablet*, uma transição suave com os veículos emprestados de cortesia, atualizações do *status* da manutenção e/ou conserto, e opções flexíveis de pagamento após o serviço.

**Drive a Star Home (DaSH).** Um programa de familiarização com o produto ampliando a possibilidade de dirigir o veículo. Lançado em 2013 e destinado para funcionários da MBUSA e das concessionárias que normalmente não teriam a oportunidade de dirigir automóveis Mercedes-Benz, o Drive a Star Home foi criado para familiarizar os funcionários com a marca e com os veículos em um grau mais profundo e prático. O programa combina dois dias "dirigindo" os veículos com cursos pela Internet sobre temas que vão desde a herança Mercedes-Benz às características tecnológicas, de segurança e de luxo exclusivas da marca.

**Driven to Delight (D2D – Guiados pelo Encantamento).** O título dado para o etos centrado no cliente da MBUSA. A expressão foi originalmente cunhada pelo presidente e CEO da MBUSA, Steve Cannon, como uma forma de ligar cada associado com a visão de fornecer o melhor para cada cliente (tanto interno quanto externo), todas as vezes, em todos os lugares, sem exceções. Na Mercedes-Benz, "Guiados pelo Encantamento" (D2D) expressa – nos termos mais simples – a responsabilidade da organização de sempre proporcionar a melhor experiência possível ao cliente.

**Driven to LEAD (D2L).** O programa de treinamento de experiência do cliente da MBUSA, lançado em 2011. Concebido para melhorar o pensamento e o foco centrados no cliente tanto no âmbito corporativo quanto nas concessionárias, o acrônimo LEAD (*Listen, Empathize, Add value and Delight* – "Motivado para Ouvir, Sentir Empatia, Agregar valor e Encantar", em tradução livre) ajudou a destacar (e serve como lembrete diário) os princípios essenciais para proporcionar a melhor experiência do cliente. Ao concentrar-se não só na liderança e no envolvimento dos funcionários, mas também em apoiar políticas, processos e ferramentas, o programa serviu para promover soluções sustentáveis de experiência do cliente, gerando mudanças culturais.

**J.D. Power Customer Service Index (CSI – "Índice de Atendimento ao Cliente").** Um estudo de todo o setor que mede a satisfação dos proprietários de veículos que visitam o departamento de serviços das concessionárias para manutenção ou conserto durante os três primeiros anos de posse do veículo. O estudo fornece a pontuação de um índice geral de atendimento ao cliente (CSI) baseada em cinco medidas: qualidade do serviço, iniciação do serviço, consultor de serviços, instalação de serviços e retirada do veículo. O CSI é um estudo de marcas, o que significa que o desempenho é apresentado no âmbito das fábricas (ou seja, Ford, Mitsubishi etc.) e não por modelo (ou seja, Mustang, Eclipse etc.). Muitos fabricantes, incluindo a MBUSA, acompanham de perto o desempenho ano a ano e usam os dados desta pesquisa para realizar melhorias de processos.

**J.D. Power Sales Satisfaction Index (SSI – "Índice de Satisfação de Vendas").** Um estudo de todo o setor que analisa a capacidade das concessionárias de gerenciar o processo de vendas desde a apresentação do produto, negociação de preço e a compra do veículo até a entrega e o processo de financiamento e seguro. O SSI é um estudo de marcas, o que significa que o desempenho é apresentado no âmbito das fábricas (ou seja, Mercedes-Benz, Ford etc.) e não por modelo (ou seja, Mustang, Classe S etc.). Muitos fabricantes, incluindo a MBUSA, acompanham de perto o desempenho ano a ano e usam os dados desta pesquisa para realizar melhorias de processos.

**Bônus de Liderança.** Parte da parcela variável da margem do revendedor, pago trimestralmente para os 70% das concessionárias de mais alto desempenho que cumprem os objetivos preestabelecidos de desempenho relacionado com a experiência do cliente. O bônus de liderança é financiado pela "quebra" de margem, que é o dinheiro que foi provisionado para os revendedores de menor desempenho, mas que não foi pago quando não conseguiram atingir o objetivo. A fórmula do bônus de liderança foi um fator fundamental para persuadir o conjunto de concessionárias a adotar alterações na margem dos revendedores para o período de 2013 a 2015.

**O Mantra.** Um esclarecimento do que significa "Guiados pelo Encantamento" na MBUSA; uma explicação do motivo da "satisfação do cliente" não ser uma frase aceitável em uma empresa cuja promessa da marca é "O Melhor ou Nada". Rapidamente adotado por todos os associados com a estrela de três pontas, o mantra se tornou a única e verdadeira "estrela do norte" da MBUSA, o princípio orientador por trás das estratégias da empresa de experiência do cliente e orientação geral dos negócios:

> **Guiados pelo Encantamento.** Não é apenas uma expressão. É um caminho, uma promessa, uma crença. É um compromisso de criar relacionamentos positivos. De fazer as pessoas sorrirem. E de deixá-las com um sentimento de total confiança. Guiados pelo Encantamento significa excepcional tratamento pessoal. É um lembrete de que a jornada nunca está completa. Que há sempre uma maneira mais ponderada. E ao longo de cada interação devemos lembrar que **o melhor ou nada** não pode ser apenas uma descrição de nossos veículos, devendo também representar as pessoas por trás deles.

GLOSSÁRIO

**mbrace.** O nome da plataforma de serviços "carro conectado" da Mercedes-Benz e do pacote de serviços dentro do veículo, que inclui segurança avançada, conveniência, assistência de viagem e recursos de informação e entretenimento com base na Internet como acesso remoto, bloqueio/desbloqueio remoto, arranque remoto, diagnóstico remoto, rastreamento do veículo, notificação de colisão, controles dos pais, informações e entretenimento dentro do veículo, assistência pessoal e Wi-Fi, entre muitas outras funcionalidades. Lançado em modelos selecionados de veículos do ano de 2010 e padrão em todos os modelos de veículos Mercedes-Benz em 2016, o serviço básico é gratuito por cinco anos, com serviços/recursos adicionais disponíveis como pacotes extras por assinatura. O mbrace mantém conexões entre o motorista, o veículo e o mundo, dando aos proprietários o acesso aos seus veículos quando eles não estão na direção – e acesso ao mundo quando estão.

**MB Select.** A referência de atendimento ao cliente na indústria automobilística. Este programa foi desenvolvido para assegurar que um conjunto de soluções criativas esteja disponível caso o cliente sofra quaisquer inconveniências nos primeiros seis meses após a compra. O MB Select fornece fundos destinados a gestos de boa vontade para com o cliente e uma equipe interna de resposta rápida da MBUSA para assegurar que problemas maiores sejam resolvidos rápida e individualmente.

**Programa de Veículo Cortesia Mercedes-Benz (CVP).** Um programa que oferece incentivos para os revendedores fornecerem "carros Mercedes-Benz de cortesia" aos clientes que estão com seus veículos em manutenção ou conserto nas concessionárias da Mercedes-Benz. Os revendedores fornecem veículos novos através do Programa Veículo de Cortesia por um período específico de tempo e depois vendem os "carros emprestados" de baixa quilometragem através do programa de veículos usados.

GLOSSÁRIO

**Programa Paladinos da Experiência do Cliente Mercedes-Benz.** Uma comunidade no âmbito de toda a empresa, de alto perfil, voltada para a ação de agentes de mudança com poder para fazer a diferença todos os dias. Cada departamento dentro da MBUSA indica um indivíduo (o **paladino**) para agir como voz do cliente e liderar a mudança. Os paladinos recebem a tarefa de assegurar que seus respectivos departamentos demonstrem ser "Guiados pelo Encantamento" em tudo o que fazem e, ao mesmo tempo, influenciar uma mentalidade de foco no cliente dentro da empresa.

**Conselho de Concessionárias Mercedes-Benz (MBDB).** Uma equipe de 12 revendedores que atuam como conselheiros de alto nível e ligação entre a MBUSA e o conjunto de concessionárias, transmitindo para a gestão executiva da MBUSA suas visões, recomendações e sugestões de especialistas sobre assuntos importantes de negócios que afetam os interesses mútuos da MBUSA e das concessionárias Mercedes-Benz em geral. O MBDB se reúne trimestralmente (no mínimo) e os seus membros têm mandato de três anos, participando em um ou mais dos seguintes comitês: Vendas, Experiência do Cliente, Veículos Comerciais, Operações Fixas, *Marketing* e Tecnologia, e Serviços Financeiros.

**Academia de Liderança Mercedes-Benz.** Um programa de desenvolvimento para os funcionários de nível gerencial dos escritórios centrais da MBUSA e da MBFS e das concessionárias Mercedes-Benz. O programa é concebido para desenvolver uma série de engajamentos, começando com os fundamentos da liderança e a formação para o domínio da liderança. A Academia de Liderança prepara os líderes da Mercedes-Benz para dirigir e gerenciar o crescimento e as oportunidades de negócios através do desenvolvimento de uma cultura de alto desempenho. Ela ensina a importância da cultura na promoção do engajamento do funcionário, do trabalho em equipe e de um ambiente de trabalho que atraia e retenha os melhores e os mais brilhantes.

# GLOSSÁRIO

**Indicador de Fidelidade Mercedes-Benz (MBLI).** Uma faceta do Programa de Satisfação do Cliente (CSP, da sigla em inglês). O Indicador da Fidelidade do Cliente era uma medida da satisfação dos clientes com suas recentes experiências de vendas e serviços e de sua probabilidade de retornarem a fazer negócios e de indicarem a concessionária para outras pessoas. O CSP e o MBLI foram substituídos pelo mais robusto Programa de Experiência do Cliente (CEP) em 2013.

**Mercedes-Benz Way (MB Way).** Parte integrante da transição da consciência da experiência do cliente da MBUSA em que os líderes da empresa buscavam criar um marco cultural através de histórias inspiradoras da MBUSA e de sua rede de concessionárias, e de empresas conhecidas pela excelência da experiência do cliente. Os exemplos reunidos formaram a base de um conjunto esperado de comportamentos no âmbito corporativo e de varejo: o jeito Mercedes-Benz (*Mercedes-Benz Way*) de oferecer a melhor experiência do cliente.

**Índice de Satisfação do Cliente Prospectivo da Pied Piper (PSI).** Um estudo em que "falsos" compradores classificam a eficácia dos processos de venda pessoal, por Internet e por telefone de uma concessionária. A Pied Piper conduz estudos nacionais, assim como nos âmbitos regional, de mercado e de concessionárias individuais, em que compara os resultados com as médias nacionais da mesma marca e do setor.

**Prêmios Polk de Fidelidade Automotiva.** Trata-se dos prêmios Fidelidade da IHS Automotive que reconhecem os fabricantes quanto à sua capacidade de reter os proprietários ao longo de repetidos ciclos de compra. Isto ocorre quando uma família retorna ao mercado e compra ou faz *leasing* de um novo veículo da mesma marca, modelo ou fabricante de seu veículo anterior. Os prêmios são baseados em uma análise dos registros pessoais de veículos novos para um determinado ano que ocorrem de 1º de outubro a 30 de setembro.

**Premier Express.** Um programa que oferece aos clientes a opção de serviço rápido de manutenção do veículo (cerca de uma hora). O Premier Express não requer agendamento e oferece aos proprietários um menu de opções de manutenção básica com a garantia de ter esses serviços concluídos no período de 30 a 70 minutos (dependendo do modelo do veículo e do intervalo de manutenção) enquanto aguardam na sala de espera. Desde que o programa foi lançado em 2014, a retenção de clientes e a satisfação com os serviços das concessionárias têm melhorado constantemente em toda a rede de revendedores.

**O Padrão.** Visão de liderança do presidente e CEO Steve Cannon, com foco nas competências centrais necessárias para entregar a melhor experiência do cliente e concebida para reunir todos os associados à MBUSA – tanto corporativos quanto nas concessionárias – ao objetivo comum unificado de proporcionar uma experiência de referência para todos os clientes:

> O automóvel Mercedes-Benz traz consigo a expectativa de que cada encontro com a marca será tão extraordinário como a própria máquina – tão bem projetado, inovador e de tirar o fôlego quanto inspirador e digno de confiança. Quando os clientes entram em nossas concessionárias, seus padrões estão predeterminados. Eles legitimamente antecipam e merecem o melhor ou nada. Eles não se decepcionarão. 2012 verá a introdução do compromisso mais abrangente na história da Mercedes-Benz de uma extraordinária experiência do cliente. Cada departamento será mobilizado. Cada ponto de contato com a marca será examinado e aprimorado. Cada funcionário em cada concessionária será treinado e equipado. Começaremos imediatamente e não descansaremos enquanto não formos considerados a referência global – até

que as expectativas sejam superadas com tal frequência que o nome Mercedes-Benz será tão famoso pela nossa experiência total do cliente quanto pela nossa lendária engenharia. Mercedes-Benz. **O melhor ou nada!**

# Bibliografia

### Capítulo 1

"Na verdade, Karl Benz inventou o próprio automóvel (Benz "Patent Motorwagen") e inventou o primeiro veículo comercial. Desde então, os veículos Daimler têm contribuído para avanços muito além do motor de combustão interna. Algumas das áreas em que Daimler introduziu ou aperfeiçoou inovações tecnológicas incluem o desenvolvimento do primeiro chassis móvel, construção do primeiro carro de passageiros movido a diesel, criação da injeção direta de combustível, introdução da primeira geração de sistema de frenagem antibloqueio": "*Leading Through Innovation*", *site* da MBUSA, www.mbusa.com/mercedes/benz/innovation.

"Quando a Lexus entrou no mercado automobilístico de luxo nos EUA no final dos anos 1980, o *site* de notícias da Lexus dos EUA assinalou como esta marca iria se diferenciar com base na desejada experiência dos clientes": "*The History of Lexus*", Lexus USA Newsroom, http://pressroom.lexus.com/releases/history+lexus.htm.

"Fran O'Hagan... 'Em 2007, visitar uma concessionária Mercedes-Benz era como visitar um museu. Os vendedores eram simpáticos e respondiam às perguntas, mas não davam o próximo passo para realmente vender o carro. Eles paravam logo depois de dizer 'Eu sei que você quer comprar um carro, e quero trabalhar com você para descobrir como fazer isso acontecer'"": Steve Finlay, "*What Do Customers Know?*", *WardsAuto*, 1º de agosto de 2013, http://www.piedpiperpsi.com/download/documents/210.htm.

"Por exemplo, o grupo de pesquisa Pied Piper (que utiliza uma estratégia de 'falsos' compradores) colocou a Mercedes-Benz no topo da categoria de automóveis de luxo para as experiências que fornecia em 2010": Ron Montoya, "*Luxury Automakers Top Mystery Shopping Study*", *EdmundsDaily*, 13 de julho de 2010, http://www.piedpiperpsi.com/download/documents/111.htm.

"e 2011": Pied Piper Management Company LLC, "*Mercedes-Benz Dealers Achieve Highest Pied Piper Prospect Satisfaction Index Ranking for Third Consecutive Year*", http://www.piedpiperpsi.com/download/documents/144.htm.

"enquanto a J.D. Power (que mede a satisfação dos clientes com as funções de vendas e serviços nas concessionárias) colocava a Mercedes-Benz no segmento médio a inferior dos fabricantes de automóveis de luxo": J.D. Power, "*J.D. Power and Associates Reports: Low Vehicle Sales Likely to Cause Precipitous Drop in Auto Dealer Service Visits During the Next Several Years, Reaching Low Point in 2013*", 24 de fevereiro de 2010, http://businesscenter.jdpower.com/news/pressrelease.aspx?ID=2010021.

# BIBLIOGRAFIA

"Por exemplo, em 2014, a Interbrand (o maior grupo de consultoria de marcas do mundo) colocou a Mercedes-Benz em décimo lugar entre as 100 'marcas mais valiosas do mundo', com base na duradoura excelência da empresa em termos de desempenho, estilo e engenharia": *"Rankings"*, site da Interbrand, http://www.bestglobalbrands.com/2014/ranking/.

"A Interbrand também observou que a Mercedes-Benz alcançou a primeira posição como fabricante de carros de luxo nos EUA e na Alemanha, além de cultivar forte popularidade na Rússia e na China através de um equilíbrio de estilo tradicional e voltado para o futuro. A Interbrand sugere que a força da marca Mercedes-Benz no futuro depende de 'sua iniciativa de crescimento para 2020 com foco na construção da melhor experiência do cliente', juntamente com uma nova linha de produtos voltados para as futuras gerações de compradores da Mercedes-Benz": *"Best Global Brands 2013"*, site da Interbrand, http://interbrand.com/assets/uploads/Interbrand-Best-Global-Brands-2013.pdf.

"De modo semelhante, a pesquisa EquiTrend Automotive Scorecard 2014 da Harris sobre o sentimento do consumidor colocou a Mercedes-Benz como marca líder em automóveis de luxo. Refletindo sobre o EquiTrend Scorecard, o consultor de soluções automotivas da Nielsen, Mike Chadsey, sugere que na competição 'brutal' do setor, 'Na medida em que a categoria de luxo alcança paridade em recursos, desempenho e estilo, as marcas que não conseguirem criar conexões e afinidade com os clientes-alvo ficarão para trás'": *"Brand Equity for Many Luxury and Full Line Automotive Brands at 10-Year High, Finds 2014 Harris Poll EquiTrend Study"*, site da Harris, http://www.harrisinteractive.com/NewsRoom/PressReleases/tabid/446/mid/1506/articleId/1449/ctl/ReadCustom%20Default/Default.aspx.

"Em 2013, os editores da revista *Forbes* classificaram a Mercedes-Benz como a 16ª Marca Mais Poderosa do Mundo": *"The World's Most Valuable Brands*, site da *Forbes*, http://www.forbes.com/pictures/mli45egehl/13153/.

"Em um estudo de 2013 conduzido pelas empresas de pesquisa Brand Equity e Nielsen, a Mercedes-Benz foi considerada a nona 'marca mais empolgante' da Índia dentre todos os setores de atividade e a marca número um de automóveis na Índia": *"India's Youth Rank Mercedes-Benz as the #1 Auto Brand in Economic Times Brand Equity 'Most Exciting Brands' Annual Study"*, GermanCar4um, http://www.germancarforum.com/threads/indias-youth-rank-mercedes-benz-as-the-1-auto-brand.47956/.

"Em novembro de 2013, o Classe S da Mercedes-Benz foi eleito o carro do ano na China": *"Mercedes S-Class Wins First Ever China Car of the Year"*, AutoGuide.com, 2 de dezembro de 2013, http://www.autoguide.com/auto-news/2013/12/mercedes-s-class-wins-first-ever-china-car-of-the-year.html.

"Além disso, o primeiro-ministro russo, Dmitry Medvedev, deu veículos Mercedes-Benz para cada um dos medalhistas olímpicos de seu país durante os jogos de 2014": Jay Busbee, *"Russia Gives All Its Gold Medalists $120,000, a New Mercedes"*, *Fourth-Place Medal*, 27 de fevereiro de 2014, http://sports.yahoo.com/blogs/fourth-place-medal/russia-gives-all-its-gold-medalists--120-000--a-new-mercedes-174223357.html.

"Em 2015, por exemplo, o CEO da Daimler, Dieter Zetsche, disse ao *The Wall Street Journal* que na China, o crescimento das vendas era o foco principal: 'Quanto mais avançarmos na China, mais rapidamente seremos a Nº 1 (mundialmente)'. Para este fim, Zetsche observa que na China 'aumentamos nosso grupo de revendedores.

# BIBLIOGRAFIA

Acrescentamos 100 revendedor[es...] no ano passado'": Christina Rogers, *"Daimler CEO Revs Up Mercedes to Challenge BMW"*, *The Wall Street Journal*, 6 de janeiro de 2015, http://www.wsj.com/articles/daimler-ceo-revs-up-mercedes-to-challenge-bmw-1420592274.

"Em 1998, a controladora da Mercedes-Benz, Daimler-Benz AG, passou por uma fusão com a Chrysler Corporation. Em um artigo para a *CNN Money* em torno da época da fusão, Jürgen Schrempp, então presidente da Daimler-Benz, observou: 'Hoje estamos criando a empresa automotiva líder do mundo para o século XXI. Estamos somando as duas montadoras de automóveis mais inovadoras do mundo'": *"DaimlerChrysler Dawns"*, site da *CNN Money*, 7 de maio de 1998, http://money.cnn.com/1998/05/07/deals/benz/.

"Apesar dessas aspirações, a fusão da Daimler com a Chrysler dissolveu-se nove anos mais tarde. Em um artigo de 2008 no *Automotive News*, Dieter Zetsche, o CEO da Daimler-Benz que substituiu Jürgen Schrempp, observou: 'Nós não conseguiríamos realmente alcançar uma integração global porque isto estava em desacordo com a imagem de nossas marcas, as preferências de nossos clientes e muitos outros fatores de sucesso – todos eles bem mais diversificados e fragmentados'": James Franey, *"Zetsche: Daimler Learned Lesson from Chrysler Deal"*, *Automotive News*, 16 de maio de 2008, http://www.autonews.com/article/20080516/COPY01/170077317/zetsche:-daimler-learned-lesson-from-chrysler-deal.

"Escrevendo em 2011 para o *Los Angeles Daily Journal*, Jonathan Michaels, advogado especializado na indústria automobilística, explica os fundamentos e o investimento substancial envolvidos na transformação das concessionárias Mercedes-Benz nos EUA para o novo padrão Autohaus: 'O ponto central de tudo isso é criar uma aparência uniforme para a grande base de revendedores e dar ao produto uma identidade de marca. Em anos anteriores, os fabricantes somente exigiam que os revendedores usassem marcas comerciais e sinalização adequada, mas esses dias ficaram no passado. As montadoras agora têm planos de projeto completo e determinam os arquitetos e fornecedores que devem ser contratados e qual tipo de mobiliário pode ser comprado'. Segundo Jonathan, 'O custo de construção fica a cargo quase que inteiramente dos revendedores e os custos são impressionantes... Para sermos justos, os fabricantes contribuem para o custo de construção fornecendo incentivos aos revendedores que participam nos programas. A Mercedes repassa aos concessionários Autohaus o valor de US$400 por carro vendido ao longo de um período de três anos'": Jonathan Michaels, *"Spend It Like You Got It: Dealers Suffer Under Facility Design Programs"*, *Los Angeles Daily Journal*, 6 de dezembro de 2011, http://mlgautomotivelaw.com/press/2011-12-6-Daily-Journal-Spend-it-like-you-got-it.pdf.

### Capítulo 2

"Steve declarou pública e repetidamente o significado e a importância de viver o mantra e de buscar um caminho centrado no cliente. Por exemplo, em uma entrevista com Diane Kurylko para o *Automotive News*, ele sugeriu que no futuro os fabricantes de luxo irão disputar pelo fornecimento da melhor experiência do cliente. Steve acrescentou ainda: 'Este será o meu legado. Estou assumindo o que parece ser o nosso maior desafio e encontrando uma maneira de colaborar com nossos revendedores e de aproveitar os nossos recursos para levar esta marca para o lugar que ela pertence – criar uma experiência do cliente em conformidade com nosso lema 'O Melhor ou Nada''".

# BIBLIOGRAFIA

"No mesmo artigo, Steve enfatiza que a MBUSA precisará de tempo para mudar a cultura da Mercedes-Benz de forma a colocar a marca entre os melhores provedores de experiência. Em conversas posteriores comigo, Steve acrescentou que tinha que ocorrer uma mudança prudente sem um influxo de dólares nos orçamentos dos departamentos da Mercedes-Benz dos EUA. A transformação da experiência do cliente precisaria ser alcançada através de ganhos de eficiência e uma disposição para refazer a prioridade dos recursos": Diana T. Kurylko, "*Mercedes CEO: Customer Service Will Be 'My Legacy*'", *Automotive News*, 6 de maio de 2013, http://www.autonews.com/article/20130506/OEM02/305069979/mercedes-ceo:-customer-service-will-be-my-legacy.

"John Kotter, um líder do pensamento e autor de livros sobre mudança organizacional, caracteriza as primeiras fases de uma iniciativa de mudança bem-sucedida como estágios do tipo estabelecimento de um senso de urgência, criação de coalizão administrativa, desenvolvimento de uma visão de mudança e comunicação da visão para haver a adesão": Kotter International, "*The 8-Step Process for Leading Change*", http://www.kotterinternational.com/the-8-step-process-for-leading-change/.

### Capítulo 4

"Em meados da década de 1980, G. Lynn Shostack, na época vice-presidente sênior encarregada pelo Grupo de Clientes Privados no Bankers Trust Company, esteve entre as primeiras pessoas a defender o conceito de avaliação dos pontos de contato. Em um artigo de 1984 na *Harvard Business Review*, intitulado '*Designing Services That Deliver*' ('*Concepção de Serviços que Fornecem o Prometido*', em tradução livre), Lynn referiu-se ao processo de mapeamento como uma planta dos serviços em que processos, pontos problemáticos, prazos e rentabilidade são todos apresentados em um único documento. Em seu argumento sobre a importância de dedicar tempo e recursos para o desenvolvimento de um 'planta' para a jornada do cliente, Lynn observou que tal processo 'ajuda a reduzir o tempo e a ineficiência do desenvolvimento aleatório de serviços e oferece um grau de visão maior das prerrogativas de gerenciamento de serviços. A alternativa – deixar os serviços a cargo do talento individual e gerenciar as peças ao invés do todo – torna uma empresa mais vulnerável e cria um serviço que reage lentamente às necessidades e oportunidades do mercado'": G. Lynn Shostack, "*Designing Services That Deliver*", *Harvard Business Review*, janeiro de 1984, https://hbr.org/1984/01/designing-services-that-deliver.

### Capítulo 5

"Sob a ótica de resultados conflitantes para a Mercedes-Benz, no período de tempo do ano de 2012 durante o qual a equipe de Experiência do Cliente mapeava a jornada do cliente, a Pied Piper classificou a Mercedes-Benz em primeiro lugar em seu Prospect Satisfaction Index (PSI – 'Índice de Satisfação de Clientes Prospectivos', em tradução livre). O PSI liga dados de 'falsos' compradores com medidas de sucesso nas vendas": "*Mercedes-Benz Dealers Top Ranked by 2012 Pied Piper Prospect Satisfaction Index*", *PR Newswire*, 9 de julho de 2012, http://www.prnewswire.com/news-eleases/mercedes-benz-dealers-top-ranked-by-2012-pied-piper-prospect-satisfaction-index-161766325.html.

# BIBLIOGRAFIA

"Em outra medida nacional da experiência do cliente, o American Customer Satisfaction Index ('Índice Norte-Americano de Satisfação do Cliente', em tradução livre), que também é o único estudo que padroniza métodos e avalia a satisfação em todos os setores de atividade, a Mercedes-Benz classificou-se em sétimo lugar na categoria automóveis": "*Quality Improvement Boosts Customer Satisfaction for Automakers*", comunicado à imprensa, agosto de 2012, *site* da ACSI, https://www.theacsi.org/news-and-resources/press-releases/press-archive/press-release-august-2012.

"Quando comparada com outros fabricantes de luxo nas conhecidas pesquisas J.D. Power, a Mercedes-Benz classificou-se em sétimo lugar em serviços": "*Customer Satisfaction with Dealer Service Facilities Outpaces Satisfaction with Independent Service Centers*", *site* da J.D. Power, 13 de março de 2012, http://www.jdpower.com/press-releases/2012-us-customer-service-index-csi-study.

"e em sexto na experiência de venda": "*Online Ratings/Review Sites and Social Networking Sites Impact New-Vehicle Buyers' Selection of Dealership*", *site* da J.D. Power, 28 de novembro de 2012, http://www.jdpower.com/es/node/305.

"Em essência, isso está em sintonia com a observação do compositor norte-americano Leonard Bernstein de que 'Para alcançar grandes realizações, duas coisas são necessárias: um plano e prazos insuficientes.' A equipe de Experiência do Cliente forjou seu plano e entregou a ferramenta no prazo": BrainyQuote website, http://www.brainyquote.com/quotes/quotes/l/leonardber140536.html.

### Capítulo 6

"As *vans* comerciais estão se tornando cada vez mais importantes para a empresa controladora da MBUSA, a Daimler AG. Segundo a revista *Forbes*, as *vans* foram responsáveis por aproximadamente 9% das receitas líquidas da Daimler em 2014": Trefis Team, "*Daimler Earnings Review: Robust Volume Growth and Rich Product Mix Boost Profitability at Mercedes*", *Forbes*, 6 de fevereiro de 2015, http://www.forbes.com/sites/greatspeculations/2015/02/06/daimler-earnings-review-robust-volume-growth-and-rich-product-mix-boost-profitability-at-mercedes/.

"Até 2015, a Mercedes-Benz tinha oferecido apenas uma *van* de grande porte nos EUA: o Sprinter. Os EUA perdem apenas para a Alemanha em vendas da *van* Sprinter. Estima-se que em 2014, as vendas de *vans* da Mercedes-Benz nos EUA aumentaram 20% em comparação com o ano anterior. As vendas de final de ano nos EUA para o Sprinter aproximaram-se de 26.000 unidades em 2014, com vendas de 50.000 esperadas em 2016. Este aumento considerável provavelmente virá das condições econômicas que favorecem os donos de pequenas empresas, assim como do lançamento de uma *van* de carga/passageiros de tamanho médio chamada Metris. Se havia alguma dúvida quanto ao compromisso da Daimler com o mercado de *vans* comerciais nos EUA, ela foi eliminada pelo investimento de US$500 milhões da empresa na produção da *van* Sprinter na Carolina do Sul": Trefis Team, "*Daimler to Start Production of Sprinter Vans in North America*", *Forbes*, 23 de dezembro de 2014, http://www.forbes.com/sites/greatspeculations/2014/12/23/daimler-to-start-production-of-sprinter-vans-in-north-america/.

# BIBLIOGRAFIA

### Capítulo 8

"O autor *best-seller* sobre liderança, John Maxwell, escreveu sobre a importância de aproveitar a energia construtiva, observando: 'Enquanto um bom líder mantém o ímpeto, um grande líder o aumenta'": Alex McClafferty, "*The Ultimate List of Inspirational Quotes for Entrepreneurs*", *Inc.*, http://www.inc.com/alex-mcclafferty/the-ultimate-list-of-inspirational-quotes-for-entrepreneurs.html.

"O psicólogo Martin Seligman, Ph.D., teorizou, e muita pesquisa científica tem confirmado, que a autêntica felicidade surge, em parte, do 'apego ou estar a serviço de' algo maior do que si mesmo. Quer se trate de uma Experiência de Imersão na Marca ou algum outro esforço contínuo que você crie, levar a felicidade para seus funcionários é um nobre objetivo. Se você ajudar o seu pessoal a desenvolver um apego à sua marca e inspirá-los a prestar serviço aos outros de uma forma que seja consistente com as aspirações de sua empresa, você estará atendendo tanto ao seu pessoal quanto aos seus clientes": Martin Seligman, *Authentic Happiness: Using the New Positive Psychology to Realize Your Potential for Lasting Fulfillment* (Nova York: Atria Paperback, 2004).

"Em consonância com as palavras do consultor de gestão Peter Drucker (e uma das crenças de liderança de Steve Cannon), de que a 'Cultura come a estratégia de café da manhã'": Quora, "*Did Peter Drucker Actually Say "Culture Eats Strategy for Breakfast"* - and If So, Where/When?", http://www.quora.com/Did-Peter-Drucker-actually-say-culture-eats-strategy-for-breakfast-and-if-so-where-when.

### Capítulo 9

"De fato, David Barkholtz, escrevendo para a *Automotive News*, observa que a geração do milênio 'está chegando à idade adulta. E exige um nível de transparência, conhecimentos de tecnologia e compras sem barganhas que não estavam presentes em gerações anteriores'": David Barkholtz, "*Marketing to Millennials: Make It Online, Fast, Easy*", *Automotive News*, 6 de agosto de 2012, http://www.autonews.com/apps/pbcs.dll/article?AID=/20120806/RETAIL07/308069962/1422/marketing-to-millennials-make-it-online-fast-easy.

"Embora em escala menor, a Tesla Motors criou uma ruptura na experiência de *showroom* de automóveis ao mudar suas concessionárias da periferia das cidades para *shopping centers*. Os projetos das lojas Tesla estão em consonância com a abordagem de varejo da Apple, incluindo telas interativas sensíveis ao toque e um modelo de venda direta ao consumidor. A resistência da indústria automobilística a esses tipos de mudanças pode ser vista nos processos judiciais instaurados contra a Tesla partindo de grupos como a Associação dos Revendedores de Automóveis do Estado de Massachusetts. Embora grande parte do objeto do litígio contra fabricantes de automóveis gire em torno da distribuição tradicional baseada em franquias de concessionárias, isto também ressalta a tensão criada com as marcas procurando atrair os clientes para longe de uma experiência de showroom, que às vezes é classificada abaixo de 'ir ao dentista'": Michael Graham Richard, "*Tesla Wins Lawsuit to Protect Its Apple-Like Distribution Model*", site da TreeHugger, 7 de janeiro de 2013, http://www.treehugger.com/cars/tesla-wins-lawsuit-protect-its-apple-distribution-model-traditional-auto-dealerships.html.

# BIBLIOGRAFIA

"Do meu ponto de vista, a mentalidade e os processos envolvidos no desenvolvimento do programa de manutenção pré-paga Mercedes-Benz são muito consistentes com inovações em outros setores de atividade, como o programa Amazon Prime. Na Amazon, os clientes tradicionalmente passavam por uma contrariedade recorrente no final de cada compra – o pagamento dos custos de entrega. Assim, um programa de valor de frete 'pré-pago' reduziu essa irritação recorrente e deu vantagens econômicas no preço para aqueles que faziam o pagamento prévio. Pesquisa realizada pelo Consumer Intelligence Research Partners sobre o programa Amazon Prime mostrou que o Prime não só melhorou a fidelidade do cliente, como resultou em clientes Prime gastando em média US$1.500 com a Amazon em dezembro de 2014. Isto representa US$625 a mais do que gastam os clientes que não são Prime": Tricia Duryee, "*The Number of People Who Ultimately Pay for That 'Free' Amazon Prime Trial: 70 Percent*", *GeekWire*, 30 de dezembro de 2014, http://www.geekwire.com/2014/number-people-ultimately-pay-free-amazon-prime-trial-70-percent/; DonReisinger, "Amazon Prime Members Spend Hundreds More than Nonmembers", *site* da cnet, 27 de janeiro de 2015, http://www.cnet.com/news/amazon-prime-members-spend-hundreds-more-than-non-members/#!.

"Sabiamente, os líderes da Mercedes-Benz aproveitam inovações de processo e tecnologia consistentes com a orientação dada por Tim O'Reilly, o especialista em computadores que popularizou a expressão **código aberto**. Tim sugere: 'O que a nova tecnologia faz é criar novas oportunidades para realizar um trabalho que os clientes querem que seja feito'. Na Mercedes-Benz, a tecnologia de experiência do cliente não está lá por causa da tecnologia em si; ela está presente para gerar encantamento a consumidores cada vez mais conhecedores de tecnologia": Richard MacManus, "*Tim O'Reilly Interview, Part 2: Business Models & RSS*", *ReadWrite*, 17 de novembro de 2004, http://readwrite.com/2004/11/17/tim_oreilly_int_1.

### Capítulo 10

"Em uma análise feita pela *PC Magazine* sobre o Mayday, Sascha Segan elogiou a rica integração de tecnologia de ponta com componentes de serviços humanos: 'O Mayday é o recurso mais chamativo dos novos *tablets*. Ao apertar um botão no menu de opções, você pode iniciar uma conversa em vídeo com um representante do pessoal de suporte da Amazon que tem a possibilidade de controlar o seu *tablet*'. Sascha segue descrevendo como o pessoal de suporte da Amazon pode pressionar botões virtuais e entrar no *tablet* do cliente. Além disso, esses representantes fazem mais do que responder às perguntas dos clientes. Eles frequentemente atuam alimentando a descoberta do cliente ao fazer sugestões de livros para ler e aplicativos para emprestar no Kindle Fire. De acordo com Sascha, a Amazon estabeleceu como meta 'não mais de 15 segundos de tempo de espera para qualquer pessoa que solicitar assistência Mayday'. O Mayday está em consonância com um tipo de integração homem/tecnologia desenvolvida pela Mercedes-Benz chamada mbrace": Sascha Segan, "*New Kindle Fire Tablets Feature Live Customer Support*", *PC Magazine*, 25 de setembro de 2013, http://www.pcmag.com/article2/0,2817,2424814,00.asp.

# BIBLIOGRAFIA

## Capítulo 11

"O antigo astro da NBA e atual senador dos EUA, Bill Bradley, disse uma vez: 'A ambição é o caminho para o sucesso e a persistência é o veículo para chegar lá'": *site* da BrainyQuote, http://www.brainyquote.com/quotes/quotes/b/billbradle384430.html.

"Os números oficiais de vendas de veículos novos de luxo em 2012 mostram que a Mercedes-Benz dos EUA (274.134 veículos) e seu principal concorrente, a BMW da América do Norte (281.460 veículos), registraram aumentos de dois dígitos e vendas recordes quando comparado com 2011": Viknesh Vijayenthiran, "*BMW Tops U.S. Luxury Auto Sales in 2012*", *site* do Motor Authority, 4 de janeiro de 2013, http://www.motorauthority.com/news/1081451_bmw-tops-u-s-luxury-auto-sales-in-2012.

"Em 2013, a Mercedes-Benz superou a BMW e ganhou o título de vendas de automóveis de luxo nos EUA com 14% de crescimento nas vendas em relação a 2012, terminando o ano quebrando o recorde com 312.534 veículos vendidos (comparado a 9% de aumento para a BMW, com 309.280 veículos)": Joseph B. White, "*Mercedes Eked Out U.S. Win Vs. BMW Brand in 2013*", *The Wall Street Journal*, 3 de janeiro de 2014, http://www.wsj.com/articles/SB10001424052702303370904579298700881945752.

"Em 2014, a vitória na batalha pelo primeiro lugar nas vendas voltou para a BMW, com ambas as marcas continuando a experimentar crescimento e a bater recordes de vendas (339.738 veículos BMW e 330.391 veículos Mercedes-Benz)": Anita Lienert, "*BMW Snags Luxury Car Crown Back from Mercedes-Benz*", Edmunds.com, 7 de janeiro de 2015, http://www.edmunds.com/car-news/bmw-snags-luxury-car-crown-back-from-mercedes-benz.html.

"Ao longo da transformação da experiência do cliente a MBUSA recebeu vários prêmios por sua cultura no ambiente de trabalho e sua base de funcionários altamente engajados. Em 2014, a Mercedes-Benz apareceu pelo quinto ano consecutivo na lista das '100 Melhores Empresas para Trabalhar' da revista *Fortune* e foi reconhecida também por outros avaliadores do ambiente de trabalho": "*Mercedes-Benz USA Named to FORTUNE's 100 Best Companies to Work For in 2014*", *PR Newswire*, http://www.prnewswire.com/news-releases/mercedes-benz-usa-named-to-fortunes-100-best-companies-to-work-for-in-2014-240525211.html.

"Em maio de 2014, por exemplo, a Mercedes-Benz classificou-se em quarto lugar entre as grandes empresas na lista anual da NJBIZ de 'Melhores Lugares para Trabalhar em NJ'": "*NJBIZ Ranks the Best Places to Work in New Jersey*", *site* da NJBIZ, 2 de maio de 2014, http://www.njbiz.com/article/20140502/NJBIZ01/140509963/njbiz-ranks-the-best-places-to-work-in-new-jersey.

"Em sua resposta a esta colocação, Steve Cannon aludiu às sinergias que ocorrem quando os números das vendas, o envolvimento dos funcionários e a experiência do cliente são prioridades estratégicas. 'Estamos há quatro meses em outro ano de recorde nas vendas na MBUSA, e isso não seria possível sem o dedicado time de colaboradores em nossa sede em Montvale e nos escritórios regionais em Parsippany e Robbinsville. Sua paixão pelo produto e o foco absoluto em encantar nossos clientes são centrais para o nosso negócio, e uma grande cultura no ambiente de trabalho é fundamental para o sucesso contínuo'": "*Mercedes-Benz USA Ranks Among Top 10 'Best Places to Work in New Jersey*", *PR Newswire*, 5 de maio de 2014, http://www.pr-

# BIBLIOGRAFIA

newswire.com/news-releases/mercedes-benz-usa-ranks-among-top-10-best-places-to-work-in-new-jersey-257938041.html.

"A vitória no índice de Satisfação de Vendas da J.D. Power de 2014 não foi a única verificação independente da transformação na experiência do cliente que estava ocorrendo nas concessionárias Mercedes-Benz nos EUA": "*Product Specialist Role in Sales Process Grows as Vehicle Technology and Complexity Increase*", J.D. Power, 13 de novembro de 2014, http://www.jdpower.com/press-releases/2014-us-sales-satisfaction-index-ssi-study.

"De fato, a Mercedes-Benz terminou em primeiro lugar no estudo automotivo do Índice Norte-Americano de Satisfação do Cliente (ACSI) de 2014, pelo segundo ano consecutivo": Paul Ausick, "*Mercedes Ranks Number 1 in Customer Satisfaction*", site da 24/7 Wall St, 26 de agosto de 2014, http://247wallst.com/autos/2014/08/26/mercedes-ranks-number-1-in-customer-satisfaction/.

"Analisando os diversos setores de atividade, a Mercedes-Benz também empatou no estudo do ACSI de 2014 com The Ritz-Carlton Hotel Company (o melhor desempenho no setor altamente competitivo de hotelaria). Além disso, o desempenho da Mercedes-Benz nas pesquisas ACSI de 2013 e 2014 foi comparável ao de conceituadas empresas de serviços como a Amazon, Nordstrom, Apple e Starbucks": Forrest Morgeson e A. J. Singh, "*Ritz-Carlton, JW Marriott Tops in Satisfaction*", site do Hotel News Now, 1º de maio de 2014, http://www.hotelnewsnow.com/article/13615/ritz-carlton-jw-marriott-tops-in-satisfaction; Bob Fernandez e https://www.theacsi.org/customer-satisfaction-benchmarks/benchmarks-by-company.

"Outros resultados de pesquisas corroboram as constatações do ACSI referentes à fidelidade dos clientes Mercedes-Benz. Os prêmios Polk de Fidelidade Automotiva, concedidos pela IHS Automotive, são baseados no comportamento dos clientes que voltam a comprar da mesma marca, conforme dados do registro estadual de automóveis e de operações de *leasing*. Em essência, as marcas que ganham os prêmios Polk de Fidelidade Automotiva têm a maior porcentagem de famílias que permanecem fiéis à marca quando voltam a comprar no mercado. Na categoria luxo, a Mercedes-Benz foi a vencedora do Prêmio Polk de Fidelidade Automotiva em diversas categorias em 2013 e 2014": IHS Inc., "*Automotive Industry Celebrates Polk Automotive Loyalty Winners*", 14 de janeiro de 2014, http://press.ihs.com/press-release/automotive/automotive-industry-celebrates-polk-automotive-loyalty-winners; "*Ford Earns Top Marks in Polk Automotive Loyalty Awards; Volkswagen Named Most Improved*", PR Newswire, 15 de janeiro de 2013, www.prnewswire.com/news-releases/ford-earns-top-marks-in-polk-automotive-loyalty-awards-volkswagen-named-most-improved-187047751.html.

"Muitos dos fatores que levam os proprietários de Mercedes-Benz a permanecerem fiéis à marca estão claramente vinculados à facilidade para dirigir, estilo, qualidade e segurança dos veículos, assim como à experiência de ser dono. No entanto, pesquisa de especialistas em retenção de clientes como o grupo Accenture sugere que a fidelidade é muitas vezes perdida em função da maneira como as pessoas são tratadas durante as interações de vendas e serviços, e não como resultado de problemas com o produto. Um relatório da Accenture intitulado '*Maximização da Retenção de Clientes*' observa: 'As causas das perdas de clientes podem ser difíceis de rastrear. Elas podem estar em experiências negativas associadas com qualquer uma das múltiplas interações. Para melhorar e manter a retenção de clientes ao longo do tempo, as empresas devem me-

# BIBLIOGRAFIA

lhorar a experiência do cliente em todas essas interações'": Accenture, "*Maximizing Customer Retention*", http://www.slideshare.net/amora3/accenture-maximizingcustomerretention-40022831.

"Melhorias na excelência em vendas e serviços na Mercedes-Benz são ainda mais validadas pelo reconhecimento de muitos outros envolvidos na avaliação do setor automobilístico. Por exemplo, as concessionárias Mercedes-Benz tiveram a classificação mais elevada nos EUA no Índice de Satisfação de Clientes Prospectivos (PSI) da Pied Piper pelo sétimo ano consecutivo. A Pied Piper diferencia o PSI de outros estudos através do uso de 'falsos' compradores que relatam suas experiências com o processo de venda": "*Benz Dealerships Score With Mystery Shoppers*",Automative News First Shift, julho de 2015, www.piedpiperpsi.com/press-automotive-news-first-shift-241.htm.

"Da mesma forma, em 2014, a Mercedes-Benz foi eleita a melhor marca de automóvel para serviços pela Women-Drivers.com, mostrando ao mesmo tempo melhorias constantes no Índice de Serviço ao Cliente J.D. Power (mais detalhes sobre o CSI no Capítulo 12, quando analisarmos o futuro da elevação da experiência do cliente na Mercedes-Benz)": "*2014 Top Brands as Rated by Women When Servicing their Vehicle*", Women-Drivers.com, 28 de abril de 2014, http://www.women-drivers.com/media/press-releases/2014-Top-Brands-as-Rated-by-Women-when-Servicing-their-Vehicle.pdf.

"Platão disse certa vez: 'O comportamento humano flui de três fontes principais: desejo, emoção e conhecimento'": *site* da GoodReads, http://www.goodreads.com/quotes/28152-human-behavior-flows-from-three-main-sources-desire-emotion-and.

## Capítulo 12

"Um artigo na edição de fevereiro de 2015 do *Automotive News* começava com: 'O CEO Steve Cannon da Mercedes-Benz dos EUA diz que a marca pretende incentivar os revendedores a melhorar os processos de venda, mesmo com a Mercedes tendo alcançado o primeiro lugar no *ranking* de marcas de luxo' no estudo Índice de Satisfação de Vendas (SSI) da J.D. Power em 2014. O artigo prossegue citando Steve dizendo que continuaria a fornecer programas inspiradores para os revendedores de melhor desempenho e exigir que os revendedores de desempenho menor investissem seu próprio dinheiro em 'treinamento no processo para se sair melhor'": Dave Guilford, "*M-B Pushes Dealers to Lift Customer Experience*", *Automotive News*, 2 de fevereiro de 2015, http://www.autonews.com/article/20150202/RETAIL06/302029970/m--b-pushes-dealers-to-lift-customer-experience.

## Conclusão

"O grande autor da área de negócios, Stephen Covey, sugeriu: 'Há certas coisas que são fundamentais para a realização humana. A essência delas é captada na frase 'viver, amar, aprender, deixar um legado'... a necessidade de deixar um legado é a nossa necessidade espiritual de ter um senso de significado, propósito, convergência pessoal e contribuição'": *site* Inspirational Stories, http://www.inspirationalstories.com/quotes/stephen-r-covey-the-core-of-any-family-is-what-is/.

**BIBLIOGRAFIA**

Grande parte do conteúdo deste livro surgiu de contatos pessoais, entrevistas por telefone e outras formas de apoio dos funcionários, clientes e outros *stakeholders* da Mercedes-Benz dos EUA e da Mercedes-Benz Financial Services. Elas incluem, mas não se limitam a:

Alan Hill, Alexander Blastos, Andrea Conklin, Andrea Doukas, Andrew Noye, Anna Kleinebreil, Anthony D. Zepf, M. Bart Herring, Bernhard J. Glaser, Bill Faulk, Blair Creed, Brandon Newman, Brian Fulton, Cai Ramhorst, Carin Henderson, Carl Burba, Celso Rochez, Cesare De Novellis, Charles DeFelice, Christine Lohrfink-Diaz, Christopher Lantz, Cindy (Cid) Szegedy, Craig Hugelmeyer, Craig Iovino, Dara Davis, Darryl B. Dalton, David Lynn, David Thorne, Debra Eliopoulos, Dianne Quinn, Dianna du Preez, Dietmar Exler, Donna Boland, Donna Pompeo, Drew Slaven, Ellen M. Braaf, Erin Presti, Frank J. Diertl, Fred W. Newcomb, Gareth Joyce, George Levy, Gregory Forbes, Greg Gates, Greg Settle, Gus Corbella, Harald Henn, Harry Hynekamp, Heike Lauf, James Hall, James A. Krause, James Wiseman, Jane Gedeon, Jay Borden, Jay Wojcik, Jeff Kroener, Jenni Harmon, Jennifer Kircher, Jennifer A. Perez, Joe Haury, John D. Ely, John R. Modric, Joe Wankmuller, Jon Whittaker, Julian Soell, Katie Railey, Karen Matri, Kelly Tanis, Kerry Klepfer, Kimberly Sokolewicz, Kristi Steinberg, Kurt Grosman, Lawrence Jakobi, Len Barbato, Lin Nelson, Lisa Rosenfeld, Lourence du Preez, Margaret Negron, Margret Dieterle, Mark Aikman, Markus Bischof, Matt Bowerman, Maura Gallagher-Wilson, Michael T. Barrett, Michael J. Cantanucci, Michael Cronk, Michael Doherty, Michael Dougherty, Michael Kamen, Michael Nordberg, Michael J. Viator, Michele Ventola, Mike Figliuolo, Mike Slagter, Mindy Hatton, Mustafa Ramani, Nancy Rece, Niky Xilouris, Niles Barlow, Pat Evans, Patrick Osweiler, Paul David, Paul Nitsche, Peter Collins, Randy West, Rob Moran, Robert Policano, Robert Tomlin, Roger Loewenheim, Ronald D. Moore, Ronald D. Ross, Sandra Eliga, Scott Penza, Simon Huang, Sonja Bower, Stephen Quinones, Steve Cannon, Steve Frischer, Steve H., Steve Kempner, Steve Levine, Tim Gogal, Thomas Chen, Todd Mulvey, Tomas Hora, Tonia Palmieri, Tylden Dowell, Wanda Lubiak-Schneider, Wen Liu e Wendell F. McBurney.

Acesse o endereço www.driventodelight.com/customerstories para ler mais experiências dos clientes MBUSA.

# Sobre o Autor

**Dr. Joseph Michelli** ajuda empresários e trabalhadores da linha de frente a criar culturas de elevado desempenho e experiências do cliente que ensejam o **"desejo de repetir"**. Seus serviços de consultoria, apresentações e publicações mostram aos líderes como engajar seus funcionários, elevar o nível das experiências humanas, dominar as habilidades de serviço e inovar em soluções relevantes para os clientes.

Para alcançar esses resultados mensuráveis, o dr. Michelli realiza:

Palestras.

Apresentações em *workshops*.

Coordenação de painéis de discussão.

Retiros de lideranças.

Auditorias de experiência do cliente.

Serviços de consultoria voltados para mudança cultural e melhoria da experiência do cliente.

## SOBRE O AUTOR

O dr. Michelli, diretor de experiência na The Michelli Experience, tem sido mundialmente reconhecido pela liderança do pensamento no *design* de experiência do cliente, assim como por suas palestras envolventes e de impacto influente em marcas de serviços. Além do *Guiados pelo Encantamento*, o dr. Michelli é autor de vários livros listados como *best-sellers* no *The New York Times*, *The Wall Street Journal*, *USA Today* e *Bloomberg Businessweek*.

Para mais informações sobre como o dr. Michelli pode se apresentar em seu evento, fornecer-lhe recursos de treinamento ou ajudá-lo a elevar sua cultura e/ou experiência do cliente, visite www.josephmichelli.com.

O dr. Michelli está ansioso em ajudá-lo a gerar o encantamento de seu pessoal e de seus clientes. Ele pode ser contatado através de seu *site*, por *e-mail* em josephm@josephmichelli.com ou pelos telefones (734) 697-5078 ou (888) 711-4900 (ligação gratuita nos EUA).

**DVS EDITORA**

www.dvseditora.com.br

**Impressão e Acabamento | Gráfica Viena**
Todo papel desta obra possui certificação FSC® do fabricante.
Produzido conforme melhores práticas de gestão ambiental (ISO 14001)
www.graficaviena.com.br